立足百年新起点
建设世界上最强大政党

王英梅◎主编

民主与建设出版社

·北京·

主　编
王英梅

副主编
王晋京　刘　峰　陈　鹏　师丽娜

参　编
张　浩　葛成硕　王洪炜　许清哲
白朋举　李凯敏　张　喆　王晓晨
王晓楠

目　录

第五章　建设最强大政党必须增强制度保障力

第六章　建设最强大政党必须增强品格吸引力

第七章　建设最强大政党必须增强自我革命力

第八章 建设最强大政党必须增强学习转化力

第九章 建设最强大政党必须增强伟大建党精神赓续力

绪　　论

从 1921 年到 2021 年，中国共产党走过百年岁月，成为百年大党。从播下革命火种的小小红船，到领航复兴伟业的巍巍巨轮，在百年奋斗历程中，中国共产党领导人民取得了举世瞩目的辉煌成就，书写了波澜壮阔的历史画卷，留下了弥足珍贵的宝贵经验和精神财富。

一百年星火燎原，中国共产党已如星河浩瀚。站在全面建成社会主义现代化强国、实现第二个百年奋斗目标新起点，面向激情燃烧的千秋伟业，中国共产党人"赶考"之路依然荆棘丛生、瞬息万变，跳出历史周期率的"考题"还需进一步破解。对此，习近平总书记曾明确指出："我们党要搞好自身建设，真正成为世界上最强大的一个政党。"[1]真正成为世界上最强大的政党，这就需要进一步提升思想引领力、政治领导力、民心感召力、组织动员力、制度保障力、品格吸引力、自我革命力、学习转化力、

---

[1] 习近平：《开展"两学一做"学习教育，推动党内教育从"关键少数"向广大党员拓展》，《十八大以来重要文献选编》（下），中央文献出版社2018年版，第177页。

伟大建党精神赓续力。披荆斩棘，乘风破浪，向着强国梦、世界梦出发！

一、强国必先强党

时间之河川流不息，每一代人都要面对和回答时代的考题。一百多年来，中国共产党团结带领中国人民接续奋斗，创造了新民主主义革命的伟大成就、社会主义革命和建设的伟大成就、改革开放和社会主义现代化建设的伟大成就、新时代中国特色社会主义的伟大成就，其中，每一项标志性成就，在促进生产力发展、推动生产关系变革的同时，都对政党自身建设提出了新的价值内涵和新的实践要求；而党的自身建设的每一次重大进步，都为国家建设注入了新动力、拓展了新内涵、提升了新境界，推动中华民族实现了从站起来、富起来向强起来迈进的伟大飞跃，展示了中国式现代化新道路①中国家建设与政党建设的辩证统一，而不是顾此失彼。

当前，中国正处于由大国向强国跨越、实现中华民族伟大复兴的关键阶段，世界也正处于百年未有之大变局的重大调整重塑期，并且两个大局同步交织、相互激荡，"破"与"举"的角力

---

① "中国式现代新道路"引自习近平《在庆祝中国共产党成立100周年大会上的讲话》（2021年7月1日）人民出版社2021年版，第14页。

日趋明显。其中，实现中华民族伟大复兴的强国梦，无疑是此轮变局中最独特、最震撼的篇章之一，甚至是关键变量。就在此时此刻，中国、美国与"世界走向"在此命运般地相遇，这必然是一个充满风险、挑战、不确定又充满机遇的惊心动魄的紧要关口，更意味着中华民族正在进行一场艰苦卓绝的伟大斗争。从这个意义上说，中国共产党作为马克思主义执政党，建设世界上最强大的政党，既遥相呼应了实现1848年马克思、恩格斯撰写的《共产党宣言》中的理想信念，又关切回应了中华民族历史深处实现伟大复兴的热切渴望，更深切响应了正在世界上高高漫卷的中国特色社会主义伟大旗帜，这也正如习近平总书记所说，这是"理想所寄，使命所使，事业所需"。

（一）建设最强大政党是理想所寄

理想作为一种精神现象，是人类社会实践、社会存在的产物。回望200多年前人类历史的深远天空，一颗名叫马克思的思想巨星徐徐升起；30年后，他所创立的马克思主义学说犹如一声惊雷，震惊了欧洲世界，也震醒了东方古老的中国。马克思之于中国，是一种巨大力量的存在。可以说，在中国共产党人的心中，马克思不仅是一个伟大人物的名字，而且是一种主义的称号、一种崇高信仰的名称、一种远大理想的标注。这种主义、这种信仰、这种远大理想就是共产主义。

19世纪中叶，马克思、恩格斯用其划时代著作《共产党宣言》

使共产主义作为一种崇高的理想追求，成为世界无产阶级及其政党的奋斗目标。一般认为，共产主义既是一种科学的理论体系，也是一种理想的社会制度，同时它还是一种"现实的运动"。从社会理想的维度，马克思、恩格斯揭示了共产主义社会的基本特征，各国马克思主义者在自身的实践中不断深化对这种特征的认识，当代中国共产党人对这个问题的看法是："共产主义社会将是物质财富极大丰富，人民精神境界极大提高，每个人自由而全面发展的社会。"①

● 物质资料极大丰富，消费资料按需分配

社会生产力高度发展，产品极大丰富，是实现共产主义的必要条件。恩格斯在《共产主义信条草案》中明确指出："（'财产公有'制度）建立在因发展工业、农业、贸易和殖民而产生的大量的生产力和生活资料的基础之上，建立在因使用机器、化学方法和其他辅助手段而使生产力和生活资料无限增长的可能性的基础之上。"②在《哥达纲领批判》中，马克思进一步指出，只有在生产力增长起来，在集体财富的源泉都充分涌流之后，才能实行共产主义"各尽所能，按需分配"的分配原则。③马克思、恩格斯在《共产党宣言》中还充分肯定了资本主义在发展生产力方面的成就，并认为资本主义所创造的巨大生产力为共产主义的实现

① 《马克思主义基本原理概论》，高等教育出版社2018年版，第295页。
② 《马克思恩格斯全集》（第42卷），人民出版社1979年版，第373页。
③ 《马克思恩格斯文集》（第3卷），人民出版社2009年版，第436页。

准备了物质条件。同时，共产主义制度的建立不仅要以高度发展的生产力为基础，而且它将使未来社会的生产力得到更高的发展。《共产党宣言》中有一句名言："共产党人可以把自己的理论概括为一句话：消灭私有制。"[①]这表明适应高度发展的社会化大生产的需要，共产主义社会在生产关系上将废除私有制，实行普遍的生产资料公有制。"一旦社会占有了生产资料，商品生产将被消除，而产品对生产者的统治也将随之消除。社会生产内部的无政府状态将为有计划的自觉的组织所代替。个体生存斗争停止了。于是，人在一定意义上才最终地摆脱了动物界，从动物的生存条件进入真正人的生存条件。"[②]在个人消费品的分配上，共产主义社会实行"各尽所能、按需分配"的分配方式，这将最终实现人类在分配上的真正平等，实现公平正义的价值理念。

概而言之，共产主义社会是一个公平正义的社会，它坚持社会所有制，根除剥削、压迫和一切社会不平等的经济基础，社会成员对生产资料共同占有、共同使用、共建共享，各尽所能、各取所需，建设平等、自由、尊严、富裕、和谐的社会。当然，这一社会理想及其崇高价值观，是在确证了无产阶级和劳动人民创造财富与享有财富、创造历史与主导历史进程相统一的公正原则的价值基础上科学构想出来的。

---

① 《马克思恩格斯文集》（第 2 卷），人民出版社 2009 年版，第 45 页。
② 《马克思恩格斯文集》（第 3 卷），人民出版社 2009 年版，第 564 页。

● 社会关系高度和谐，人们的精神境界极大提高

在共产主义社会，恩格斯指出："随着阶级的消失，国家也不可避免地要消失。在生产者自由平等的联合体的基础上按新方式来组织生产的社会，将把全部国家机器放到它应该去的地方。"① 这表明作为阶级压迫的军队、警察、监狱等将失去作用；工业与农业、城市与农村、脑力劳动与体力劳动的差别必将也归于消失；社会与自然之间也必将达成动态和谐；共产主义社会的社会关系高度和谐，人们不仅有多方面的才能，而且为他人、为社会公共事业作出贡献成为人的本能，这是共产主义新人的重要体现。当然，在共产主义社会，在没有阶级和国家的情况下，仍然需要一定的社会机构来对社会进行组织和管理。国家的消亡是指作为阶级压迫工具的国家机器的消亡，并不是社会组织管理机构的消亡。这种社会组织管理机构只具有人们自我管理的性质，再不具有政治压迫和暴力镇压的功能，人类社会因此成为世界共同体。

马克思主义认为，现实的个人一定要容纳进一定的社会共同体，才会具有自己的社会现实性，没有共同体，任何孤立的个人是不能实现其任何社会需要的。个人只有在共同体中，才可能实现人的诸多社会特征，才能从社会获得一定的物质生活资料。共产主义是人类社会"真正的共同体"，它是能提供每一个人自由发展的条件，从而确保一切人全面自由发展的社会。

---

① 《马克思恩格斯文集》（第 4 卷），人民出版社 2009 年版，第 193 页。

● 实现每个人自由而全面的发展，人类从必然王国向自由王国飞跃

在共产主义社会，由于社会分工的消除，自由时间的大大延长，劳动不再是单纯的谋生手段，而成为"生活的第一需要"。人的发展是建立在个体高度自由自觉基础上的全面发展，社会联系和社会交往也得到全面发展，并且这种发展是全体社会成员的发展，而不是少数个人。到那时，社会发展与个人发展实现了统一，人类将最终从支配他们生活和命运的自然力和资本力中解放出来，人类为物质生活资料而竞争厮杀的动物般的历史就终结了，人创造自己的历史才会真正开始，从而实现从必然王国向自由王国的飞跃。

从人类社会发展的规律来讲，人类社会经历着"人本原性发展"的原始社会、"人压迫人发展"的奴隶社会和封建社会、"人以资本为中心发展"的资本主义社会、"人自由全面发展"的社会主义社会与共产主义社会的螺旋式发展历程，人在其中集中呈现为社会本质上的以追求自己全面发展为目的的人。这就表明实现共产主义社会实质性的追求，就是实现人本身的自由全面发展，而不是其他，这是共产主义社会的根本特征，也是马克思主义追求的根本价值目标。

共产主义道路蜿蜒曲折，波澜壮阔。共产主义的终极价值目标是建立一个没有剥削、没有压迫，人能够自由自主活动的"自由人联合体"。这需要通过社会关系的革命和不断变革来实现，这是一个长期的、艰苦卓绝的接力奋斗的向共产主义方向运动的

过程。任何事物都具有一定的质和一定的量，是质和量的统一体，社会发展不可能有突发式的质变，只能是一个由量变到质变，由部分质变带动量变的过程。共产主义也不可能划出一个截然的界限，固定在一个站点，而只能是一个渐进性的过程。这个过程中的不同社会形态是与社会基本矛盾运动特点紧密地结合在一起的，它们都是奔向共产主义社会崇高理想的不同阶段。中国特色社会主义是共产主义运动过程中的一个重要形态。从这个意义上讲，建设好中国特色社会主义，就是共产主义运动的现实实践，它是中国走向共产主义社会的一个必经阶段。正如习近平总书记所说："我们既要坚定走中国特色社会主义道路的信念，也要胸怀共产主义的崇高理想，矢志不移贯彻执行党在社会主义初级阶段的基本路线和基本纲领，做好当前每一项工作。"①

（二）建设最强大政党是使命所使

1835 年，17 岁的马克思在他的中学毕业论文《青年在选择职业时的考虑》中这样写道："如果我们选择了最能为人类而工作的职业，那么，重担就不能把我们压倒，因为这是为大家作出的牺牲；那时我们所享受的就不是可怜的、有限的、自私的乐趣，我们的幸福将属于千百万人，我们的事业将悄无声息地存在下去，但是它会永远发挥作用，而面对我们的骨灰，高尚的人们将洒下热泪。"②

---

① 《习近平谈治国理政》，外文出版社 2014 年版，第 23 页。
② 习近平：《论中国共产党历史》，中央文献出版社 2021 年版，第 194—195 页。

中国共产党从诞生之日起就是中国最广大人民根本利益的忠实代表，始终坚守为中国人民谋利益、为中华民族谋复兴、为世界谋大同的历史使命。这"三位一体"的使命追求是党的性质、宗旨、奋斗目标的集中体现，是长期性目标与阶段性目标的有机统一，更是对革命导师马克思的共产主义理想的深刻理解和理性践行。

2021年7月1日是中国人民举国欢腾的日子，中国共产党迎来百年华诞。中国共产党始终做到了一切为了人民，同时也得到了人民最衷心的拥护。在庆典现场——天安门广场上，一次又一次的掌声响起，数次长达一分钟以上，充分表达了人民对中国共产党的极大认可。

● **为人民谋幸福、为民族谋复兴、为世界谋大同，是中国共产党一以贯之的使命追求**

为人民谋幸福。以毛泽东同志为核心的党的第一代中央领导集体始终坚持把为人民服务作为党的根本宗旨，带领中国人民"站起来"。毛泽东曾指出："为什么人的问题，是一个根本的问题，原则的问题。"[1] "只要我们为人民的利益坚持好的，为人民的利益改正错的，我们这个队伍就一定会兴旺起来。"[2] 以邓小平同志为核心的党的第二代中央领导集体把实现共同富裕作为发展的奋斗目标，在几代中国共产党人的接力奋斗基础上带领中国人民"富起来"。党的十八大以来，以习近平同志为核心的党中央正在带

---

① 《毛泽东选集》（第3卷），人民出版社1991年版，第857页。
② 《毛泽东选集》（第3卷），人民出版社1991年版，第1004—1005页。

领中国人民向"强起来"迈进。新时代 10 年，党和国家事业取得历史性成就、发生历史性变革，推动我国迈上全面建设社会主义现代化国家新征程。人民群众获得感、幸福感、安全感更加充实、更有保障、更可持续。这些伟大的成就无疑集中昭示了中国共产党人始终坚持以人民幸福为要的初心和使命。

为民族谋复兴。《共产党宣言》指出，通过无产阶级及其政党自觉领导民族革命，消灭"人对人的剥削"以及"民族内部的阶级对立"的使命担当将逐步实现。因为"人对人的剥削一消灭，民族对民族的剥削就会随之消灭。民族内部的阶级对立一消失，民族之间的敌对关系就会随之消失。"[①]而后，使命自觉是马克思主义政党的本质特征。中国共产党正是在民族使命——实现中华民族伟大复兴的美好愿景呼唤下，先后带领中华民族进行两次伟大的革命：第一次革命，新民主主义革命和社会主义革命，这一胜利彻底废除了列强强加给中国的不平等条约和帝国主义在中国的一切特权，并战胜帝国主义、霸权主义的颠覆破坏和武装挑衅，实现了东方大国大步迈进社会主义社会的伟大飞跃。第二次革命，即实施全面改革开放和开启中国式现代化建设，正奋力把国家建设成为一个富强民主文明和谐美丽的社会主义现代化强国。百年巨变昭示我们，没有任何一支政治力量能像中国共产党这样，为了民族复兴、人民幸福，不惜流血牺牲，不懈努力奋斗，团结凝聚亿万群众不断走向胜利。

---

① 《马克思恩格斯文选》（第 2 卷），人民出版社 2009 年版，第 50 页。

为世界谋大同。马克思主义博大精深，归根到底就是一句话，为人类求解放。在革命战争年代，中国人民抗日战争的胜利，对维护世界和平产生了巨大影响。新中国成立后，积极倡导和坚定实践和平共处五项原则，坚决反对殖民主义、霸权主义和强权政治。1957 年，毛泽东同志提出中国应当对人类有较大贡献。1985 年，邓小平同志提出我们可以对人类有较大的贡献。2017 年，习近平总书记强调中国共产党始终把为人类作出新的更大的贡献作为自己的使命。面对百年未有之大变局，他认清世界大势，拨云见日，提出了构建人类命运共同体的理念，深刻回答了"人类社会向何处去的"时代之问①。2022 年，他庄严地向世界宣告："科学社会主义在二十一世纪的中国焕发出新的蓬勃生机，中国式现代化为人类实现现代化提供了新的选择，中国共产党和中国人民为解决人类面临的共同问题提供更多更好的中国智慧、中国方案、中国力量，实现了对西方现代化的超越，重写了世界现代化的理论，为人类和平与发展崇高事业做出新的更大的贡献。"②

可以说，百年大党正以其罕有其匹的历史推力之永恒价值，引导着人民走向幸福、引导着中华民族走向千年盛世，并携手世界人民共同构建人类命运共同体。

---

① 胡鞍钢，李萍：《习近平构建人类命运共同体思想与中国方案》，新疆师范大学学报（哲学社会科学版），2018 年第 5 期，第 11 页。
② 习近平：《高举中国特色社会主义伟大旗帜为全面建设社会主义现代化国家而团结奋斗——在中国共产党第二十次全国代表大会上的报告》，人民出版社 2022 年版，第 16 页。

● 新时代中国共产党的历史使命，就是统揽"四个伟大"，实现中华民族伟大复兴

"四个伟大"是习近平总书记于 2017 年 10 月 18 日在十九大报告中提出的治国理政思想。"四个伟大"即伟大梦想、伟大事业、伟大工程、伟大斗争。伟大斗争是基本手段，代表着积极进取的精神状态；伟大工程是政治保障，源自作为核心的领导力量；伟大事业是宏阔平台，搭建起干事创业的有效载体；伟大梦想是使命目标，凝心聚力地牵引着前进的方向。"四个伟大"相互贯通、相互作用，构成一个整体和系统，具有极强的针对性和现实性。它全面反映了我们党在新时代正在做的事情和将要做的事情，体现了奋斗目标与实践主体、路径、手段的有机统一，全面揭示了新时代中国共产党的使命责任和践行思路，是新时代引领中国发展的全局性、战略性、前瞻性的行动遵循。

我们要把实现伟大梦想与进行伟大斗争、建设伟大工程、推进伟大事业有机统一起来，在顺应历史、现在、未来的大势中继往开来，强化对为人民谋幸福、为民族谋复兴、为世界谋大同的使命担当，不断书写中国特色社会主义新篇章。其中，"四个伟大"中起决定性作用的是党的建设新的伟大工程。新时代党的建设新的伟大工程建设得好不好、坚固不坚固，或者说我们党能否建成世界上最强大的政党将直接关系到我们党有没有胆识和策略去进行伟大斗争，有没有责任和能力去推进伟大事业，有没有韧性和途径去实现伟大梦想。

（三）建设最强大政党是事业所需

共产主义理想是世界的、共同的，但不同民族走向共产主义的道路一定是特殊的、具体的。马克思、恩格斯的科学社会主义的历史前提是发达资本主义，高度发达的社会生产力是社会主义的基础，也就是说，仅就物质财富层面而言，社会主义是在社会富裕的基础上所实现的社会的"共同富裕"。但是，马克思同时明确强调，他的结论是基于对西欧社会的研究，不能把这种具体结论变成"一般历史哲学"，马克思主义活的灵魂是具体问题具体分析。

帝国主义的野蛮侵略和中国人民的深重苦难引起了马克思的高度关注。第二次鸦片战争期间，马克思撰写了十几篇关于中国的通讯，向世界揭露西方列强侵略中国的真相，为中国人民伸张正义。他科学预见了"中国社会主义"[①]的出现，并以高瞻远瞩的眼光，明确指出"未来中国的社会主义必将独具特色"[②]。历史前行似乎总是有其内在的机缘。十月革命一声炮响，给中国送来了马克思列宁主义，宛如点点星火，在神州苍茫大地上引燃燎原烈焰，逐步扭转了在崩溃边缘徘徊的旧中国颓势。今天的中国共产党人，正在如马克思所预言的那样为其亲于创立的中国特色社会主义事业持续向前发展而负重前行。习近平总书记在党的二十大报告中指出："全党同志务必不忘初心、牢记使命，务必谦虚谨慎、艰

---

① 习近平：《在纪念马克思诞辰 200 周年大会上的讲话》，人民出版社 2018 年版，第 12 页。

② 韦建桦：《在马克思恩格斯心中，中国是一个什么样的国家？——答青年朋友问》，《马克思主义现实》，2015 年第 1 期，第 1 页。

苦奋斗，务必敢于斗争、善于斗争，坚定历史自信，增强历史主动，谱写新时代中国特色社会主义更加绚丽的华章。"①

● 经济根源：中国特色社会主义产生的特殊性

马克思把社会比喻为一座大厦，并把社会关系区分为经济基础和上层建筑两部分。经济基础与上层建筑矛盾运动的规律，是人类社会发展的一个基本规律。② 1956 年，以毛泽东同志为主要代表的中国共产党人，把马克思主义基本原理同中国革命具体实际相结合，确立了社会主义基本制度，成功实现了中国历史上最深刻最伟大的社会变革，为当代中国一切发展进步奠定了根本政治前提和制度基础。在随后的社会主义建设探索过程中，虽然经历了曲折，但党在这一时期所取得的独创性理论成果和巨大成就，为后来开创中国特色社会主义奠定了根本政治前提、制度基础、宝贵经验、理论准备和物质基础。

党的十一届三中全会以后，以邓小平同志为主要代表的中国共产党人，团结带领全党全国各族人民，深刻总结我国社会主义建设正反两方面经验，借鉴世界社会主义历史经验，作出把党和国家工作中心转移到经济建设上来、实行改革开放的历史性决策，深刻揭示社会主义本质，确立社会主义初级阶段基本路线，明确提出走自

---

① 习近平：《高举中国特色社会主义伟大旗帜 为全面建设社会主义现代化国家而团结奋斗——在中国共产党第二十次全国代表大会上的报告》，人民出版社 2022 年版，第 2 页。

② 本书编写组：《马克思主义基本原理概论》，高等教育出版社 2018 年版，第 121 页。

己的路、建设中国特色社会主义，科学回答了建设中国特色社会主义的一系列基本问题，制定了到 21 世纪中叶分三步走、基本实现社会主义现代化的发展战略，成功开创了中国特色社会主义。

什么是"中国特色社会主义"？第一，我们要建设的是社会主义社会，绝不是其他什么社会。第二，我们所要建设的社会主义，必须按照中国的实际国情来办，具有中国特色，别国的建设和管理经验，无论是苏联的还是西方国家的，都可以而且应该积极学习和借鉴，但是决不能照抄照搬。简单地说，中国特色社会主义，就是指既坚持马克思主义基本原则，又根据时代条件赋予其鲜明中国特色的社会主义，其中最本质的特征是中国共产党的坚强领导。

"中国特色社会主义"是一面鲜明的旗帜。这是中国共产党人接力奋斗的结果。1982 年，邓小平同志在党的十二大开幕词中提出，走自己的路，建设有中国特色的社会主义。此后，从党的十三大到党的二十大，"中国特色社会主义"都是大会报告的主题词。党的十八大以来，中国特色社会主义进入了新时代，一个经济社会比较落后的古老东方大国，焕发出蓬勃生机与活力。可以说，在改革开放 40 多年的发展历程中，中国特色社会主义始终是我们党全部的理论和实践的主题，这源于其背后深刻的经济根源。

中国特色社会主义创立的主要目的，就是要解决当时中国生产力落后于时代的国情问题，最终走向共产主义。作为一种社会制度，中国特色社会主义的独特性在于，虽然它也是由公有制来决定的，但与马克思论述的公有制不同之处在于，它的核心是以公有制为基础、多种所有制经济共同发展，可以发展个体经济、私营经济和外资经济，是在坚守共产主义发展方向的前提条件下，通过发展民营经济盘活各种资源，解决生产力落后的问题。这表明，中国特色社会主义是特殊的国情、特殊的方法与社会主义的结合，而且这种结合在中国将是一个长期的过程。虽然，中国特色社会主义已经进入了新时代，但这个新时代是中国特色社会主义的新时代，而不是其他什么的新时代。我国仍处于并将长期处于社会主义初级阶段，仍然是世界上最大的发展中国家。可以说，建设中国特色社会主义是一次伟大的长征，走过社会主义初级阶段，还需要中国共产党人付出异常艰苦的努力。

● 信仰与制度，中国特色社会主义的内涵意蕴

什么是主义？孙中山认为："主义就是一种思想、一种信仰和一种力量。大凡人类对于一件事，研究当中的道理，最先发生思想；思想贯通以后，便起信仰；有了信仰，就生出力量。所以主义是先由思想再到信仰，次由信仰生出力量，然后完全成立。"[1]李大钊的体会是："社会主义，亦复如是。"[2]

科学社会主义是一种信仰、是一种制度，它是马克思、恩格斯吸收以往人类思想的精华，结合当时的实践斗争，创立的关于阶级斗争、无产阶级革命和无产阶级专政并进而实现共产主义理想社会的理论。中国特色社会主义是在马克思主义指导下，中国

---

① 《孙中山选集》（下册），人民出版社 2011 年版，第 639 页。
② 《李大钊全集》（第 3 卷），人民出版社 2013 年版，第 51 页。

共产党人把科学社会主义基本原理同当代中国实践和时代特征相结合而产生的理论成果，是植根中国大地、反映中国人民意愿、适应中国和时代发展要求的社会主义，核心就是对马克思主义的信仰，最本质的特征就是中国共产党的领导，与《共产党宣言》的基本精神相一致。基于此，我们所理解和推进的中国特色的社会主义，是共产主义在当代中国的具体运动形式，如果离开共产主义的核心思想理解中国特色社会主义，我们的改革开放就会迷失方向，我们的社会发展就会偏离社会主义的航道。对此，习近平总书记旗帜鲜明地指出："中国特色社会主义，既坚持了科学社会主义基本原则，又根据时代条件赋予其鲜明的中国特色。这就是说，中国特色社会主义是社会主义，不是别的什么主义。"①

因此可以说，作为一种主义、一种信仰，中国特色社会主义既是向人类美好社会——共产主义社会前进的动力，也是反对国内外各种错误思潮的动力。

● 实践性：中国特色社会主义的具体性

百年中国，天翻地覆，换了人间。恩格斯在批判卡尔·海因岑时曾指出："共产主义不是教义，而是运动。它个是从原则出发，而是从事实出发。"②这表明"主义"的力量体现在改造世界上，当然它是以客观事实为基础的。中国特色社会主义以问题为导向，

----

① 习近平：《关于坚持和发展中国特色社会主义的几个问题》，《思想政治工作研究》2019 年第 5 期，第 15 页。
② 《马克思恩格斯选集》（第 1 卷），人民出版社 2012 年版，第 291 页。

从实践中创新和发展理论本身，又以理论去指导实践，促进实践的发展。不同时代有不同的时代主题，所要解决的问题也各有不同。随着时代的发展，习近平总书记指出："新时代中国特色社会主义是我们党领导人民进行伟大社会革命的成果，也是我们党领导人民进行伟大社会革命的继续。"[①]这场伟大社会革命，涵盖的领域极其广泛，涉及经济、政治、文化、社会、生态文明建设等方面的矛盾和问题，需要"众星捧月"解决；触及的利益格局调整极其深刻，需要涉入"利益固化险滩"解决；涉及的矛盾和问题交织叠加、错综复杂，需要破解"综合风险体"解决；突破体制机制障碍的任务极其艰巨，需要开"窗"破"门"解决。同时，国际形势变幻莫测，周边环境敏感动荡，改革开放全面进入啃"硬骨头"阶段。

建设世界上最强大政党，是"理想所寄，使命所使，事业所需"。共产主义信仰奠基于人类社会发展规律中，引领着人类社会进步的方向，共产主义信仰建立在为最广大人民谋利益的崇高价值之上，占据了精神和道义的制高点，这种信仰一旦确立，就融入血脉，嵌入灵魂，成为使命追求和伟大事业的前进方向，坚不可摧、牢不可破。以史为鉴，面向未来，在中国能够把共产主义远大理想、历史使命、中国特色社会主义共同理想三者有机结合和统一起来的，需要有一个政治组织的坚强领导，毫无疑问，只有中国共产党才能够担负起如此神圣的工作。一百多年来，中国共产党的奋

---

① 习近平：《以时不我待只争朝夕的精神投入工作 开创新时代中国特色社会主义事业新局面》，《人民日报》2018年1月6日。

斗史，就是一部确立、巩固、践行共产主义理想信念的历史，就是一部为人民幸福不断奋斗的历史，就是一部中国特色社会主义伟大事业不断前进的历史。不管形势和任务如何变化，不管遇到什么样的惊涛骇浪，我们党都始终在马克思主义指导下，通过自我革命强大本领，坚定历史自信，把握历史主动，锚定当下的历史使命，通过社会革命，使中国人民始终沿着共产主义方向坚定前行。不仅领导中国人民创建农村包围城市的革命道路，把中国革命的航船驶向了成功的彼岸，而且以极大的定力、毅力和韧力，通过全面深化改革开放，通过建设中国特色社会主义绕过了和平建设时期的发展险滩。可以说，通过中国共产党的领导，共产主义的命运早已同中国人民的命运、中华民族的命运紧紧地连在一起，它的科学性和真理性在中国得到了充分检验，它的人民性和实践性在中国得到了充分贯彻，它的开放性和时代性在中国得到了充分彰显！这一切充分表明，远大的共产主义理想正是百年大党青春永驻的密码之一。因此，只有把中国共产党建成世界上最强大的政党，才能一切向前走，走到再光辉的未来，也不会忘记为什么出发；才能始终坚信，不管共产主义航船在大风大浪中遭遇到多大的激流险滩，终究会通过中国共产党的坚强领导到达光辉的彼岸。这是国际共运史给我们的经验教训，也是中国特色社会主义蓬勃发展的理论逻辑、历史逻辑和实践逻辑的统一。

二、最强大政党的标志性特征

政党是现代政治生活的核心。全面建设社会主义现代化国家，全面推进中华民族伟大复兴，关键在党。所谓政党的内在特征是指政党原发性的、自身内部所具有的用以鉴别于其他政党的基本标志，这些基本标志包括政党的阶级属性、政治纲领、组织纪律等方面。区别于其他国家执政党，《中国共产党章程》指出："中国共产党是中国工人阶级的先锋队，同时是中国人民和中华民族的先锋队，是中国特色社会主义事业的领导核心，代表中国先进生产力的发展要求，代表中国先进文化的前进方向，代表中国最广大人民的根本利益。"[①]中国共产党是最高纲领和现实纲领的统一论者，具有鲜明的组织原则和组织纪律。这些内在特征与中国的国情、历史相结合孕育出中国共产党的三大外在特征：即执政的中国共产党是社会主义国家存在和发展的政治基础、执政的长期性和执政的适应性。党的二十大报告对过去十年全面从严治党工作作了总结，并对未来工作做了全面部署。

综合党的二十大报告通篇贯穿的强党治党精神及习近平总书记在庆祝中国共产党成立100周年大会上的重要讲话、党的十九大报告提出来的党的建设总要求、党的十八大以来习近平总书记的相关论述、党成立以来的独特性经验、党章等相关党内法规及世界政党

---

① 《中国共产党章程》，人民出版社2022年版，第1页。

建设的经验教训等，最强大政党的标志性特征应该体现为强大的思想引领力、强大的政治领导力、强大的民心感召力、强大的组织动员力、强大的制度保障力、强大的品格吸引力、强大的自我革命力、强大的学习转化力、强大的伟大建党精神赓续力九个方面。

（一）强大的思想引领力

思想引领力主要体现为党推进理论创新的能力以及在此基础上用党的创新理论武装头脑、统一思想、指导实践、抵御错误思潮的能力。一百多年来，中国共产党始终重视思想理论创新，着力从思想上建党、从理论上强党，创立了毛泽东思想，形成了邓小平理论、"三个代表"重要思想、科学发展观，创立了习近平新时代中国特色社会主义思想，揭示了党的建设、党的领导、党的执政的基本规律，指明了党自我革命的前进方向，为党和人民事业发展提供了既一脉相承又与时俱进的科学理论指导，为增进全党全国各族人民团结统一提供了坚实思想基础，是一个具有强大理论优势和思想引领力的政党。党的二十大报告提出："坚持不懈用新时代中国特色社会主义思想凝心铸魂。"[①]以史为鉴，开创未来，我们建设世界上最强大的政党，必须继续保持这一强大特质和优势，才能继续发挥引领时代的巨大作用。

---

① 习近平：《高举中国特色社会主义伟大旗帜为全面建设社会主义现代化国家而团结奋斗——在中国共产党第二十次全国代表大会上的报告》，人民出版社 2022 年版，第 65 页。

（二）强大的政治领导力

政治领导力是政治判断力、政治领悟力和政治执行力的统一，从这个意义上说，国家治理体系和治理能力即是政治领导力的外在集中表现，政治领导力越强，政治决策力和政治执行力越高，国家治理体系和治理能力才能越现代化。政治领导力受政党性质、政党宗旨以及组织力和号召力等诸多因素的影响。一百多年来，我们党始终保持工人阶级政党的本色，秉承既为人民谋幸福，又为人类谋进步；既为民族谋复兴，又为世界谋大同的政治理念，带领人民创造了举世瞩目、彪炳千古的历史伟业。党的二十大报告提出："坚持和加强党中央集中统一领导。"① 以史为鉴，开创未来，我们建设世界上最强大的政党，必须继续保持这一强大特质和优势，才能继续发挥引领时代的巨大作用。

（三）强大的民心感召力

民心感召力切实反映出一个政党政治领导力的软实力，离开民心感召力这一软实力，政治领导力就缺少了根和魂。一百多年来，我们党始终坚持与人民群众同呼吸共命运的立场，坚信群众是真正英雄的历史唯物主义观点。坚持从群众中来，到群众中去，

---

① 习近平：《高举中国特色社会主义伟大旗帜为全面建设社会主义现代化国家而团结奋斗——在中国共产党第二十次全国代表大会上的报告》，人民出版社 2022 年版，第 64 页。

善于加强顶层设计，通过提出并贯彻正确的理论和路线方针政策带领人民前进；善于调查研究，从人民群众的实践创造和发展要求中完善政策主张；善于集思广益，从人民群众中寻找解决问题的方案和办法，使作出的决策和决策的执行充分体现民心民意；善于改革创新，依靠人民群众的智慧突破利益固化的藩篱，使改革成果更多更公平惠及全体人民。正因为如此，我们党才有了强大的动员力和整合力。党的二十大报告指出："维护人民根本利益，增进民生福祉，不断实现发展为了人民、发展依靠人民、发展成果由人民共享，让现代化建设成果更多更公平惠及全体人民。"①以史为鉴，开创未来，我们建设世界上最强大的政党，必须继续保持这一强大特质和优势，才能继续发挥引领时代的巨大作用。

（四）强大的组织动员力

组织动员，目的就是最大范围的团结力量，把不同情况、不同素质、不同想法的人组织起来，向着一个目标迈进。一百多年来，中国共产党之所以能够成为当今世界拥有党员人数最多的执政党，就是因为我们党具有强大的组织力。我们党之所以有强大的组织力，是因为我们党拥有坚定的人民立场、崇高的政治理想、坚强的领导核心、科学的理论引领、严明的纪律规矩、选贤任能的机

---

① 习近平：《高举中国特色社会主义伟大旗帜为全面建设社会主义现代化国家而团结奋斗——在中国共产党第二十次全国代表大会上的报告》，人民出版社 2022 年版，第 27 页。

制。正是这些组织上的优势，我们党才有了强大的吸引力、感召力；正是这些组织上的优势，保证了我们党能够集中中国工人阶级和中国人民、中华民族的先进分子，集中全国各个领域德才兼备的优秀人才，充分发挥他们的先锋模范作用。党的二十大报告指出："增强党组织政治功能和组织功能。"[①]以史为鉴，开创未来，我们建设世界上最强大的政党，必须继续保持这一强大特质和优势，才能继续发挥引领时代的巨大作用。

（五）强大的制度保障力

无产阶级政党与其他类型的政党相比，有一个鲜明的特征就是其制度的完善性。一百多年来，中国共产党之所以能够把如此大的一个政党整合起来，形成强大的战斗力，就是因为我们党始终从系统观念出发，坚持以党章为根本，以民主集中制为核心，坚持和完善党的领导制度，改革和完善党的领导方式和执政方式，积极稳妥地推进党务公开，完善党代表大会制度和党内选举制度，完善党内民主决策机制，统筹推进党和国家各项事业，形成了我们党的独特制度优势，正是这一特质和优势，保证我们党建立了严密的组织体系和铁的纪律，实现了又有民主又有集中基础上的坚强团结统一，因而具有强大的战斗力。党的二十大报告指出：

---

① 习近平：《高举中国特色社会主义伟大旗帜为全面建设社会主义现代化国家而团结奋斗——在中国共产党第二十次全国代表大会上的报告》，人民出版社 2022 年版，第 67 页。

"完善党的自我革命制度规范体系。"①以史为鉴，开创未来，我们建设世界上最强大的政党，必须继续保持这一强大特质和优势，才能继续发挥引领时代的巨大作用。

（六）强大的品格吸引力

一个风华正茂、充满活力的政党，必然是一个风清气正、清廉为民的政党。党的作风是指在党的活动中表现出来的态度和行为，是党的性质、宗旨和世界观在党的活动中的表现。一百多年来，中国共产党始终重视和不断加强党的作风建设，端正党员领导干部和党的各级组织的思想作风、学风、工作作风、领导作风和干部生活作风，树立与党的性质、宗旨相适应的良好风貌，丰富发展了党的作风建设理论和实践，积累了十分宝贵的经验，这些弥足珍贵的经验为党的事业不断从胜利走向胜利提供了强有力的保障。党的二十大报告指出："坚持以严的基调强化正风肃纪。"②以史为鉴，开创未来，我们建设世界上最强大的政党，必须继续保持这一强大特质和优势，才能继续发挥引领时代的巨大作用。

---

① 习近平：《高举中国特色社会主义伟大旗帜为全面建设社会主义现代化国家而团结奋斗——在中国共产党第二十次全国代表大会上的报告》，人民出版社2022年版，第65页。
② 习近平：《高举中国特色社会主义伟大旗帜为全面建设社会主义现代化国家而团结奋斗——在中国共产党第二十次全国代表大会上的报告》，人民出版社2022年版，第68页。

（七）强大的自我革命力

强大的政党是在不断的自我革命中锻造出来的。列宁说过："公开承认错误，揭露犯错误的原因，分析产生错误的环境，仔细讨论改正错误的方法——这才是一个郑重的党的标志。"[①] 在一百多年奋斗中，我们党为践行初心和使命，围绕坚持党的领导、坚定理想信念等任务，不断加强自身建设，及时解决党内各种矛盾和问题，保持党的肌体健康。从革命战争年代持续开展党的建设"伟大工程"，到改革开放以后持续开展党的建设"新的伟大工程"，再到新时代党的建设新的伟大工程，我们党不断增强自我净化、自我完善、自我革新、自我提高能力，使之成为经得起各种风浪考验、朝气蓬勃的马克思主义政党。党的二十大报告指出："经过不懈努力，党找到了自我革命这一跳出治乱兴衰历史周期率的第二个答案，自我净化、自我完善、自我革新、自我提高能力显著增强，管党治党宽松软状况得到根本扭转，风清气正的党内政治生态不断形成和发展，确保党永远不变质、不变色、不变味。"[②] 以史为鉴，开创未来，我们建设世界上最强大的政党，必须继续保持这一强大特质和优势，才能继续发挥引领时代的巨大作用。

———————

① 《列宁选集》（第 4 卷），人民出版社 2004 年版，第 167 页。
② 习近平：《高举中国特色社会主义伟大旗帜为全面建设社会主义现代化国家而团结奋斗——在中国共产党第二十次全国代表大会上的报告》，人民出版社 2022 年版，第 14 页。

（八）强大的学习转化力

中国共产党是一个勤于学习、善于学习的马克思主义政党。一百多年来，中国共产党始终把学习当作一种政治责任，当作一种精神追求，乐于学习、勤于学习、善于学习，在学习中不断推进理论创新、实践创新、制度创新，使党的理论和路线方针政策符合客观规律、符合人民利益。这是中国共产党不断取得成功的关键，是中国共产党不断走向成熟的标志，是中国共产党不断成长、发展和自我完善的动力和源泉。当今世界正处于百年未有之大变局，国内改革发展稳定和党的建设面临的新情况新问题层出不穷。只有加强学习，才能增强工作的科学性、预见性、主动性，才能克服本领不足、本领恐慌、本领落后的问题。党的二十大报告指出：要"建设堪当民族复兴重任的高素质干部队伍。"① 以史为鉴，开创未来，我们建设世界上最强大的政党，必须继续保持这一强大特质和优势，才能继续发挥引领时代的巨大作用。

（九）强大的伟大建党精神赓续力

伟大的事业需要崇高的精神支撑，崇高的精神支撑推动着伟大的事业。伟大建党精神是经历了时间检验的中华民族的宝贵精

---

① 习近平：《高举中国特色社会主义伟大旗帜为全面建设社会主义现代化国家而团结奋斗——在中国共产党第二十次全国代表大会上的报告》，人民出版社 2022 年版，第 66 页。

神财富，是中国共产党赢得革命胜利的重要法宝和实践原则。在战火纷飞的年代，信仰是靠斗争来坚持的。当今世界正处于百年未有之大变局，我们党领导的伟大斗争、伟大工程、伟大事业、伟大梦想正在如火如荼地进行，我们面临着难得的历史机遇，也面临着一系列重大风险考验。这更加要求党员干部弘扬伟大建党精神，强大建党本领，有"草动叶落知谁过，松风一响谁将来"的见微知著能力，对隐性的风险有科学预判，对显性的风险有全面把控的能力，该斗争的就要斗争，为实现中华民族伟大复兴的中国梦顽强奋斗。党的二十大报告指出："弘扬以伟大建党精神为源头的中国共产党人精神谱系，用好红色资源，深入开展社会主义核心价值观宣传教育，深化爱国主义、集体主义、社会主义教育，着力培养担当民族复兴大任的时代新人。"[①]以史为鉴，开创未来，我们建设世界上最强大的政党，必须继续保持这一强大特质和优势，才能继续发挥引领时代的巨大作用。

强国以强党为前提和保证，强党以强国为目标和支撑。以上九个方面逻辑上是一体的，相辅相成，互相支撑，缺一不可。新时代新征程，建设世界上最强大的政党，必须以习近平新时代中国特色社会主义思想统一全党的意志，深刻领悟"两个确立"的决定性意义，增强"四个意识"，坚定"四个自信"，做到"两个维护"，将这九个方面看作一个有机整体，统筹兼顾，科学推进，

---

① 习近平：《高举中国特色社会主义伟大旗帜为全面建设社会主义现代化国家而团结奋斗——在中国共产党第二十次全国代表大会上的报告》，人民出版社 2022 年版，第 44 页。

全面提高；同时，又要结合不同的特点，有针对性地加强各自领域的能力建设，切实铸成世界上最强大政党的领导力，引领中华民族向千秋伟业从容进发。

第一章

建设最强大政党必须增强思想引领力

习近平总书记指出："思想就是力量。一个民族要走在时代前列，就一刻不能没有理论思维，一刻不能没有思想指引。"[①]正如德国著名诗人海涅所说，思想走在行动之前，就像闪电走在雷鸣之前一样。对于中国人民而言，马克思主义就像闪电一般，引领中华民族伟大复兴以江河奔涌之势一路向前，让沉睡百年的"东方睡狮"站起来、富起来向强起来自信迈进。这一强大的思想引领力，来源于中国共产党人不断筑牢的马克思主义指导地位，来源于其与时俱进的创新理论武装，来源于其不断开辟的马克思主义中国化时代化新境界，这也是中国共产党为什么能的独特优势。新时代新征程，要把党建设成为世界上最强大的政党，汇聚起磅

[①] 习近平：《在党史学习教育动员大会上的讲话》（2021年2月20日），《中华人民共和国中央人民政府网》2021年3月31日。

础的伟力，必须不断加强党的思想建设，持续提升思想引领力。

一、思想建设：党自信前行的重要保证

思想建设是党的基础性建设，其主要任务是强化马克思主义理论武装，对党员进行党的基本理论、基本路线、基本方略的教育，主要突出政治信仰、对党忠诚教育，政治灵魂塑造、政治品格建设等内容，从而保持全党在思想上政治上行动上的高度一致，保持党的先进性、纯洁性，增强党的创造力、凝聚力和战斗力，是推动党自信前行的重要保证。

（一）加强思想建设是对党的建设经验和教训进行深刻总结的科学结论

马克思主义是关于自然界、人类社会、人类思维发展的一般规律的理论体系。"马克思主义揭示了事物的本质、内在联系及发展规律，是'伟大的认识工具'，是人们观察世界、分析问题的有力思想武器；马克思主义具有鲜明的实践品格，不仅致力于科学'解释世界'，而且致力于积极'改变世界'。"①马克思主

① 习近平：《在哲学社会科学工作座谈会上的讲话》，人民出版社2016年版，第9页。

义自诞生以来就始终"占据着真理和道义的制高点"。

中华民族有5000多年的文明历史，为人类作出了卓越的贡献，成为世界上伟大的民族。但是，近代以来，由于封闭保守，逐渐落后，特别是鸦片战争后，山河破碎、民不聊生。为了民族复兴，无数仁人志士，进行了各式各样政治思想和政治制度的尝试，试图挽救中华民族的危机，但都没有成功。十月革命一声炮响，给中国送来了马克思列宁主义。在中国人民和中华民族的伟大觉醒中，在马克思列宁主义同中国工人运动的紧密结合中，中国共产党应运而生。

中国共产党始终注重理论创新。从根源上讲，思想理论的创新是以内在动力的推动为前提的，而这种内在动力往往来自真理与谬误的较量、新与旧的交锋和顺应时代潮流与逆时代潮流的搏击。每一次较量的结果都是反映时代要求的新的思想理论成果的再现，循环往复，以至无穷，使思想理论在不同的时代被赋予新的内涵，持续地创造出反映时代发展规律的理论观点。

中国共产党始终注重同错误思想作斗争。中国共产党成立以后中国革命展现出新的局面，然而革命道路却并非一帆风顺。大革命时期，中国共产党尚处于幼年时期，缺乏对中国社会和中国革命基本问题的深刻认识，右倾机会主义一度在中共中央领导机关占据了统治地位。1927年"八七"会议彻底清算了大革命后期的右倾机会主义错误，确定了土地革命和武装反抗国民党反动派的总方针，提出了"须知政权是由枪杆子中取得的"著名论断，由此开始了从大革命失败到土地革命战争兴起的转折。掌握了革命的武装，主攻方向究竟是指向城市，还是指向农村？从国际共产主义运动的历史来看，找不到农村包围城市的经验，然而在当时的中国所有以占领中心城市为目标的起义很快就失败了。通过实践的摸索和理论的探索，以毛泽东同志为主要代表的中国共产党人同当时党内盛行的把马克思主义教条化、把共产国际决议和苏联经验神圣化的错误倾向作了坚决的斗争，最终形成农村包围城市、武装夺取政权的理论。1930 年，毛泽东在《反对本本主义》中指出，"没有调查，就没有发言权""中国革命斗争的胜利要靠中国同志了解中国情况"，表现了开辟新道路、创造新理论的革命首创精神。然而，正确的理论要在长期的革命实践中得到检验。从大革命失败到遵义会议召开前，"左"倾错误先后三次在党中央的领导机关取得统治地位，分别是"左"倾盲动错误、"左"倾冒险主义、"左"倾教条主义。特别是以王明为代表的"左"倾教条主义错误，使中国革命遭受到严重挫折，使红军和根据地损失了 90%，国民党统治区党的力量几乎损失殆尽。1935 年 1 月召开的遵义会议开始确立以毛泽东同志为主要代表的马克思主义正确路线在党中央的领导地位。这次会议在极其危急的情况下挽救了中国共产党，挽救了中国工农红军，挽救了中国革命，成为党历史上一个生死攸关的转折点。回顾这一时期，我们党一方面反对右倾机会主义，另一方面反对"左"倾机会主义，从对两条战线斗争中巩固和壮大起来，从而把革命事业坚持下来并推向前进。

1978 年召开的党的十一届三中全会又是我们党历史上的一次

伟大转折,作出了把工作重点转移到社会主义现代化建设上来和实行改革开放的战略决策。由此,党和国家充满希望和活力地踏上了实现社会主义现代化强国的伟大征程。因此,中国共产党之所以能经过短短 28 年的奋斗就夺取了全国政权,除了得到广大中国人民的支持外,就在于以毛泽东同志为主要代表的中国共产党人突破错误思想的束缚,把马克思主义的基本原理创造性地与中国革命的具体实际结合起来,形成了马克思主义中国化的第一个理论成果——毛泽东思想。在社会主义建设和改革开放时期,通过解放思想、实事求是、与时俱进、求真务实,又逐步形成了邓小平理论、"三个代表"重要思想、科学发展观,创立了习近平新时代中国特色社会主义思想,推进了中国实践不断地从一个胜利走向另一个胜利。一百多年党史充分证明,马克思主义政党必须始终不渝地把马克思主义作为指导自己的思想基础,坚持用发展的观点对待马克思主义,始终紧跟时代步伐,站在时代和群众前列,始终保持和发展理论的先进性,善于把党和人民群众积累的实践经验升华为新的理论成果,同时把最新的理论成果融入党的建设和人民群众的伟大实践中去,使之转化为巨大的物质力量,充分发挥其思想上的引领力。

中国共产党始终注重理论武装。马克思指出:"批判的武器当然不能代替武器的批判,物质力量只能用物质力量来摧毁;但是理论一经掌握群众,也会变成物质力量。"[①]中国共产党一开始

---

① 《马克思恩格斯全集》(第 1 卷),人民出版社 1957 年版,第 460 页。

就注重从思想上武装无产阶级。1921年7月，中共一大召开，大会在讨论实际工作计划时即指出："要特别注意组织工人，以共产主义精神教育他们。"①1927年大革命失败以后，党的工作重心逐渐由城市转向农村，在井冈山时期，部分党的干部群众有"红旗到底打得多久"的困惑，信心缺失。面对这种情况，毛泽东同志分析了中国革命面临的内外形势，充满信心地激励全党：星星之火，可以燎原。1929年12月，红四军党的第九次代表大会召开，会议通过了《古田会议决议》，初步回答了在党员队伍以农民成分为主的情况下，如何着重从思想上建设党以保持无产阶级先锋队性质的问题。在抗日战争开始的时候，对抗日战争的前途，党内、国内出现了"亡国论"和"速胜论"两种截然相反的观点。毛泽东同志基于对中国国内形势和国际环境的深刻分析，指出：抗日战争不会速胜，抗战的过程将是持久的和艰苦的，但是最后的胜利一定属于中国人民。《论持久战》对中国抗日战争过程的分析和前景的推断，极大地激励了全党的斗志。新中国成立以后，围绕建立社会主义基本制度和开展社会主义建设，我们党对执政党建设、社会主义改造、社会矛盾学说等相关理论进行了艰辛探索，取得了理论建设的新成果。改革开放以后，我们党大力加强思想理论建设，先后开展了"三讲"教育、保持共产党员先进性教育等教育活动。党的十八大以来，以习近平同志为核心的党中央部署推进党的群众路线教育实践活动、"三严三实"专题教育、"两

---

① 《中国近现代史纲要》，高等教育出版社2018年版，第118页。

学一做"学习教育、"不忘初心、牢记使命"主题教育、党史学习教育等，使广大党员干部普遍受到深刻的马克思主义思想教育，有力地推进了思想建党、理论强党。历史事实表明，只有用马克思主义武装党，党就变为共产主义大熔炉，一切非工人阶级出身的带有各种非无产阶级思想的党员，都有可能在这个大熔炉中变为优秀的共产党人，成为出色的工人阶级先锋战士。

（二）加强思想建设是有力抵御意识形态领域渗透的现实需要

"意识形态是政党传播影响的重要工具，也是执政党实现社会控制和社会整合的一个基本手段。"[1]意识形态关乎旗帜、关乎道路、关乎国家政治安全。改革开放以来，我国经济发展取得巨大成就，广大人民群众在党的领导下努力奋斗，不断创造幸福美好生活。1979年日本首相大平正芳访华期间提出了中国四个现代化的真实含义的疑问，邓小平同志说，我们要实现的四个现代化，是中国式的四个现代化。我们的四个现代化的概念，不是像你们那样的现代化的概念，而是"小康之家"[2]。从此四个现代化不仅有量化标准，而且有了一个中国老百姓易于理解的词语"小康"。2021年7月1日，习近平总书记庄严宣告："经过全党全国各族人民持续奋斗，我们实现了第一个百年奋斗目标，在中华大地上

① 王长江：《现代政党执政规律研究》，上海人民出版社2002年版，第295页。
② 《邓小平讲话实录》（会谈卷），红旗出版社2018年版，第3页。

全面建成了小康社会，历史性地解决了绝对贫困问题，正在意气风发向着全面建成社会主义现代化强国的第二个百年奋斗目标迈进。"①我们党提出的奋斗目标成为汇聚奋斗力量的一面光辉旗帜，正凝聚起民族复兴的磅礴伟力。

但不容忽视的是，意识形态领域还存在这样那样的问题。有的人不信马列信鬼神，不信法制信权力，不讲政治原则只讲庸俗关系；有的人理想信念淡薄、牺牲奉献精神缺乏；有的人发牢骚、讲怪话，传播负能量；有的人大搞个人主义、自由主义、拜金主义；还有的人习惯于用西方理论评价国内事务。更有甚者有意夸大党史上的失误和挫折，肆意抹黑歪曲党的历史，攻击党的领导，诋毁党的领袖，有的抹黑丑化英雄人物，有的将党史庸俗化、娱乐化，为历史虚无主义推波助澜。这些现象的产生，有的是社会思想意识相互交织的结果，有的是主流价值遭遇市场逐利性的挑战，有的是媒体格局和舆论生态深刻变化的影响，有的则是敌对势力别有用心的阴谋策划。解决这一系列的问题，必须不断加强党的思想建设，必须不断加强党对意识形态工作的全面领导，不断增强意识形态领域主导权和话语权，不断坚定广大干部群众的道路自信、理论自信、制度自信、文化自信，不断提升党、国家和民族的凝聚力、向心力。

① 习近平：《在庆祝中国共产党成立100周年大会上的讲话》，《人民日报》2021年7月2日。

（三）加强思想建设是实现中华民族伟大复兴的重要保证

回顾一百多年奋斗历程，中国共产党始终保持为中国人民谋幸福、为中华民族谋复兴、为世界谋大同的初心和使命，领导广大人民群众进行了艰苦卓绝的斗争，取得了举世瞩目的辉煌成就，为中华民族作出了伟大历史贡献。"中国共产党始终代表最广大人民根本利益，与人民休戚与共、生死相依，没有任何自己特殊的利益，从来不代表任何利益集团、任何权势团体、任何特权阶层的利益。"[①] 2021 年 7 月 1 日，习近平总书记深刻指出："今天，我们比历史上任何时期都更接近、更有信心和能力实现中华民族伟大复兴的目标，同时必须准备付出更为艰巨、更为艰苦的努力。"[②] 党的二十大报告进一步郑重提出："推动理想信念教育常态化制度化，持续抓好党史、新中国史、改革开放史、社会主义发展史宣传教育，引导人民知史爱党、知史爱国，不断坚定中国特色社会主义共同理想。"[③]

马克思主义揭示的社会发展规律是永恒的真理，但它又必须与具体历史时期和具体国家的主观客观现实条件相结合，形成特定的创新发展的理论模式。实现中华民族伟大复兴的中国梦，需要统揽伟大斗争、伟大工程、伟大事业、伟大梦想，需要中国共产党持续

---

① 习近平：《在庆祝中国共产党成立 100 周年大会上的讲话》，《人民日报》2021 年 7 月 2 日。

② 习近平：《在庆祝中国共产党成立 100 周年大会上的讲话》，《人民日报》2021 年 7 月 2 日。

③ 习近平：《高举中国特色社会主义伟大旗帜为全面建设社会主义现代化国家而团结奋斗——在中国共产党第二十次全国代表大会上的报告》，人民出版社 2022 年版，第 44 页。

加强理论创新增强思想引领力，用共同的奋斗目标、共同的理想信念、共同的意志品质把全党和全国各族人民团结起来，凝聚起来。

二、筑牢马克思主义指导地位

习近平总书记深刻指出："马克思主义是我们立党立国的根本指导思想，是我们党的灵魂和旗帜"①"中国共产党为什么能，中国特色社会主义为什么好，归根到底是因为马克思主义行！"②增强思想引领力，必须要旗帜鲜明地坚持马克思主义指导地位。

（一）坚守立党立国的根本指导思想

选择马克思主义作为指导思想，是近代以来各种社会思潮相互激荡、比较筛选的结果。近代以来，各种各样的思潮涌入中国，中国的先进分子和志士仁人也在不断的探索实践中进行选择。但各种尝试和努力最终以失败告终。正如毛泽东所说："中国人没有什么思想武器可以抗御帝国主义。旧的顽固的封建主义的思想

---

① 习近平：《在庆祝中国共产党成立100周年大会上的讲话》，《人民日报》2021年7月2日。
② 习近平：《在庆祝中国共产党成立100周年大会上的讲话》，《人民日报》2021年7月2日。

武器打了败仗了，抵不住，宣告破产了。不得已，中国人被迫从帝国主义的老家即西方资产阶级革命时代的武器库中学来了进化论、天赋人权论和资产阶级共和国等项思想武器和政治方案，组织过政党，举行过革命，以为可以外御列强，内建民国。但是这些东西也和封建主义的思想武器一样，软弱得很，又是抵不住，败下阵来，宣告破产了。"①1915年陈独秀创办《青年杂志》（后改名《新青年》），拉开了新文化运动的序幕。新文化运动有力地冲击了封建思想道德，掀起了一股思想解放的潮流。这股潮流冲决了禁锢人们思想的闸门，进而为新思想的涌入创造了条件。第一次世界大战期间，俄国爆发了十月革命。十月革命之后，社会主义学说开始成为新思潮的主流。从1915年到1918年，"社会主义"一词在《新青年》杂志中总共出现了34次，而1919年一年就出现了100多次。当然，潮流涌来时难免泥沙俱下。五四时期被中国人当作新思潮传播的社会主义学说十分庞杂，既有马克思主义的科学社会主义，又有各种各样被称为"社会主义"的资产阶级和小资产阶级的思想流派，如无政府主义、无政府工团主义、互助主义、新村主义等。为什么历史和人民最终选择了马克思主义？马克思说："理论在一个国家的实现程度，决定于理论满足这个国家需要的程度。"②马克思主义满足了中国的需要，指导中国革命不断走向胜利，在社会思潮充分激荡、比较筛选中，我们最终选择了马克思主义。

① 《毛泽东选集》（第4卷），人民出版社1991年版，第1514页。
② 《马克思恩格斯选集》（第1卷），人民出版社1972年版，第10页。

选择马克思主义作为指导思想，也是中华优秀传统文化与马克思主义精神底蕴的融通契合促成的。首先，马克思主义对资本主义的批判，弥补了近代以来中国社会文化自信的严重缺失，又恰好解决了当时中国先进分子的心理冲突：究竟是向西方学习还是要反对西方列强，如何看待中国与西方历史上"先生"与"学生"的身份转换，如何做到保存中华文化历史命脉与实现自我更新？其次，马克思主义和中华优秀传统文化在社会理想方面存在许多相通之处，客观上有利于马克思主义被中国先进分子所认同和接纳。比如，马克思主义学说号召全世界无产者联合起来，共同建立一个没有剥削、没有压迫的共产主义社会，与此相类似，中华优秀传统文化中有大同社会理想。再比如，人民性是马克思主义最鲜明的品格，而中国古代也有"民惟邦本，本固邦宁"的民本思想，有"民为贵，社稷次之，君为轻""圣人无常心，以百姓之心为心""水能载舟，亦能覆舟"的治国之道，有"先天下之忧而忧，后天下之乐而乐""安得广厦千万间，大庇天下寒士俱欢颜""衙斋卧听萧萧竹，疑是民间疾苦声"的爱民情怀。这正如党的二十大报告所指出的："中华优秀传统文化源远流长、博大精深，是中华文明的智慧结晶，其中蕴含的天下为公、民为邦本、为政以德、革故鼎新、任人唯贤、天人合一、自强不息、厚德载物、讲信修睦、亲仁善邻等，是中国人民在长期生产生活中积累的宇宙观、天下观、社会观、道德观的重要体现，同科学社会主义价值观主张具有高度契合性。"[①]最后，

---

① 习近平：《高举中国特色社会主义伟大旗帜为全面建设社会主义现代化国家而团结奋斗——在中国共产党第二十次全国代表大会上的报告》，人民出版社 2022 年版，第 18 页。

在文化思维方式上，中国传统的思想文化中有朴素的唯物主义和辩证法底蕴，这使得中国先进分子比较容易接受和体会马克思主义的辩证唯物主义和历史唯物主义哲学。比如，中国古人说的"民以食为天""仓廪实而知礼节，衣食足则知荣辱"就蕴含着朴素的唯物主义思想，中国古人说的"祸兮福之所倚，福兮祸之所伏""有无相生，难易相成，长短相形，高下相倾，音声相和，前后相随"包含了统一物由对立面组成、对立面可以相互转化的思想，而"合抱之木，生于毫末；九层之台，起于累土"等古语则包含了量变引发质变的辩证法思想。

让我们以更宏观的视野来看这段历史。1840 年，鸦片战争爆发，中国人民陷入半殖民地半封建社会的历史泥潭，同时，中华民族走上了实现伟大复兴的艰辛探索之路。1848 年，《共产党宣言》发表，马克思、恩格斯创立科学社会主义，推动了世界社会主义蓬勃发展，深刻改变了人类历史进程。这两件大事所开启的历史脉络，历史性地交汇在 20 世纪的中国。经过风云激荡的五四运动洗礼与锤炼，更多的中国先进分子集合在马克思主义的旗帜下。在马克思主义的指导下，在新民主主义革命、社会主义革命和社会主义建设探索时期，以毛泽东同志为主要代表的中国共产党人，把马克思主义基本原理同中国具体实践相结合，形成了毛泽东思想，创造了新民主主义革命的伟大成就，实现了民族独立、人民解放，为实现中华民族伟大复兴创造了根本社会条件；创造了社会主义革命和建设的伟大成就，实现了中华民族有史以来最为广泛而深刻的社会变革，为实现中华民族伟大复兴奠定了根本政治前提和制度基础。在马克思主义的指导下，从 1978 年党的十一届三中全会起，中国进入改革开放新时期。在这一时期，中国共产党人把马克思主义基本原理与中国具体实践相结合，与时俱进地形成了邓小平理论、"三个代表"重要思想、科学发展观，创造了改革开放和社会主义现代化建设的伟大成就，为实现中华民族伟大复兴提供了充满新的活力的体制保证和快速发展的物质条件；在马克思主义的指导下，党的十八大以来，以习近平同志为主要代表的中国共产党人，坚持把马克思主义基本原理同中国具体实际相结合、同中华优秀传统文化相结合，坚持毛泽东思想、邓小平理论、"三个代表"重要思想、科学发展观，深刻总结并充分运用党成立以来的历史经验，从新的实际出发，创立了习近平新时代中国特色社会主义思想，创造了新时代中国特色社会主义的伟大成就，为实现中华民族伟大复兴提供了更为完善的制度保证、更为坚实的物质基础、更为主动的精神力量。

围绕着什么是革命？怎样进行革命？什么是社会主义？怎样建设社会主义？建设什么样的党？怎样建设党？实现什么样的发展？怎样发展？新时代坚持和发展什么样的中国特色社会主义？怎样坚持和发展中国特色社会主义？建设什么样的社会主义现代化强国？怎样建设社会主义现代化强国？建设什么样的长期执政的马克思主义政党？怎样建设长期执政的马克思主义政党等重大的时代课题。围绕着这一系列革命、建设、改革中的重大现实问题，中国共产党人在马克思主义指导下不懈探索，在推进实践创新的基础上推动理论创新，书写了中华民族几千年历史上最恢宏的思想发展史诗。所以，马克思主义作为立党立国的指导思想是历史的选择、人民的选择、正确的选择。面向未来，马克思主义正在指引中国人民行走在迈向伟大复兴的康庄大道上，依然披荆斩棘，锐不可当。

（二）站稳马克思主义立场

马克思主义是科学的理论。唯物史观和剩余价值学说，揭示了人类社会发展的一般规律和资本主义运行的特殊规律，为人类指明了从必然王国向自由王国飞跃的途径，指明了人民实现自由和解放的道路。**马克思主义是人民的理论**。它致力于为人类求解放，第一次站在人民的立场探求人类自由解放的道路，它以科学的理论为最终建立一个没有压迫、没有剥削、人人平等、人人自由的理想社会指明了方向。**马克思主义是实践的理论**。"马克思主义不是书斋里的学问，而是为了改变人民历史命运而创立的，是在人民求解放的实践中形成的，也是在人民求解放的实践中丰富和发展的，为人民认识世界、改造世界提供了强大精神力量。"[1] **马克思主义是开放的理论**。"一部马克思主义发展史就是马克思、恩格斯以及他们的后继者们不断根据时代、实践、认识发展而发展的历史，是不断吸收人类历史上一切优秀思想文化成果丰富自己的历史。"[2]

有一种论调认为，在资本主义高度发达的今天，马克思主义

---

[1] 习近平：《论中国共产党历史》，中央文献出版社2021年版，第198页。
[2] 习近平：《论中国共产党历史》，中央文献出版社2021年版，第199页。

已经无法解释或解决人类社会问题，马克思主义已经失灵；有一种论调认为，马克思主义只是特定时代针对特定问题产生的理论，只能用于指导当时的社会实践，现如今马克思主义已经过时；有一种论调认为，马克思主义主张工人阶级运动和暴力革命，在和平与发展成为时代主题、阶级差异日益消弭的今天，马克思主义已经无用。**这种"失灵论""过时论""无用论"，或者看不清马克思主义的科学性，或者认不清马克思主义的开放性，或者读不懂马克思主义的人民性，理解不了马克思主义的崇高追求，都是错误的思想观点，都是伪命题。**现在这些论调也大多在中国特色社会主义的强大发展力量面前无地自容，理屈词穷、消失殆尽了。但这提醒我们对此类问题要有足够的清醒，还仍然需要我们对此做好准备以便进行更复杂的艰苦的斗争。

实践没有止境，理论创新也没有止境。不断谱写马克思主义中国化时代化新篇章，是当代中国共产党人的庄严历史责任。继续推进实践基础上的理论创新，首先要把握好习近平新时代中国特色社会主义思想的世界观和方法论，坚持好、运用好贯穿其中的人民至上、自信自立、守正创新、问题导向、系统观念、胸怀天下等立场观点方法。

（三）念好共产党人的"真经"

自问世以来，只有2万多字的《共产党宣言》被译成200多种文字，出版数千个版本，影响超越时空，遍及全世界。马克思主义犹如壮丽的日出，照亮了人类探索历史规律和寻求自身解放的道路。"在人类思想史上，没有一种思想理论像马克思主义那样对人类产生了如此广泛而深刻的影响。"①马克思主义不仅深刻改变了世界，也深刻改变了中国。自从中国人民学会了马克思列宁主义以后，中国人在精神上就由被动转入主动。马克思主义为中国革命、建设、改革提供了强大思想武器，使中国这个古老的东方大国创造了人类历史上前所未有的发展奇迹。2016年5月1日，习近平在全国党校工作会议上发表讲话指出：马克思主义就是我们共产党人的"真经"，"真经"没念好，总想着"西天取经"，就要贻误大事！"对马克思主义的信仰，对社会主义和共产主义的信念，是共产党人的政治灵魂，是共产党人经受住任何考验的精神支柱。"②

当前，敌对势力总是企图让我们党改旗易帜、改名换姓，其要害就是企图让我们丢掉对马克思主义的信仰，丢掉对社会主义、共产主义的信念。而我们党自身也面临着执政考验、改革开放考验、市场经济考验、外部环境考验，面临着精神懈怠的危险、能力不足的危险、脱离群众的危险、消极腐败的危险。我们要学习、实践和发展马克思主义，坚信共产党人的"真经"，应系统学习毛泽东思想、邓小平理论、"三个代表"重要思想、科学发展观、习近平新时代中国特色社会主义思想，不断从中汲取科学智慧和

---

① 习近平：《论中国共产党历史》，中央文献出版社2021年版，第199页。
② 习近平总书记关于坚定理想信念筑牢精神之基重要论述摘录（2012年—2018年8月），《中国纪检监察》2018年19期，第5页。

理论力量，更有定力、更有自信、更有智慧地坚持和发展新时代
中国特色社会主义，推动中华民族伟大复兴的巨轮沿着正确航向
奋勇前行。

三、用习近平新时代中国特色社会主义思想武装全党

推进马克思主义中国化时代化是一个追求真理、揭示真理、笃
行真理的过程。十八大以来，以习近平同志为主要代表的中国共产
党人，坚持把马克思主义基本原理同中国具体实际相结合、同中华
优秀传统文化相结合，科学回答了新时代坚持和发展什么样的中国
特色社会主义、怎样坚持和发展中国特色社会主义等重大时代课题，
创立了习近平新时代中国特色社会主义思想。习近平新时代中国特
色社会主义思想是对马克思列宁主义、毛泽东思想、邓小平理论、
"三个代表"重要思想、科学发展观的继承和发展，是当代中国马
克思主义、二十一世纪马克思主义，是中华文化和中国精神的时代
精华，是党和人民实践经验和集体智慧的结晶，是中国特色社会主
义理论体系的重要组成部分，是全党全国人民为实现中华民族伟大
复兴而奋斗的行动指南，必须长期坚持并不断发展。[①]

---

① 《中国共产党章程》，人民出版社 2022 年版，第 5—6 页。

（一）深刻领悟用习近平新时代中国特色社会主义思想武装全党的重大价值

当代中国正经历着我国历史上最为广泛而深刻的社会变革，也正进行着人类历史上最为宏大而独特的实践创新。中国特色社会主义进入新时代，这是一个需要理论而且一定能够产生理论的时代，是一个需要思想而且一定能够产生思想的时代。习近平新时代中国特色社会主义思想闪耀着理性光辉和人格魅力，集中反映着当代中国共产党人的政治品格、价值追求、精神风范，彰显着坚定理想信念，展现着真挚人民情怀，贯穿着高度自觉自信，体现着鲜明问题导向，充满着无畏担当精神。具体来讲，用习近平新时代中国特色社会主义思想武装全党体现为三个方面重大价值。

一是新时代坚持和发展中国特色社会主义的必然要求。中国特色社会主义，是党和人民历尽千辛万苦、付出巨大代价取得的根本成就。坚持和发展中国特色社会主义，是习近平新时代中国特色社会主义思想的核心要义，这一思想从理论和实践结合上系统回答了新时代坚持和发展什么样的中国特色社会主义、怎样坚持和发展中国特色社会主义、建设什么样的社会主义现代化强国、怎样建设社会主义现代化强国、建设什么样的长期执政的马克思主义政党、怎样建设长期执政的马克思主义政党等重大的时代课题。这一思想凝结着我们党坚持和发展中国特色社会主义的经验总结，凝结着对中国特色社会主义规律性认识的深化、拓展、升华。把我们党对中国特色社会主义本质和规律的认识提高到一个前所未有的高度，为我们坚持和发展中国特色社会主义提供了基本遵循。

二是全面建设社会主义现代化强国、实现中华民族伟大复兴中国梦的必然要求。当前，我们已经实现第一个百年奋斗目标，正意气风发行进在实现第二个百年奋斗目标的大路上。中华民族伟大复兴不是轻轻松松、敲锣打鼓就能实现的，前进道路上需要我们付出更为艰苦的努力。应对重大挑战、抵御重大风险、克服重大阻力、解决重大矛盾，一刻也离不开党的创新理论的科学指引。习近平新时代中国特色社会主义思想系统论述了中国梦的重大意义和基本内涵，擘画了社会主义现代化国家的宏伟蓝图，科学规划了实现伟大复兴中国梦的实践路径和战略安排。只有深入学习贯彻这一思想，才能科学思考把握未来发展面临的一系列重大问题，不断开辟党和国家事业发展崭新局面。

三是坚持和加强党的全面领导的必然要求。党的领导是中国特色社会主义最本质的特征，是中国特色社会主义制度的最大优势。坚持党要管党、全面从严治党关系民族复兴战略全局。党的十八大以来，全面从严治党发生深刻变革，管党治党实现从"宽松软"到"严紧硬"的深刻转变，党的面貌焕然一新，深得党心民心。但党面临的"四大考验"是长期的、复杂的，"四种危险"是尖锐的、严峻的，解决这些问题需要付出长期持续不断的努力。习近平新时代中国特色社会主义思想丰富和发展了马克思主义建党学说，为管党、治党、建党提供了科学指南。学习贯彻这一思想，才能持续锻造中国特色社会主义事业的坚强领导核心，引导广大党员干部群众坚定不移跟党走。

（二）深刻把握习近平新时代中国特色社会主义思想的主要内容

十八大以来，国内外形势新变化和实践新要求，迫切需要我们从理论和实践的结合上深入回答关系党和国家事业发展、党治国理政的一系列重大时代课题。我们党勇于进行理论探索和创新，以全新的视野深化对共产党执政规律、社会主义建设规律、人类社会发展规律的认识，取得重大理论创新成果，集中体现为习近平新时代中国特色社会主义思想。十九大、十九届六中全会提出的"十个明确""十四个坚持""十三个方面成就"概括了这一思想的主要内容，必须长期坚持并不断丰富发展。[①]

"十个明确"[②]。一是明确中国特色社会主义最本质的特征是中国共产党领导，中国特色社会主义制度的最大优势是中国共产党领导，中国共产党是最高政治领导力量，全党必须增强"四个意识"、坚定"四个自信"、做到"两个维护"；二是明确坚持和发展中国特色社会主义，总任务是实现社会主义现代化和中华民族伟大复兴，在全面建成小康社会的基础上，分两步走在本世

---

① 习近平：《高举中国特色社会主义伟大旗帜 为全面建设社会主义现代化国家而团结奋斗——在中国共产党第二十次全国代表大会上的报告》，人民出版社 2022 年版，第 18 页。

② 《党的十九届六中全会〈决议〉学习辅导百问》，学习出版社、党建读物出版社，2021 年版，第 30 页—32 页。

纪中叶建成富强民主文明和谐美丽的社会主义现代化强国，以中国式现代化推进中华民族伟大复兴；三是明确新时代我国社会主要矛盾是人民日益增长的美好生活需要和不平衡不充分发展之间的矛盾，必须坚持以人民为中心的发展思想，发展全过程人民民主，推动人的全面发展、全体人民共同富裕取得更为明显的实质性发展；四是明确中国特色社会主义事业总体布局是经济建设、政治建设、文化建设、社会建设、生态文明建设五位一体，战略布局是全面建设社会主义现代化国家、全面深化改革、全面依法治国、全面从严治党四个方面；五是明确全面深化改革总目标是完善和发展中国特色社会主义制度、推进国家治理体系和治理能力现代化；六是明确全面推进依法治国总目标是建设中国特色社会主义法治体系、建设社会主义法治国家；七是明确必须坚持和完善社会主义基本经济制度，使市场在资源配置中起决定性作用，更好发挥政府作用，把握新发展阶段，贯彻创新、协调、绿色、开放、共享的新发展理念，加快构建以国内大循环为主体、国内国际双循环相互促进的新发展格局，推动高质量发展，统筹发展和安全；八是明确党在新时代的强军目标是建设一支听党指挥、能打胜仗、作风优良的人民军队，把人民军队建设成为世界一流军队；九是明确中国特色大国外交要服务民族复兴、促进人类进步，推动建设新型国际关系，推动构建人类命运共同体；十是明确全面从严治党的战略方针，提出新时代党的建设总要求，全面推进党的政治建设、思想建设、组织建设、作风建设、纪律建设，把制度建设贯穿其中，深入推进反腐败斗争，落实管党治党政治责任，以伟大自我革命引领伟大社会革命。

"十四个坚持"①。坚持党对一切工作的领导、坚持以人民为中心、坚持全面深化改革、坚持新发展理念、坚持人民当家作主、坚持全面依法治国、坚持社会主义核心价值体系、坚持在发展中保障和改善民生、坚持人与自然和谐共生、坚持总体国家安全观、坚持党对人民军队的绝对领导、坚持"一国两制"和推进祖国统一、坚持推动构建人类命运共同体、坚持全面从严治党。

"十三个方面成就"②。主要表现在坚持党的全面领导上、全面从严治党上、经济建设上、全面深化改革开放上、政治建设上、全面依法治国上、文化建设上、社会建设上、生态文明建设上、国防和军队建设上、维护国家安全上、坚持"一国两制"和推进祖国统一上、外交工作上。

（三）切实把习近平新时代中国特色社会主义思想学深悟透

中国共产党第十九次全国代表大会，把习近平新时代中国特色社会主义思想确立为党必须长期坚持的指导思想并庄严地写入党章，实现了党的指导思想的与时俱进。第十三届全国人民代表大会第一次会议通过的宪法修正案，郑重地把习近平新时代中国特色社会主

---

① 习近平：《决胜全面建成小康社会夺取新时代中国特色社会主义伟大胜利——在中国共产党第十九次全国代表大会上的报告》，人民出版社2017年版，第20页—26页。
② 《党的十九届六中全会〈决议〉学习辅导百问》，学习出版社、党建读物出版社2021年版，第33页—59页。

义思想载入宪法，实现了国家指导思想的与时俱进，反映了全国各族人民共同意志和全社会共同意愿，实现了马克思主义中国化时代化新的飞跃，坚持不懈用这一创新理论武装头脑、指导实践、推动工作，为新时代党和国家事业发展提供了根本遵循。我们要把学习贯彻习近平新时代中国特色社会主义思想作为首要政治任务和长期战略任务，按照学懂弄通做实要求，坚持学思用贯通、知信行统一，切实把真理威力转化为强国兴国的磅礴伟力。

习近平总书记在全国宣传思想工作会议上的讲话中，曾语重心长地对领导干部们说："学习理论要有著名学者王国维论述治学的三种境界：一是'昨夜西风凋碧树，独上高楼，望尽天涯路'；二是'衣带渐宽终不悔，为伊消得人憔悴'；三是'众里寻他千百度，蓦然回首，那人却是灯火阑珊处。'首先，理论学习要有'望尽天涯路'那样志存高远的追求，耐得住'昨夜西风凋碧树'的清冷和'独上高楼'的寂寞，静下心来通读苦读；其次，理论学习要勤奋努力、刻苦钻研，下真功夫、苦功夫、细功夫，即使'衣带渐宽'也'终不悔'，'人憔悴'也心甘情愿；再次，理论学习贵在独立思考、学用结合、学有所悟、用有所得，在学习和实践中'众里寻他千百度'，最终'蓦然回首'，在'灯火阑珊处'领悟真谛。"① 要达到这三种境界，他总结了三点体会和认识：坚持阅读和思考的统一；坚持读书和实用相结合；锲而不舍、持之以恒。究其核心要义，就是应该做到学懂弄通做实。

① 刘建斌，薛萍：《给领导干部200句名言——习近平总书记用过的经典警句》，中共中央党校出版社2016年版，第377页。

学懂是前提。应坚持读原著、学原文、悟原理，要坚持全面学、贯通学、深入学，带着信念学、带着感情学、带着使命学。应全面理解这一理论成果的科学内涵、理论体系、思想精髓、精神实质；应系统把握这一理论成果所蕴含的马克思主义立场、观点和方法；应真正认识这一思想的时代意义、理论意义、实践意义、世界意义及实践要求。

弄通是核心。弄通把握理论背后的思想，思想之中的战略，以及战略之中蕴含的智慧，从而得到思想的启迪、战略的启蒙和智慧的启示。同时，应把学习贯彻这一思想与学习马克思主义基本原理贯通起来，与学习党史、新中国史、改革开放史、社会主义发展史贯通起来，与新时代中国共产党的历史使命贯通起来，准确把握蕴含其中的理论逻辑、历史逻辑、实践逻辑。

做实是落脚点。岗位就是站位，实干增长才干。用这一思想武装头脑，应坚持理论联系实际，具体问题具体分析，不断提高自己的思想理论水平，不断提高分析问题、解决问题的能力，指导实践、推动工作，把学习成效转化为做好本职工作、推动事业发展的生动实践。

四、开辟马克思主义中国化时代化新境界

马克思主义是先进的、开放的、发展的思想体系，中国化时

代化是马克思主义发展的逻辑必然和本质要求。这是一个追求真理、揭示真理、笃行真理的过程。恩格斯深刻指出,我们的理论"是一种历史的产物,它在不同的时代具有完全不同的形式,同时具有完全不同的内容"。①中国共产党人以自己的伟大理论创造,以新的理论形态和实践形态丰富和发展了马克思主义,把马克思主义推进到了二十一世纪。在此过程中,中国共产党人深刻认识到,只有把马克思主义基本原理同中国具体实际相结合、同中华优秀传统文化相结合,坚持运用辩证唯物主义和历史唯物主义,才能正确回答时代和实践提出的重大问题。具体地讲,只有实现马克思主义具体化、民族化、理论化、时代化,才能不断开辟马克思主义中国化时代化新境界。

(一)把马克思主义具体化

十月革命一声炮响给半殖民地半封建的中国送来了马克思主义,给了中华民族一个崭新的革命选择和历史机遇。马克思主义是具有高度抽象概括性的科学理论,不能直接应用于现实的具体实践活动。马克思主义只能在中国具体的实际运动中克服、消解教条主义和学理主义,不断地转化成改造中国历史的巨大物质力量。把马克思主义具体化就是使马克思主义和我国的具体特点相结合,学会把马克思主义理论应用于中国的具体环境,按照中国

---

① 恩格斯:《反杜林论》,人民出版社 2015 年版,第 98 页。

的特点去应用它，把马克思主义理论具体化为路线、纲领、方针、政策和办法，用以解决中国革命、建设和改革的实际问题。马克思主义之所以要具体化，这是因为，马克思主义所提供的只是一般的指导原理，各国的具体国情不同，在应用时不能照搬照抄。要真正运用马克思主义来指导中国革命、建设和改革，必须紧密结合中国国情和时代条件，寻找适合中国实际的道路，制定正确的方略。

（二）把马克思主义民族化

把马克思主义民族化就是把马克思主义植根于中国优秀文化之中，使之通过一定的民族形式来实现，在其每一表现中带有中国的特性，带有中国作风和中国气派，为中国老百姓所喜闻乐见，以便被中国广大人民群众理解和接受，从而在中国大地扎根、开花、结果。马克思主义之所以要民族化，这是因为，马克思主义作为一种外来思想文化传入中国，要使它能为中国人民广泛接受，并在实践中发挥指导作用，需要使它"和民族的特点相结合，经过一定的民族形式"表现出来，以民族文化的形式表达马克思主义的思想内容。在这方面，毛泽东堪称典范。他用"实事求是""一分为二""群众路线""独立自主""调查研究""解剖麻雀"等生动鲜活的中国语言，来表达马克思主义的唯物论、辩证法和唯物史观，既深刻准确，又生动活泼，十分有利于中国人民理解接受，有利于马克思主义在中国大地上的传播和发展。基于此，要加快构建中国特色哲学社会科学，要推动中华优秀传统文化创造性转化、创新性发展。绵延几千年的中华优秀传统文化，是中国特色哲学社会科学成长发展的深厚基础，是我国的独特优势。2021 年 5 月 9 日，习近平总书记给《文史哲》编辑部全体编辑人员回信时指出："增强做中国人的骨气和底气，让世界更好认识中国、了解中国，需要深入理解中华文明，从历史和现实、理论和实践相结合的角度深入阐释如何更好坚持中国道路、弘扬中国精神、凝聚中国力量。"加快构建中国特色哲学社会科学，要坚持不忘本来、吸收外来、面向未来，善于汲取人类成功经验，借鉴一切文明成果，包括世界所有国家哲学社会科学取得的积极成果，努力打造体现继承性、民族性、原创性、时代性、系统性、专业性的全方位、全领域、全要素的哲学社会科学体系，在学科体系、学术体系、话语体系等方面体现中国特色、中国风格、中国气派。

（三）把中国经验马克思主义化

把中国经验马克思主义化就是把中国革命、建设和改革的实践经验和历史经验上升为理论，丰富和发展马克思主义。马克思主义中国化是一种理论与实践的双向运动。它既是在实践中学习理论，运用理论指导实践的过程，又是总结实践经验以深化对事物的认识并丰富和发展理论的过程。以马克思主义为指导，总结中国革命和建设的经验，并把经验升华为理论，揭示中国革命和建设的特点和规律，丰富马克思主义的理论宝库，是马克思主义中国化的题中应有之义。2015 年 9 月，习近平主席在纽约联合国总部发表重要讲话时指出："我们要继承和弘扬联合国宪章的宗旨和原则，构建以合作共赢为核心的新型国际关系，打造人类命运共同体。"①提出构建人类命运共同体的思想，是对马克思主义世界历史理论的新发展。截至目前，构建人类命运共同体已被多次写入联合国文件，国际社会高度评价中国推动构建人类命运共同体的实践，普遍认为这是对全球治理的重要贡献。世界好，中国才能好；中国好，世界才更好。中国共产党是为中国谋幸福的党，也是为人类进步事业而奋斗的党。面向未来，我们应洞察时代风云，把握时代脉搏，引领时代潮流，为应对全球共同挑战、共同问题提供中国智慧和中国方案，为建设美好世界、维护人类共同利益和共同价值作出重要贡献。

（四）把马克思主义时代化

马克思主义是时代精神的精华，回答时代提出的人类发展的理论困惑和实践之问。马克思主义时代化要求我们善于从时代的高度分析、考察问题，从宽广的国际视野和深切的中国国情出发，提出反映时代发展主题、顺应人民群众诉求、符合历史发展规律的时代任务，并在实践的基础上结合新的时代特点进一步发展和完善，用富有时代气息的鲜活语言，用适合当今社会的表达方式，提出新思想，概括新论断，在内容的时代化、形式的时代化、话

---

① 《习近平谈治国理政》（第2卷），外文出版社2017年版，第522页。

语体系的时代化等方面有效地实现马克思主义时代化，以彰显马克思主义的当代价值和时代魅力，让马克思主义放射出更加灿烂的真理光芒。

恩格斯说过："一个民族要想站在科学的最高峰，就一刻也不能没有理论思维。"[①]回首百年党史，这是矢志践行初心使命的一百年，这是筚路蓝缕奠基立业的一百年，这是创造辉煌开创未来的一百年，在这一百多年的春华秋实里，中国共产党人在实践创新基础上不断推动理论创新，把马克思主义推进到了21世纪、开辟了马克思主义发展新境界、中华民族伟大复兴进入不可逆转的历史进程。面向未来，中国共产党人还会持续推进理论创新、持续推进马克思主义中国化时代化、持续不断开辟马克思主义发展新境界、持续不断增强思想引领力，以强大的思想引领力助推世界上最强大政党的建成，带领14亿中国人民向着梦想自信前行。

---

① 中共中央马克思、恩格斯、列宁、斯大林著作编译局：《马克思恩格斯选集》（第3卷），人民出版社1972年版，第467页。

第二章

建设最强大政党必须增强政治领导力

马克思主义认为，政党本质上是特定阶级利益的集中代表者，是特定阶级政治力量中的领导力量，是由各阶级的政治中坚分子为了夺取或巩固国家政治权力而组成的政治组织。政党的本质属性是阶级性。政治领导力是衡量政党领导力的重要尺度，体现为政党的胜任力、执行力和影响力，显示着政党建设和政治能力运作的实际状态和效果。增强政治领导力的首要任务就是坚决维护以习近平同志为核心的党中央权威和集中统一领导，重要内容就是营造风清气正的良好政治生态，关键途径是增强党员干部的政治判断力、政治领悟力、政治执行力。强大的政治领导力是马克思主义政党的本质优势，也是建设世界上最强大政党的本质优势。

一、政治建设：党豪迈前行的坚实基础

加强政治建设是马克思主义政党的基本原则。习近平总书记在党的十九大报告中明确提出，"党的政治建设是党的根本性建设，决定党的建设方向和效果"，强调"把党的政治建设摆在首位"，发挥统领作用。①党的二十大报告中又再次强调："以党的政治建设统领党的建设各项工作。"②这是对马克思主义政党学说的重大原创性贡献，标志着我们党对党的建设规律的认识达到一个新高度，为新时代全面加强党的政治建设、充分发挥党的政治建设的首位、统领作用从而使党成为世界上最强大的政党提供了科学指导和基本遵循。

（一）加强政治建设是马克思主义执政党的根本要求

加强党的政治建设是由马克思主义政党的性质决定的。政治就是党和国家的大局、大事。讲政治就是要从党和国家大局思考和处理问题，谋划大局、顾全大局、服从大局。政党是有共同政

---

① 习近平：《决胜全面建成小康社会夺取新时代中国特色社会主义伟大胜利——在中国共产党第十九次全国代表大会上的报告》，人民出版社 2017 年版，第 62 页。

② 习近平：《高举中国特色社会主义伟大旗帜 为全面建设社会主义现代化国家而团结奋斗——在中国共产党第二十次全国代表大会上的报告》，人民出版社 2022 年版，第 13 页。

治纲领、政治路线、政治目标的政治组织。马克思主义政党历来旗帜鲜明地讲政治，毫不讳言自己代表无产阶级的政治属性，从不隐瞒自己设定的推翻资产阶级统治，建立社会主义制度，实现共产主义社会的宏伟目标。正如马克思恩格斯在《共产党宣言》中所明确指出的那样，共产党就是为绝大多数人谋利益的政党，并强调其"没有任何同整个无产阶级的利益不同的利益"①。政党目标就是"使无产阶级形成为阶级，推翻资产阶级的统治，由无产阶级夺取政权"②，基本途径就是"利用自己的政治统治，一步一步地夺取资产阶级的全部资本"③，还旗帜鲜明地指出无产阶级政党就要进行政治斗争和政治建设，就必须"支持一切反对现存的社会制度和政治制度的革命运动"。④简而言之，马克思主义政党，具有崇高政治理想、高尚政治追求、纯洁政治品质、严明政治纪律，必须始终把准政治方向、坚持政治领导、筑牢政治根基、保持政治本色、提升政治能力，只有这样，才能不断成长壮大完成历史使命。所以说，加强政治建设是其根本要求。

（二）加强政治建设是对党的建设历史经验的深刻总结

中国共产党一路走来，筚路蓝缕、披荆斩棘，从嘉兴南湖上

---

① 《马克思恩格斯文集》（第2卷），人民出版社2009年版，第44页。
② 《马克思恩格斯文集》（第2卷），人民出版社2009年版，第44页。
③ 《马克思恩格斯文集》（第2卷），人民出版社2009年版，第52页。
④ 《马克思恩格斯选集》（第1卷），人民出版社2012年版，第435页。

的一叶扁舟，到如今拥有 9671.2 万名党员，成为全球第一大执政党的巍巍巨轮，带领中国人民和中华民族从弱小走向强大、从胜利走向胜利，与我们党矢志不渝讲政治、一以贯之注重党的政治建设密切相关。

民主革命时期，毛泽东同志提出"没有正确的政治观点，就等于没有灵魂""一定要反对不问政治的倾向"等论断。从古田会议起，毛泽东同志就提出思想建党、政治建军的原则。党召开七大时，毛泽东同志反复强调在思想上、政治上进行党的建设的重要性。新中国成立之后，他又提出"政治工作是一切经济工作的生命线"[1]。改革开放以来，邓小平同志多次强调在改革开放和社会主义现代化建设过程中必须讲政治。他说："改革，现代化科学技术，加上我们讲政治，威力就大多了。到什么时候都得讲政治。"[2]他还明确指出："只有全党严格服从中央，党才能够领导全体党员和全国人民为实现现代化的伟大任务而战斗。"[3]随着时代的发展，中国共产党人又反复强调，必须"讲学习，讲政治，讲正气"。"我们讲的政治，是马克思主义的政治，是建设有中国特色社会主义的政治。"[4]虽然这一历史时期，我党并未明确提出党的政治建设这一名词术语，但讲政治如一条红线始终贯彻在党的建设的伟大实践中。

---

[1] 《毛泽东文集》（第6卷），人民出版社1999年版，第449页。
[2] 《邓小平文选》（第3卷），人民出版社1993年版，第166页。
[3] 《邓小平文选》（第2卷），人民出版社1993年版，第271—272页。
[4] 中共中央文献研究室：《毛泽东、邓小平、江泽民论世界观、人生观、价值观》，人民出版社1997年版，第564—565页。

党的十八大以来，以习近平同志为主要代表的中国共产党人深刻认识到"党内存在的很多问题都是同政治问题相关联，都只因为党的政治建设没有抓紧、没有抓实"。[①]习近平总书记反复强调："全面从严治党首先要从政治上看"。[②]"反对腐败、建设廉洁政治，保持党的肌体健康，始终是我们党一贯坚持的鲜明政治立场。"[③]他还鲜明指出："我们党作为马克思主义政党，讲政治是突出的特点和优势"，"共产党不讲政治还叫共产党吗？"[④]他还经常用红军过草地的故事来强调政治建设问题的重要性，他说，红军过草地时候，有一位伙夫同志每天起床的第一件事，不是问有没有米可以做饭，而是首先问队伍是向南还是向北走。他一再强调，在红军队伍里，即使是一名炊事员，也懂得方向问题比吃什么更重要。加强新时代党的政治建设，就必须把坚持正确政治方向作为定盘星和压舱石。如果方向问题上出现偏离，就会犯颠覆性错误。只有党的政治建设抓好了，党的建设才会有正确的政治方向、坚定的政治立场，才能把握政治大局，提高政治能力，才能真正做到铸魂扎根，党的其他建设才能有着眼点和落脚点。

党的十九大郑重提出党的政治建设这一命题并将其纳入新时代党的建设总要求，强调把党的政治建设摆在首位，以党的政治建设为统领，全面推进党的政治建设、思想建设、组织建设、作

---

① 《习近平谈治国理政》（第3卷），外文出版社2020年版，第92页。
② 《习近平谈治国理政》（第3卷），外文出版社2020年版，第92页。
③ 《十八大以来重要文献选编》（上），中央文献出版社2014年版，第81页。
④ 《习近平关于全面从严治党论述摘编》，中央文献出版社2016年版，第80页。

风建设、纪律建设，把制度建设贯穿其中，深入推进反腐败斗争的总要求。党的二十大报告对此强调指出："我们要落实新时代党的建设总要求，健全全面从严治党体系，全面推进党的自我净化、自我完善、自我革新、自我提高，使我们党坚守初心使命，始终成为中国特色社会主义事业的坚强领导核心。"①这一表述更加凸显了党的政治建设的功能作用。新时代党的政治建设的内涵与外延、内容与形式都因此与时俱进地得以扩展和丰富，切实把党的政治领导落实到了国家治理各领域各方面各环节。

（三）加强政治建设是践行以政治建设为统领的全面从严治党总要求的时代选择

党的政治建设从来都不是一个单项工作，而是一个系统工程。新时代全面从严治党的总要求，就是系统化的理论治党模型。这一总要求的表述是："坚持和加强党的全面领导，坚持党要管党、全面从严治党，以加强党的长期执政能力建设、先进性和纯洁性建设为主线，以党的政治建设为统领，以坚定理想信念宗旨为根基，以调动全党积极性、主动性、创造性为着力点，全面推进党的政治建设、思想建设、组织建设、作风建设、纪律建设，把制度建设贯穿其中，深入推进反腐败斗争，不断提高党的建设质量，

---

① 习近平：《高举中国特色社会主义伟大旗帜 为全面建设社会主义现代化国家而团结奋斗——在中国共产党第二十次全国代表大会上的报告》，人民出版社 2022 年版，第 64 页。

把党建设成为始终走在时代前列、人民衷心拥护、勇于自我革命、经得起各种风浪考验、朝气蓬勃的马克思主义执政党。"①这个总要求共包含六个层次：一个根本原则，就是坚持和加强党的全面领导；一条指导方针，就是坚持党要管党、全面从严治党；一条工作主线，就是加强党的长期执政能力建设、先进性和纯洁性建设；一个总体布局，就是以党的政治建设为统领，全面推进党的政治建设、思想建设、组织建设、作风建设、纪律建设，把制度建设贯穿其中，深入推进反腐败斗争；一个基本要求，就是提高党建工作质量；一个基本目标，就是把党建设成为始终走在时代前列、人民衷心拥护、勇于自我革命、经得起各种风浪考验、朝气蓬勃的马克思主义执政党。对照这一理论模型，纵观党的十八大以来全面从严治党的实践与举措，从"八项规定"到从严整治"四风"，从群众路线教育实践活动到反腐倡廉、"老虎、苍蝇一起打"，从国家治理现代化、深化党的建设制度改革，到全面推进依法治国、依宪执政、依法执政、依规治党等，都是思想建党和制度治党的紧密结合，都是建章立制和执行落实的有机统一，都是自上而下和自下而上的双向互动，既要领导带头、以上率下，又要层层传导压力，全党动手、全党参与。党的二十大报告对此深刻总结，并继续强调指出："经过十八大以来全面从严治党，我们解决了党内许多突出问题，但党面临的执政考验、改革开放考验、市场

---

① 习近平：《决胜全面建成小康社会 夺取新时代中国特色社会主义伟大胜利——在中国共产党第十九次全国代表大会上的报告》，人民出版社2017年版，第61—62页。

经济考验、外部环境考验将长期存在，精神懈怠危险、能力不足危险、脱离群众危险、消极腐败危险将长期存在。"①切实有效解决这些难题，迫切需要进一步充分发挥党的政治建设的统领作用，只有这样才能系统化地强化政治方向的导航引领作用、系统化地强化政治领导的根本保证作用、系统化地强化政治能力的关键支撑作用，才能确保党在系统化的挑战和风险面前，政治方向正确、政治原则坚定、政治路线英明、政治生态清明，才能把党建设得更加坚强有力，始终成为中国特色社会主义事业的坚强领导核心。

二、深刻领会"两个确立"的决定性意义，增强"四个意识"、坚定"四个自信"、做到"两个维护"

深刻领会"两个确立"的决定性意义，党的十九届六中全会通过的《中共中央关于党的百年奋斗重大成就和历史经验的决议》深刻指出："党确立习近平同志党中央的核心、全党的核心地位，确立习近平新时代中国特色社会主义思想的指导地位，反映了全党全军全国各族人民共同心愿，对新时代党和国家事业发展、对推进中华民族伟大复兴历史进程具有决定性意义。"②"四个意识"，

---

① 习近平：《高举中国特色社会主义伟大旗帜 为全面建设社会主义现代化国家而团结奋斗——在中国共产党第二十次全国代表大会上的报告》，人民出版社 2022 年版，第 64 页。

② 《〈中共中央关于党的百年奋斗重大成就和历史经验的决议〉辅导读本》，人民出版社 2021 年版，第 38 页。

是指政治意识、大局意识、核心意识、看齐意识；"四个自信"，是指道路自信、理论自信、制度自信、文化自信；"两个维护"，是指坚决维护习近平总书记党中央的核心、全党的核心地位，坚决维护党中央权威和集中统一领导。"两个维护"本质上是一体的，《中共中央关于加强党的政治建设的意见》明确指出："坚持和加强党的全面领导，最重要的是坚决维护党中央权威和集中统一领导；坚决维护党中央权威和集中统一领导，最关键的是坚决维护习近平总书记党中央的核心、全党的核心地位。"①因此，深刻领会"两个确立"的决定性意义，增强"四个意识"、坚定"四个自信"、做到"两个维护"，最终要落到坚决维护以习近平同志为核心的党中央权威、保证全党令行禁止的具体行动上。

（一）坚决维护以习近平同志为核心的党中央权威是总结历史经验得出的科学结论

一个国家、一个政党，领导核心至关重要。《关于新形势下党内政治生活的若干准则》提出："坚决维护党中央权威、保证全党令行禁止，是党和国家前途命运所系，是全国各族人民根本利益所在。"②坚决维护以习近平同志为核心的党中央权威，就是要求全党要坚定执行党的政治路线，严格遵守政治纪律和政治规

---

① 《中共中央关于加强党的政治建设的意见》（2019 年 1 月 31 日），新华网 2019 年 2 月 27 日。
② 《中国共产党第十八届中央委员会第六次全体会议文件汇编》，人民出版社 2016 年版，第 33 页。

矩，在政治立场、政治方向、政治原则、政治道路上同党中央保持高度一致。

确立和维护无产阶级政党的领导核心，始终是马克思主义建党学说的一个基本观点。"中央领导集体"及其领导核心，是无产阶级政党所特有的政治概念。无产阶级政党是无产阶级的先锋队，其代表之广泛、队伍之庞大，是任何其他的政党所不能比的；它所担负的领导人民推翻资产阶级统治、建立无产阶级专政、建设社会主义的历史使命，也是任何其他的政党所不能比拟的。因此，无产阶级政党特别要求要有全党高度的意志统一、高度的思想一致和高度的行动一致。要实现这样的统一和一致，必须要形成和确立党的领导核心，并且维护领导核心的权威。中国共产党之所以能够长久地立于不败之地，最重要的原因，就在于这一优良历史传统和独特的政治优势。遵义会议之前，中国共产党相继犯过右倾机会主义和"左"倾机会主义的错误，这和迷信苏联革命道路、在共产国际面前失去独立性有很大关系。遵义会议初步确立了毛泽东同志的领导地位，中国工农红军在毛泽东同志的领导下，采取了积极正确的军事路线，在此之后一个个神来之笔，使得红军很快扭转被动挨打局面，军事斗争很快打开新局面、取得一个又一个的胜利。此后，逐渐形成了以毛泽东同志为核心的党的第一代中央领导集体。党的十八大以来，以习近平同志为核心的党中央带领全国人民励精图治、奋发有为，开创治国理政新局面，各项事业蓬勃发展。从根本上讲，靠的就是党中央坚强集中统一的领导，靠的就是全国人民上下同欲、万众一心的伟力。因此，坚决维护以习近平同志为核心的党中央权威对全党全军全国各族人民更好凝聚力量抓住机遇、战胜挑战，对保证党和国家兴旺发达、长治久安，具有十分重大而深远的意义，这是时代发展的客观要求。

（二）坚决维护以习近平同志为核心的党中央权威必须增强"四个意识"

保证全党服从中央，维护党中央权威和集中统一领导，是党的政治建设的首要任务，必须常抓不懈。习近平总书记强调："维护党中央权威，决不是一般问题和个人的事，而是方向性、原则性问题，是党性，是大局，关系党、民族、国家前途命运。"[①] 2016 年 1 月 29 日召开的中共中央政治局会议，首次公开提出"增强政治意识、大局意识、核心意识、看齐意识"。党的十九大报告进一步强调："必须增强政治意识、大局意识、核心意识、看齐意识，自觉维护党中央权威和集中统一领导，自觉在思想上政治上行动上同党中央保持高度一致。"[②] 党的二十大报告再次强调："确保全党在政治立场、政治方向、政治原则、政治道路上同党中央保持高度一致，确保党的团结统一。"[③] 而确保党的团结统一

---

① 习近平：《论坚持党对一切工作的领导》，中央文献出版社 2019 年版，第 157 页。
② 习近平：《决胜全面建成小康社会 夺取新时代中国特色社会主义伟大胜利——在中国共产党第十九次全国代表大会上的报告》，人民出版社 2017 年版，第 20 页。
③ 习近平：《高举中国特色社会主义伟大旗帜 为全面建设社会主义现代化国家而团结奋斗——在中国共产党第二十次全国代表大会上的报告》（2022 年 10 月 16 日），人民出版社 2022 年版，第 64 页。

的关键就在于全党必须毫不动摇地增强"四个意识"。

新民主主义革命时期,秋收起义部队在萍乡芦溪遭遇敌人的包围,卢德铭在突围战中不幸壮烈牺牲,部队减员较大。余洒度等人不断散布流言蜚语,队伍里笼罩着失败主义的悲观情绪,部分干部士兵徘徊动摇,起义部队再次面临分崩离析的险境。第二天,三湾村前,毛泽东向全体官兵宣布了前委的决定,然后宣布"愿留则留、愿走则走"。毛泽东的话刚刚讲完,宛希先第一个站到毛委员身边,带头举起右臂,高呼"坚决跟着毛委员干革命"等口号。在宛希先的带动下,一大批战士争先恐后地站到前面,愿意跟着毛委员"坚决革命到底"的口号此起彼伏。在这种气氛感染下,一些想回家的战士也纷纷表示愿意留下,只有少数人离开了部队。30多年后,毛泽东重上井冈山时感慨地说:"宛希先是革命的追随者。"践行"四个意识"的深刻要义就在这里。

党员干部要自觉增强政治意识。政治意识是指政治主体所具有的政治认知、政治态度和政治信仰,它既包括民族和个人的政治心理、政治文化,又包括社会阶级集团的意识形态。**坚定正确的政治方向。**中国特色社会主义是中国共产党和中国人民团结的旗帜、奋进的旗帜、胜利的旗帜。建设中国特色社会主义,最终实现共产主义,是我们党始终不渝的政治方向。作为党员干部,就是要按照习近平总书记要求的那样,自觉把共产主义的远大理想和建设中国特色社会主义共同理想的具体任务结合起来,与自己的工作岗位结合起来,不论在什么地方、在哪个岗位上工作,都要增强党性立场和政治意识,经得起风浪考验,不能在政治方向上走岔了、走偏了、走错了。**严格遵守政治纪律和政治规矩。**坚守党的政治纪律和政治规矩，核心就是要坚持党的领导，坚持党的基本理论、基本路线、基本纲领、基本经验、基本要求，同党中央保持高度一致，坚决维护党中央权威。党章是党的根本大法，是全党必须遵循的总章程，也是总规矩。广大党员要把党章作为加强党性修养的根本标准，作为指导党的工作、党内活动、党的建设的根本依据。

党员干部要自觉增强大局意识。大局意识，就是善于从全局高度、用长远眼光观察形势、分析问题，善于围绕党和国家的大事认识和把握大局，自觉地在顾全大局的前提下做好本职工作。**要正确认识大局。**全局不保，局部受损，最终只能导致满盘皆输，这是事物发展的铁的规律。**要自觉服从大局。**大局意识体现的是高瞻远瞩的政治见识和开阔包容的胸襟情怀，能够把握现在、透视未来，跳出一时一事、一地一己的局限，正确处理局部与全局、个人与整体、当前与长远的利益关系。**要坚决维护大局。**党员干部要坚决维护党的团结统一，坚决贯彻落实党的路线方针政策，坚决抵制损害党的团结统一的一切言行，坚决维护国家安全和社会稳定。

党员干部要自觉增强核心意识。强化核心意识，最根本的就是要严守党的政治纪律和政治规矩，对党赤胆忠心，在政治方向、政治立场、政治言论、政治行为上始终同党中央保持高度一致，坚决维护党中央权威。党的十八大以来，我国经济社会持续发展，国际地位显著提升，开创了中国特色社会主义事业新局面。这一切都是因为有以习近平同志为核心的党中央的坚强领导。党员干部不要做空洞的表态，而要真正做到在**思想上高度信赖核心、感情上衷心爱戴核心、政治上坚决维护核心、组织上自觉服从核心、行动上始终紧跟核心。**

党员干部要自觉增强看齐意识。看齐意识是指要经常、主动地向党中央看齐，向党的理论和路线方针政策看齐，自觉向党中央和习近平总书记看齐。就当前来看，最根本的就是要深入学习领会习近平新时代中国特色社会主义思想，在坚定信仰信念信心上经常主动地向习近平总书记看齐，在为民情怀上经常主动地向习近平总书记看齐，在敬业精神上经常主动地向习近平总书记看齐，从而在思想上政治上行动上始终同以习近平同志为核心的党中央保持高度一致。党员干部要增强看齐意识，就必须砥砺意志品格，练就敢于担当、善于担当的本领，在敢于担当、善于担当中推动各项工作取得新成绩、实现新发展。要保持真抓实干的优良作风。反对空谈、强调实干、注重落实，是我们党的优良传统。党员干部要有"功成不必在我任期、功成必定有我参与"的理念和境界，不断提高为人民群众办实事的能力，不断提高取信于民、提高政府公信力的能力，不断提高总览全局的能力，努力在党和人民的事业中当先锋、站前列、作贡献，在为民服务中不断提升看齐意识和本领。

政治意识明确了定位、大局意识提高了站位、核心意识指明了关键、看齐意识标明了方向。"四个意识"既有各自的规定性和明确要求，又彼此联系、互为支撑，相互渗透、相互依赖，集中体现为根本的政治方向、政治立场、政治原则、政治要求，对维护以习近平同志为核心的党中央权威具有重要作用、对提升党的政治领导力具有重要作用。

（三）坚决维护以习近平同志为核心的党中央权威必须坚定"四个自信"

习近平总书记强调："全党要坚定道路自信、理论自信、制度自信、文化自信。当今世界，要说哪个政党、哪个国家、哪个民族能够自信的话，那中国共产党、中华人民共和国、中华民族是最有理由自信的。"[①] 40 多年来，我们党团结带领中国人民进行改革开放新的伟大革命，开辟了中国特色社会主义道路，形成了中国特色社会主义理论体系，确立了中国特色社会主义制度，发展了中国特色社会主义文化，中国人民的前进动力更加强大、奋斗精神更加昂扬、必胜信念更加坚定，焕发出更为强烈的历史自觉和主动精神，中国共产党和中国人民正信心百倍推进中华民族从站起来、富起来到强起来的伟大飞跃。

"四个自信"是一个有机整体。中国特色社会主义道路是实现途径，中国特色社会主义理论体系是行动指南，中国特色社会主义制度是根本保障，中国特色社会主义文化是精神力量，它们统一于中国特色社会主义伟大实践。我们所开辟的道路、形成的理论、确

---

① 习近平:《在庆祝中国共产党成立 95 周年大会上的讲话》,《人民日报》2016 年 7 月 2 日。

立的制度、发展的文化，符合社会发展规律，即社会主义代替资本主义这个人类社会发展的必然规律；符合时代发展的趋势，市场化、全球化等在我们的理论、制度中都得到了体现，顺应了时代发展潮流；符合社会主义的基本原则和要求，比如公有制、按劳分配、共同富裕等原则和要求。这些社会主义的基本要求，我们没有抛弃，而且有新的发展；符合中国国情，我们的道路选择没有照搬西方国家的发展模式，中国特色社会主义是立足中国国情的合理选择。**"四个自信"是对全党全军全国各族人民精神状态的新要求，反映了对中国特色社会主义的坚定信念，体现了对世情国情党情的清醒认识、对民族命运的理性思考、对人民福祉的责任担当。**坚定"四个自信"，是维护以习近平同志为核心的党中央权威的基础动力，对提升党的政治领导力具有重要作用。

总体来说，"两个确立""四个意识""四个自信"是"两个维护"的信念之基和理想之本；"两个维护"是"两个确立""四个意识""四个自信"在政治立场、政治原则、政治纪律上的集中体现。深刻领悟"两个确立"的决定性意义，增强"四个意识"、坚定"四个自信"，最终要落实到"两个维护"的具体实践和实际行动上，落实到坚定执行党的政治路线，严格遵守政治纪律和政治规矩，在政治立场、政治方向、政治原则、政治道路上同以习近平同志为核心的党中央保持高度一致上来。

三、全面净化党内政治生态

政治生态反映着政治生活的总体面貌。党内政治生态好，就能增强党组织的凝聚力和战斗力，激发党员干部干事创业的精气神；反之，就会矛盾迭出、乱象丛生，使党的事业发展受到损害。党的十八大以来，党中央把净化党内政治生态作为加强党的政治建设的重要抓手，"营造良好政治生态是一项长期任务，必须作为党的政治建设的基础性、经常性工作，浚其源、涵其林，养正气、固根本，锲而不舍、久久为功"。①

（一）突出政治标准选拔干部

"选什么人就是风向标，就有什么样的干部作风，乃至就有什么样的党风。"② 2013 年 6 月 28 日，在全国组织工作会议上，习近平总书记提出了"信念坚定、为民服务、勤政务实、敢于担当、清正廉洁"的好干部标准。然后又提出 "心中有党""心中有民""心中有责""心中有戒"的要求和"做政治上的明白人、发展的开路人、群众的贴心人、班子的带头人"的要求，为新时代把好选人用人关指明了方向。在党的二十大上，习近平总书记

---

① 《习近平谈治国理政》（第 3 卷），外文出版社 2020 年版，第 96 页。
② 《习近平在全国组织工作会议上的讲话》（2013 年 6 月 28 日），共产党员网，2018 年 11 月 29 日。

再次强调："全面建设社会主义现代化国家，必须有一支政治过硬、适应新时代要求、具备领导现代化建设能力的干部队伍。"要"坚持把政治标准放在首位，做深做实干部政治素质考察，突出把好政治关、廉洁关。"①这就要求要把好干部标准贯彻体现到干部选拔任用的基本原则、基本条件、基本要求等各个方面，着力破解选人用人工作中存在的"唯票、唯分、唯GDP、唯年龄"论：着重强化党组织领导和把关作用，综合运用多种方式科学分析得票情况，破解"唯票论"问题；坚持实践标准、实绩依据、实干导向，不只是看得分多少，使评判标准尽可能更加客观，破解"唯分论"问题；把经济发展和民生改善、社会和谐、文化建设、生态文明建设、党的建设等作为重要指标纳入考核内容，破解"唯GDP"论问题；在"唯年龄"论方面，坚决纠正一些地方简单地以年龄画杠的现象，充分调动各年龄段干部的积极性，破解"唯年龄论"问题；要严把干部考察任用关。坚决防止"带病提拔"。着眼事业长远发展，改进年轻干部培养选拔工作。"推动干部能上能下、能进能出，形成能者上、优者奖、庸者下、劣者汰的良好局面。"②重点规范干部"下"的办法，突出把问责处理、调整不适宜担任现职干部作为"下"的重要渠道，以鞭策干部真正做到守土有责、守土负责、守土尽责。

---

① 习近平：《高举中国特色社会主义伟大旗帜 为全面建设社会主义现代化国家而团结奋斗——在中国共产党第二十次全国代表大会上的报告》，人民出版社2022年版，第66页。
② 习近平：《高举中国特色社会主义伟大旗帜 为全面建设社会主义现代化国家而团结奋斗——在中国共产党第二十次全国代表大会上的报告》，人民出版社2022年版，第66页。

（二）突出党内政治生活的政治性

"党内政治生活是党组织教育管理党员和党员进行党性锻炼的主要平台。"①增强党内政治生活的政治性，就是要把握坚定正确的政治方向，引导党员干部自觉维护党中央权威、维护党的团结和集中统一。一个政党有没有生命力和发展力，关键看能不能听得进党内的不同意见，也看能不能集中正确的意见，更看能不能勇于正视并积极改正自己的错误。我们党通过坚持民主集中制、严明党的纪律、开展批评和自我批评等来发现和解决自身存在的矛盾和问题。同时，以良好政治文化涵养风清气正的政治生态，巩固了党的团结和集中统一，保持了党的战斗力。在长期的实践中，我们党逐步形成了以实事求是、理论联系实际、密切联系群众、批评和自我批评、民主集中制、严明党的纪律等党内政治生活基本规范，为保证完成党在各个历史时期中心任务发挥了重要作用。党的十八大以来，党中央扎实开展系列党内政治生活教育活动进行遏制纠偏：群众路线教育实践活动、"三严三实"专题教育、"两学一做"学习教育、"不忘初心、牢记使命"主题教育、党史学习教育等，不断对党员干部加以引导，取得了积极的成效。习近平总书记曾深刻指出："正反两方面经验告诉我们，什么时候党内政治生活正常健康，我们党就风清气正、团结统一，充满生机活力，党的事业就蓬勃发展；反之，就弊病丛生、人心涣散，各种错误思想、错误路线得不

---

① 习近平：《在党的群众路线教育实践活动总结大会上的讲话》，《人民日报》2014年10月9日。

到及时纠正，给党和人民事业造成严重损失。"①回顾这段历史，党的二十大报告郑重提出："经过不懈努力，党找到了自我革命这一跳出治乱兴衰历史周期率的第二个答案，自我净化、自我完善、自我革新、自我提高能力显著增强，管党治党宽松软状况得到根本扭转，风清气正的党内政治生态不断形成和发展，确保党永远不变质、不变色、不变味。"②

（三）突出制度规矩规范保障

没有规矩，不成方圆。《韩非子》就曾有"万物莫不有规矩"的论述。衡量一个组织或者个人文明程度的一个重要标准之一，就是其是否有较强自我约束能力，是否愿意主动接受约束。从《共产主义者同盟章程》到马克思、恩格斯、列宁关于创建和发展工人阶级政党的经典著作，无不体现对规矩的严格要求。中国共产党自诞生之日起，就是依靠强有力的规矩把各级党组织和广大党员紧紧团结在一起的，党的二大通过的第一部《中国共产党章程》，在第四章专门讲纪律，提出了9条纪律要求，涉及政治纪律、组织纪律、宣传纪律、党员从业纪律等。延安时期，我们党创造性地开展延安整风运动，厉行廉洁政治，仅陕甘宁边区查处的贪污腐化案件就有

---

① 《习近平关于全面从严治党论述摘编》，中央文献出版社2016年版，第37页。
② 习近平：《高举中国特色社会主义伟大旗帜 为全面建设社会主义现代化国家而团结奋斗——在中国共产党第二十次全国代表大会上的报告》，人民出版社2022年版，第64页。

数百起之多，陕甘宁边区等革命根据地呈现没有贪官污吏等"十个没有"的政治清明景象。党的十八大以来，党中央相继颁布《中国共产党纪律处分条例》《中国共产党巡视工作条例》《中国共产党问责条例》等多部党内法规、积极制定国家监察法，渐次形成了"党委集中统一领导""双重领导监督体制""多主体全方位多层次监督格局""抓住'关键少数'"等系统集成的党内监督体系，为党的各级组织和全体党员规定了基本的行为规范，成为实现用制度规矩全覆盖规范党员干部行为主体，涵养政治生态的主要抓手。党的十九届六中全会通过的《中共中央关于党的百年奋斗重大成就和历史经验的决议》成为引领新时代中国共产党人以史为鉴、开创未来的政治宣言和行动纲领，这是我们党在百年奋斗史中积累的宝贵经验。党的二十大报告郑重指出："发挥政治巡视利剑作用，加强巡视整改和成果运用。落实全面从严治党政治责任，用好问责利器。"①这进一步地强调了制度规矩规范保障体系的重大价值、作用和基本方向。

（四）突出"关键少数"引领示范

党的十八大以来，习近平总书记始终把人民放在心中最高位置，风雨兼程、访贫问苦，从黄土高坡到青藏高原，从太行山区

---

① 习近平：《高举中国特色社会主义伟大旗帜 为全面建设社会主义现代化国家而团结奋斗——在中国共产党第二十次全国代表大会上的报告》（2022 年 10 月 16 日），人民出版社 2022 年版，第 66 页。

到乌蒙山区，从"贫瘠甲天下"的甘肃定西到"隔山走一天"的四川大凉山，足迹遍布大江南北，听民声、察民情、思对策，身体力行、率先垂范，模范践行了人民至上的政治价值理念。党的领导干部是党的执政骨干、是"关键少数"，在政治生态建设中发挥着示范引领作用，必须以身作则、从严律己，凡是要求别人做到的自己首先做到，凡是要求别人不做的自己首先不做。"中央政治局的同志不能有权力上、地位上的优越感。无论公事私事，都要坚持党性原则，都要加强自我约束，鼓励和欢迎下级和身边工作人员监督，不折不扣执行党的纪律和规矩。对亲属子女和身边工作人员，要严格教育、严格管理、严格监督，发现问题及时提醒、坚决纠正。"①"从严管理干部，要坚持思想建党和制度治党紧密结合，既从思想教育上严起来，又从制度上严起来。"②"教育引导各级领导干部立正身、讲原则、守纪律、拒腐蚀，形成一级带一级、一级抓一级的示范效应，积极营造风清气正的从政环境。"③要"推进政治监督具体化、精准化、常态化，增强对'一把手'和领导班子监督实效。"④党中央用严的标准、严的措施、严的纪律，严的监察力度、严的惩戒力度从严管理"关键少数"，

---

①《习近平主持中共中央政治局专题民主生活会并发表重要讲话》，《人民日报》2015年12月30日。

②《在参加十二届全国人大三次会议上海代表团审议时的讲话》，人民网2015年3月5日。

③《在参加十二届全国人大三次会议吉林代表团审议时的讲话》，人民网2015年3月10日。

④习近平：《高举中国特色社会主义伟大旗帜 为全面建设社会主义现代化国家而团结奋斗——在中国共产党第二十次全国代表大会上的报告》，人民出版社2022年版，第66页。

促进党的政治生态风清气正效果良好。

四、不断提高政治判断力、政治领悟力、政治执行力

不断提高政治判断力、政治领悟力、政治执行力是党的政治建设的实践性要求。习近平总书记指出："加强党的政治建设，严明政治纪律和政治规矩，落实各级党委（党组）主体责任，提高各级党组织和党员干部政治判断力、政治领悟力、政治执行力。"[①]政治判断力是关键，政治领悟力是要害，政治执行力是基础，政治判断力、政治领悟力的实效最终还要通过政治执行力的实践来彰显。这"三力"是政治领导力的核心构成要素。

（一）提高政治判断力

提高政治判断力，就是要使全党保持政治定力、明辨政治是非，善于从政治上认识问题，分析问题。我们党作为马克思主义执政党，要用共产主义远大理想和中华民族伟大复兴中国梦，坚定理想信念，保持政治定力；要不断加强理论学习，尤其要加强对"五史"

---

① 习近平：《高举中国特色社会主义伟大旗帜 为全面建设社会主义现代化国家而团结奋斗——在中国共产党第二十次全国代表大会上的报告》，人民出版社2022年版，第64页。

的学习，在学习党史、新中国史、改革开放史、社会主义发展史、中华民族发展史中淬炼"一叶知秋"的政治判断力；要用学到的马克思主义的基本立场、基本观点、基本原理、基本方法，科学把握实际的形势与变化，精准识别事物的本质与表征，清醒明辨政治上的大是与大非，掌握政治上的主动。社会是在矛盾运动中前进的，只有掌握政治上的主动、明辨政治上的是非，增强政治上的判断力，才能驾驭政治局面、防范政治风险、化解各种矛盾。

当前，我国发展进入战略机遇和风险挑战并存、不确定难预料因素增多的时期，各种"黑天鹅""灰犀牛"事件随时可能发生；全球性问题加剧，世界进入新的动荡变革期，这就迫切需要全党，尤其是党员干部要具有一双政治"慧眼"，站在政治高度，提高政治鉴别力，对潜在的各种风险挑战有科学预判。

（二）提高政治领悟力

提高政治领悟力，就要不断提高各级党员干部谋大事识大局，深刻领会中央精神，准确把握中央意图，对党中央重大决策和战略部署的精准把握和正确吸收的能力。党员干部只有强化自身政治修养，学深悟透习近平新时代中国特色社会主义思想，才能在领悟党中央精神过程中不偏离、不出错。学习领会这一思想不仅要学习基本内容，更要深刻理解、准确把握贯穿其中的马克思主义立场观点方法；在吃透弄懂中央精神的基础上，用党中央精神分析问题，贯彻党中央意图。不仅要领会"上头"，更要弄懂"下头",结合各地区各部门实际,创造性贯彻落实中央决策部署,实现党中央精神到地方实际工作的有效转化。

当前,我们要坚持运用马克思主义的立场观点方法,准确掌握实际状况,**对"国之大者"做到心中有数**。这就需要守得住、**把得牢党和国家重大立场、重大原则和重大利益;就需要看得清大是、辨得明大非、把得了大势、稳得住大局**。心系"国之大者",要有大担当、大格局、大作为,明确自己的职责使命,自觉站在党和国家的战略全局、政治大局上认识问题、分析问题。

(三)提高政治执行力

提高政治执行力,就要不断提高各级领导干部把握方向大势、把控政治大局,驾驭政治局面、防范政治风险,切实贯彻落实党中央精神和重大决策部署的执行效力。政治执行力是检验政治判断力、落实政治感悟力的关键。提高政治执行力,就要时刻同党中央精神和重大决策部署对表对标,时刻关注党中央之所关注,想党中央之所想,急党中央之所急。时刻做到向党中央看齐,向党中央决策部署看齐,向党的理论和路线方针政策看齐,做到**党中央决定的坚决执行,党中央提倡的坚决响应,党中央禁止的坚决不做**。只有做到"三个看齐""三个坚决",才能同以习近平同志为核心的党中央保持高度一致,才能切实维护好党中央权威和集中统一领导。

提高政治执行力,党员干部要有责任担当。要**强化责任感、牢记使命感、常怀进取感,问责于心、明责于身、担责于行**。切实把各方面的责任担起来，做到眼睛要亮、见事要早、行动要快，及时消除各种政治隐患。要增强斗争精神，敢于亮剑、敢于斗争，特别是在大是大非问题面前，要敢于直面各种风险矛盾，对于各种问题矛盾不捂不遮，出了问题敢于问责，更要勇于担责。**坚决防止和克服嗅不出敌情、分不清是非、辨不明方向、担不了责任的政治麻痹症**。正如习近平总书记所强调的那样："只有从政治上分析问题才能看清本质，只有从政治上解决问题才能抓住根本。"①

党的百年苦难辉煌历史告诉我们：要治理好我们这个大党、治理好我们这个大国，保证党的团结和集中统一至关重要，维护党中央权威至关重要。权威是实现政治图景的必要条件，一个政党形成了领导权威，就有了引导力、动员力和发展力。统一是保持组织效率、增强团队合力的行动前提，一个政党令行禁止，就有了战斗力、攻坚力、发展力、前行力。新时代新征程，我们要持续加强政治建设，坚定不移地团结在以习近平同志为核心的党中央周围，坚决维护党中央权威，以强大的政治领导力助推世界上最强大政党的建成，以汇聚起中华民族众志成城、无坚不摧的磅礴力量，在中国特色社会主义道路上豪迈前行，向着美好的未来进发，正如习近平总书记所说："我们已经走出一条光明大道，我们要继续前行。"②

---

① 《习近平谈治国理政》（第3卷），外文出版社2020年版，第98页。
② 习近平：《在纪念毛泽东同志诞辰120周年座谈会上的讲话》，新华网，2013年12月26日。

第三章

建设最强大政党必须增强民心感召力

　　"江山就是人民、人民就是江山，打江山、守江山，守的是人民的心。"①"人民是历史的创造者，是真正的英雄。"②习近平总书记在庆祝中国共产党成立 100 周年大会上的讲话中，86 次提及"人民"，充分体现了中国共产党强烈的宗旨意识和真挚的为民情怀。我们党一经诞生，就把为人民谋幸福写在了自己的旗帜上，始终与人民同呼吸、共命运、心连心，坚持发展为了人民、发展依靠人民、发展成果由人民共享，为增强人民的获得感、幸福感、安全感而不懈奋斗。这是我们党始终赢得人民群众的拥戴、

---

　　① 习近平：《在庆祝中国共产党成立 100 周年大会上的讲话》，《人民日报》2021 年 7 月 2 日。
　　② 习近平：《在庆祝中国共产党成立 100 周年大会上的讲话》，《人民日报》2021 年 7 月 2 日。

民心感召力不断增强的关键所在。我们要建设世界上最强大的政党，就必须始终坚持人民至上，始终"坚持全心全意为人民服务的根本宗旨，树牢群众观点，贯彻群众路线，尊重人民首创精神"①，始终以人民为中心，持续增强民心感召力。

一、以人民为中心：党阔步前行的力量源泉

习近平总书记指出："为民造福是立党为公、执政为民的本质要求。"②人民是历史的创造者，是决定党和国家前途命运的根本力量。我们党只有坚定不移坚持人民主体地位，坚持立党为公、执政为民，践行全心全意为人民服务的根本宗旨，确保始终同人民想在一起、干在一起，才能不断从人民群众中汲取智慧和力量，才能够引领承载着中国人民伟大梦想的航船破浪前进，胜利驶向光辉彼岸。

（一）人民群众对美好生活的向往是党阔步前行的"牵引力"

让人民群众过上更幸福的好日子，是中国共产党人始终不渝

① 习近平：《高举中国特色社会主义伟大旗帜 为全面建设社会主义现代化国家而团结奋斗——在中国共产党第二十次全国代表大会上的报告》，人民出版社2022年版，第70页。

② 习近平：《高举中国特色社会主义伟大旗帜 为全面建设社会主义现代化国家而团结奋斗——在中国共产党第二十次全国代表大会上的报告》，人民出版社2022年版，第46页。

的奋斗目标。一部中国共产党的奋斗史，就是一部风雨兼程为人民奋斗的历史。一百多年来，无论革命、建设还是改革，从上海、到井冈山、到延安、到西柏坡、再到北京，中国共产党一路走来，始终矢志不移、宗旨不变、初心不改。党的根本宗旨是全心全意为人民服务，这是党的价值取向。党没有任何自己特殊的利益，党的利益和中国最广大人民群众的根本利益是高度一致的。

在党的二十大上，习近平总书记庄严宣告："我们经过接续奋斗，实现了小康这个中华民族的千年梦想，我国发展站在了更高历史起点上。我们坚持精准扶贫、尽锐出战，打赢了人类历史上规模最大的脱贫攻坚战，全国八百三十二个贫困县全部摘帽，近一亿农村贫困人口实现脱贫，九百六十多万贫困人口实现易地搬迁，历史性地解决了绝对贫困问题，为全球减贫事业作出了重大贡献。"[①]同时，从党的二十大报告中还可清楚地认识到，尽管我们已经全面建成了小康社会，但是人民日益增长的美好生活需要和不平衡不充分的发展之间的矛盾没有变，人民的美好生活需要日益广泛，不仅对物质文化生活提出了更高要求，而且在民主、法治、公平、正义、安全、环境等方面的要求日益增长。这就要求我们在着力解决好发展不平衡不充分问题的基础上推出更多民生工程、实施更多惠民举措，解决好人民群众最关心最直接最现实的问题，在幼有所育、学有所教、劳有所得、病有所医、老有

---

① 习近平：《高举中国特色社会主义伟大旗帜 为全面建设社会主义现代化国家而团结奋斗——在中国共产党第二十次全国代表大会上的报告》，人民出版社 2022 年版，第 66 页。

所养、住有所居、弱有所扶等方面补足民生短板，更好满足人民日益增长的美好生活需要。

必须始终把人民利益摆在至高无上的地位，把实践的出发点和落脚点始终放在为民执政、为民谋利上，切实实现好、维护好、发展好最广大人民的根本利益。真正把人民的期待变成我们的行动，把人民的希望变成生活的现实。在实现第一个百年目标的基础上，再奋斗十五年，基本实现社会主义现代化，从 2035 年到本世纪中叶，再奋斗十五年，把我国建成富强民主文明和谐美丽的社会主义现代化强国。从"全体人民共同富裕迈出坚实步伐"，到"全体人民共同富裕基本实现，我国人民将享有更加幸福安康的生活"，贯穿"两步走"发展战略的仍然是全心全意为人民服务的根本宗旨，仍然是以人民为中心的发展思想，仍然是不断满足人民对美好生活向往的不变初心。因此可以说，带领人民创造美好生活，始终是我们党阔步前行的"牵引力"。

（二）人民群众的劳动创造是党阔步前行的"驱动力"

马克思主义唯物史观认为，人民群众是历史的创造者，生机蓬勃的社会主义是人民群众自己创造的。人民群众不但是社会物质财富的创造者，还是社会精神财富的创造者，并且是变革社会的决定力量。中国共产党要推动社会发展、历史前进，就必须与人民站在一起，与人民同呼吸、共命运、心连心，代表人民的根本利益，反映人民的迫切愿望，充分依靠人民群众，人民群众的劳动创造永远是党阔步前行的"驱动力"。

习近平总书记说："波澜壮阔的中华民族发展史是中国人民书写的！博大精深的中华文明是中国人民创造的！历久弥新的中华民族精神是中国人民培育的！"①新中国的成立，使中华民族从此站起来了，中国人民积极投身社会生产建设、修建基础设施、支援边疆开发，为发展国民经济、社会主义建设作出了巨大贡献。改革开放以后，中国人民以伟大的智慧和创造精神走上富起来的道路，从实行家庭联产承包、乡镇企业异军突起到农村承包地"三权"分置、打赢脱贫攻坚战，从创办深圳特区、中心城市对外开放到加入世界贸易组织，从搞好国有企业、发展个体私营经济到深化国资国企改革、发展中国特色社会主义市场经济，……中国大踏步赶上时代潮流。新时代10年来，"国内生产总值从五十四万亿元增长到一百一十四万亿元，我国经济总量占世界经济的比重达百分之十八点五，提高七点二个百分点，稳居世界第二位；人均国内生产总值从三万九千八百元增加到八万一千元。谷物总产量稳居世界首位，十四亿多人的粮食安全、能源安全得到有效保障。城镇化率提高十一点六个百分点，达到百分之六十四点七。制造业规模、外汇储备稳居世界第一。建成世界最大的高速铁路网、高速公路网，机场港口、水利、能源、信息等基础设施建设取得重大成就。我们加快推进科技自立自强，全社会研发经费支出从一万亿元增加到二万八千亿元，居世界第二位，研发人员总量居世界首位。基础研究和原始创新不断加强，一些关键核心技术实现突破，战略性新兴

① 习近平：《在第十三届全国人民代表大会第一次会议上的讲话》，《求是》2020 年第 10 期。

产业发展壮大，载人航天、探月探火、深海深地探测、超级计算机、卫星导航、量子信息、核电技术、新能源技术、大飞机制造、生物医药等取得重大成果，进入创新型国家行列。"①

实践证明，中华民族从站起来、富起来到向强起来迈进的伟大飞跃是党和人民一道拼出来、干出来、奋斗出来的！一切伟大的事业都是人民群众奋斗、创造的结果。正是我们党紧紧地与人民站在一起，相信人民、依靠人民、尊重人民，鼓励人民群众不断创新探索，把蕴藏在人民群众中的无穷智慧和力量充分激发出来，才创造了令世界惊叹的"中国奇迹"。因此可以说，人民群众的劳动创造是党阔步前行的"驱动力"。

（三）人民群众的拼搏进取是党阔步前行的"助推力"

在百年的非凡奋斗历程中，一代又一代中国共产党人顽强拼搏、不懈奋斗，涌现了一大批视死如归的革命烈士、一大批顽强奋斗的英雄人物、一大批忘我奉献的先进模范，形成了井冈山精神、长征精神、遵义会议精神、延安精神、西柏坡精神、红岩精神、抗美援朝精神、"两弹一星"精神、特区精神、抗洪精神、抗震救灾精神、抗疫精神等伟大精神，构筑起了中国共产党人的精神谱系。②中国共产党人的精神谱系既来源于中国共产党人的顽强拼

---

① 习近平：《高举中国特色社会主义伟大旗帜 为全面建设社会主义现代化国家而团结奋斗——在中国共产党第二十次全国代表大会上的报告》，人民出版社2022年版，第8页。

② 习近平：《在党史学习教育动员大会上的讲话》，《求是》2021年第7期。

搏、不懈奋斗，又来源于中华优秀传统文化蕴含着的中华民族几千年来最深沉的精神基因，更来源于人民群众刻苦耐劳、拼搏进取的伟大精神和生动实践。

党的百年奋斗史，就是中国人民在逆境中奋发、在奋斗中自强的历史。新中国的成立，推翻了帝国主义、封建主义、官僚资本主义三座大山，彻底结束了旧中国半殖民地半封建社会的历史，彻底结束了旧中国一盘散沙的局面，彻底废除了列强强加给中国的不平等条约和帝国主义在中国的一切特权，为实现中华民族伟大复兴创造了根本社会条件。成为新社会、新国家主人的中国人民，在建设社会主义旗帜引领下，为甩掉积贫积弱的帽子，展现出斗志昂扬、奋发有为、励精图治的精神状态，推进社会主义建设，战胜帝国主义、霸权主义的颠覆破坏和武装挑衅，实现了一穷二白、人口众多的东方大国大步迈进社会主义社会的伟大飞跃，为实现中华民族伟大复兴奠定了根本政治前提和制度基础。党的十一届三中全会后，中国人民在改革开放大潮中表现出顽强拼搏、自强不息、开拓创新、勇于变革等精神面貌，推动中国经济社会日新月异快速发展，实现了从高度集中的计划经济体制到充满活力的社会主义市场经济体制、从封闭半封闭到全方位开放的历史性转变，实现了从生产力相对落后的状况到经济总量跃居世界第二的历史性突破，实现了人民生活从温饱不足到总体小康、奔向全面小康的历史性跨越，为实现中华民族伟大复兴提供了充满新的活力的体制保证和快速发展的物质条件。党的十八大以来，在以习近平同志为核心的党中央坚强领导下，人民群众心怀梦想、积极进取、勇攀高峰、迎难而上，积极应对重大挑战、抵御重大风险、克服重大阻力、解决重大矛盾，推动了中国特色社会主义事业取得历史性成就、发生历史性变革，为实现中华民族伟大复兴提供了更为完善的制度保证、更为坚实的物质基础、更为主动的精神力量。

历史证明，人民群众的拼搏进取精神是我们党不断战胜前进道路上各种风险考验、推进中国特色社会主义伟大事业的活力源泉，是我们党朝着建设社会主义现代化强国新征程阔步前行的不可或缺的"助推力"。

二、坚守"我将无我，不负人民"的情怀

2019年3月22日下午，习近平主席在意大利众议院会见众议长菲科，在回答菲科"您当选中国国家主席的时候，是一种什么样的心情"的问题时，他沉静而充满力量地说："这么大一个国家，责任非常重、工作非常艰巨。我将无我，不负人民。我愿意做到一个'无我'的状态，为中国的发展奉献自己。"这简洁有力的回答，一腔赤诚溢于言表，彰显出大国领袖的使命担当，凝结着对人民群众的真挚情感，体现了共产党人的崇高风范。

（一）"我将无我，不负人民"是共产党人"功成不必在我"胸怀的时代宣言

新时代是奋斗出来的。要奋斗、要创业，就离不开正确的政绩观。"我将无我，不负人民"是新时代党员干部树立正确的政绩观、忘我奋斗情怀的时代宣言，彰显出"功成不必在我"的胸怀境界和"功成必定有我"的责任担当。

习近平总书记曾多次强调"功成不必在我"的思想。他在主政浙江期间，在《要甘于做铺垫之事》（《之江新语》）一文中写道："领导干部要以正确的政绩观为指导，抓好各项工作。'功成不必在我'，要甘于做铺垫性的工作，甘于抓未成之事。"后来他又讲道："我们说一张蓝图抓到底，不仅需要科学决策，也需要思想境界。什么思想境界？就是功成不必在我。"2018 年全国两会期间在参加山东代表团审议时，他再次阐释了"功成不必在我"的内涵："'功成不必在我'并不是消极、怠政、不作为，而是要牢固树立正确政绩观，既要做让老百姓看得见、摸得着、得实惠的实事，也要做为后人作铺垫、打基础、利长远的好事，既要做显功，也要做潜功，不计较个人功名，追求人民群众的好口碑、历史沉淀之后真正的评价。"这为新时代党员干部干事创业提供了精神指导和根本遵循。

"功成不必在我"，习近平总书记是这样说的，也是这样做的。早年他在履新厦门副市长时，敏锐地抓住发展厦门经济特区的政策窗口，组织国内优秀专家学者制定了《1985 年—2000 年厦门经

济社会发展战略》，为厦门后续规划发展提供了重要依据。1986年，厦门被确定为全国第一批机构改革试点城市。他牵头研究制定了推动经济特区政府管理体制改革的一系列政策措施。由于这方面改革没有先例，改革举措遇到了巨大阻力，他在市委常委会上掷地有声地说："改革，先走一步有风险，但国家需要有人去趟路子，搞好了，为国家以后的改革提供经验，起纲举目张的作用。"1987年，改革取得实质性突破，厦门工业系统的8个专业局全部被砍掉，在全国率先实行大部委制，简化企业审批、放权给企业。接着，他在厦门又推动了一系列开创性改革举措：在全国首次提出"小政府、大社会"原则，建立精简、高效、廉洁、团结的政府；积极推动厦门实现计划单列，为厦门长远发展争取有利条件；推动金融机构企业化经营，成立华侨投资公司和地方保险机构，建立厦门外汇调剂中心；等等。这些具有前瞻性和战略眼光的改革举措为厦门经济社会发展注入了强劲动力。

新时代是艰苦奋斗的时代，也是为民造福的时代。党员干部应该像习近平总书记那样，以"我将无我，不负人民"的情怀投身到新时代中国特色社会主义事业中，牢固树立正确政绩观，坚决杜绝"急于求成、出名挂号"那一套，以"一棒接着一棒跑，一件接着一件干"的韧劲，以伟大的担当精神、奉献精神、进取精神、人格精神，开启实现第二个百年目标的新征程。

（二）"我将无我，不负人民"是共产党人精神状态和奋斗姿态的精彩写照

有什么样的精神状态，就有什么样的作风和面貌；有什么样的奋斗姿态，就有什么样的事业和成就。"我将无我，不负人民"的情怀就是共产党人永不懈怠的精神状态和一往无前的奋斗姿态的精彩写照，是夺取新时代中国特色社会主义伟大胜利、实现中华民族伟大复兴的重要保证。

一代又一代共产党人，舍小我成大我、舍小家为大家，困难面前不低头、死亡面前不退缩，为了人民的利益勇于牺牲一切、奉献一切，这种英气、正气、豪气成为中国共产党人代代相传的红色基因，是共产党越挫越勇、不断从胜利走向胜利的"软实力""硬支撑"。为有牺牲多壮志，敢教日月换新天。正是凭借这种"无我"的精神状态奋斗姿态，我们打破一个旧中国，建设了一个新中国；从"一穷二白"，到完成社会主义"三大改造"；从中华人民共和国成立初期刚刚建立比较完整的国民经济体系，经过短短几十年发展，到中国人民真正富起来，一跃成为世界第二大经济体，一个负责任的大国屹立在世界东方。

成绩属于过去，未来任重道远；前景十分光明，挑战也十分严峻。新时代新征程，我们面临的矛盾、风险和挑战更多更复杂，可以说是诸多矛盾交织叠加，各种风险挑战接踵而至。从国内看，发展不平衡不充分的问题尚未完全解决，发展质量和效益还不高，创新能力不够强，实体经济水平有待提高；尽管第一个百年目标

已经胜利实现，但民生领域还有不少短板，城乡区域发展和收入分配差距依然较大，群众在就业、教育、医疗、居住、养老等方面面临不少难题，生态环境保护任重道远；社会矛盾和问题交织叠加，国家治理体系和治理能力还有待进一步加强；意识形态领域斗争依然复杂，国家安全面临新情况，新时代党的建设新的伟大工程还需进一步加强；等等。从国际看，世界各国应对新冠疫情形势严峻，世界经济深度调整、复苏乏力，国际贸易增长低迷；反全球化思潮和贸易保护主义情绪升温，国际经济合作意愿下降，单边主义抬头，一些西方国家从政治、军事、战略、经济贸易和科学技术等层面遏制中国发展的战略图谋日益明显；地缘政治风险上升，军事安全风险加大，外部环境不稳定和不确定的因素有所增加；等等。

越是形势发生深刻复杂变化，越要永不懈怠；越是矛盾风险相互交织叠加，越要一往无前。共产党人要继续以"我将无我，不负人民"的情怀，以永不懈怠的精神状态和一往无前的奋斗姿态开启建设社会主义现代化强国的新征程。

（三）"我将无我，不负人民"是共产党人服务人民宗旨意识的生动体现

我是谁、为了谁、依靠谁，是一个政党的根本问题，为什么人、靠什么人的问题，是检验一个政党、一个政权性质的试金石。中国共产党是中国工人阶级的先锋队，是中国最广大人民群众根本利益

的代表。全心全意为人民服务，紧紧地与中国人民站在一起，与人民同呼吸、共命运、心连心，与人民生死与共、血肉相连，为人民牺牲一切、奉献一切，是共产党人的最高价值追求。"我将无我，不负人民"正是我们党全心全意为人民服务宗旨意识的生动体现。

综观古今中外，没有哪个集体、哪个政党能像中国共产党这样，始终把人民放在心中最高位置，始终与人民心连心、同呼吸、共命运，始终把全心全意为人民服务作为自己的根本宗旨。在推进中国革命建设和改革的过程中，我们党先后对党章进行过多次修改，但全心全意为人民服务的根本宗旨始终没有改变。无论是邓小平理论中把人民"高兴不高兴、满意不满意、赞成不赞成、答应不答应"作为制定和执行政策的出发点和归宿，还是"三个代表"重要思想中"始终代表最广大人民的根本利益"，还是"以人为本"的科学发展观核心，还是党的十八大以来习近平总书记明确提出"以人民为中心"的发展思想，都一以贯之、一脉相承地继承和发展了这一宗旨。

历史昭示未来，从建党的开天辟地，到新中国成立的改天换地，到改革开放的翻天覆地，再到新时代党和国家取得的惊天动地的历史性成就、发生历史性变革，中华民族伟大复兴进入不可逆转的历史进程，中国共产党创造了让世界刮目相看的中国奇迹。在形势、挑战、风险、机遇、矛盾、任务等一切都在悄然变化的今天，一代代中国共产党人的初心没有变，全心全意为人民服务的宗旨没有变，始终坚持人民对美好生活向往的奋斗目标也没有变。新时代新征程，我们党将坚守服务人民的根本宗旨，继续为中华民族几千年历史上最恢宏的发展史诗添上浓墨重彩的一笔。

三、筑牢站稳人民立场的根基

人民立场是中国共产党的根本政治立场，是马克思主义政党区别于其他政党的显著标志。2018 年 6 月 29 日，习近平总书记在主持十九届中央政治局第六次集体学习时强调，加强党的政治建设，要紧扣民心这个最大的政治，把赢得民心民意、汇集民智民力作为重要着力点。人民性是马克思主义最鲜明的品质，要把我们党建设成为最强大的政党，就必须站稳人民立场，这是党的性质与宗旨的集中体现，是加强党的建设的根基。

（一）站稳人民立场必须坚持党的群众观点

党的十八届六中全会审议通过的《关于新形势下党内政治生活的若干准则》鲜明指出："必须把坚持全心全意为人民服务的根本宗旨、保持党同人民群众的血肉联系作为加强和规范党内政治生活的根本要求。"①坚持全心全意为人民服务的根本宗旨、保持党同人民群众的血肉联系，不单单是一个作风问题，更是一个严肃的政治

---

① 《〈关于新形势下党内政治生活的若干准则〉〈中国共产党党内监督条例〉辅导读本》，人民出版社 2016 年版，第 32 页。

问题，新时代的党员干部必须牢固树立马克思主义群众观点。

历史唯物主义认为，人民群众是社会历史的创造者，是世界历史的真正主人，人民群众不仅是物质财富和精神财富的创造者，而且是社会变革的决定性力量。波澜壮阔的中华民族发展史是中国人民书写的。我们党自执政以来，特别是改革开放 40 多年来，领导中国人民创造了令世人瞩目的奇迹，从小岗村村民签下包产到户的契约掀开改革大幕，到义乌人用"鸡毛换糖"的小商品成就大市场，再到科技创新从"跟跑者"变为一些领域的"同行者""领跑者"，中国人民的创新创造熠熠生辉。拥有 14 亿多人民群众的智慧和力量，是我们战胜一切困难的根本保证，是中华民族走向复兴的深厚根基。

党的群众观点的核心，在于肯定人民群众在社会历史活动中的主体地位和作为历史创造者的伟大作用，并在此基础上把人民群众的拥护、支持作为党执政的最牢固政治基础与最深厚力量源泉，简而言之就是习近平总书记所讲的："江山就是人民，人民就是江山。"

江山就是人民，人民是国家的主人。我国是人民当家作主的社会主义国家，工人阶级和广大劳动群众是国家的主人。习近平总书记强调："中国共产党领导人民打江山、守江山，守的是人民的心。"[1]在创造新民主主义革命伟大成就中，我们党百折不挠、浴血奋战，以武装的革命反对武装的反革命，团结带领人民推翻

---

① 习近平：《高举中国特色社会主义伟大旗帜 为全面建设社会主义现代化国家而团结奋斗——在中国共产党第二十次全国代表大会上的报告》，人民出版社 2022 年版，第 46 页。

帝国主义、封建主义、官僚资本主义"三座大山"，建立了新中国，为人民当家作主提供了根本政治前提。在创造社会主义革命和建设伟大成就中，我们党迎难而上、艰苦奋斗，团结带领人民消灭了在中国延续几千年的封建剥削压迫制度，确立了人民当家作主的国家制度。在创造改革开放和社会主义现代化建设伟大成就中，我们党坚持解放思想、实事求是、与时俱进、开拓创新，团结带领人民实现了从高度集中的计划经济体制到充满活力的社会主义市场经济体制、从封闭半封闭到全方位开放的历史性转变，实现了从生产力相对落后的状况到经济总量跃居世界第二的历史性突破，实现了人民生活从温饱不足到总体小康、全面小康的历史性跨越，中国人民迸发出强大创造力量，中华民族大踏步赶上了时代。在创造新时代中国特色社会主义伟大成就中，我们党不忘初心、牢记使命，团结带领人民奋力夺取了全面建成小康社会的伟大胜利，开启了全面建成社会主义现代化强国、实现第二个百年奋斗目标，以中国式现代化全面推进中华民族伟大复兴[1]的新征程。坚持群众观点，始终同人民站在一起，为人民利益而奋斗，是把我们党建成最强大政党的根本出发点和落脚点。

---

[1] 习近平：《高举中国特色社会主义伟大旗帜 为全面建设社会主义现代化国家而团结奋斗——在中国共产党第二十次全国代表大会上的报告》，人民出版社2022年版，第21页。

（二）站稳人民立场必须坚持全心全意为人民服务的根本宗旨

党章总纲中明确规定："坚持全心全意为人民服务。党除了工人阶级和最广大人民群众的利益，没有自己特殊的利益。党在任何时候都把群众利益放在第一位，同群众同甘共苦，保持最密切的联系，坚持权为民所用、情为民所系、利为民所谋，不允许任何党员脱离群众，凌驾于群众之上。"①

中国共产党是中国工人阶级的先锋队，同时也是中国人民和中华民族的先锋队，因此，共产党人必须坚持全心全意为人民服务的根本宗旨，这是党的事业内在的要求和成功的根本保证。全心全意为人民服务具有丰富、深刻的科学内涵。全心全意为人民服务，这里的"人民"即人民群众，是指一切对社会进步起着推动作用的人们，而不是指那些阻碍社会进步的人。全心全意为人民服务就是要代表中国最广大人民的根本利益。人们奋斗的一切都与他们的利益有关，我们党的一切工作都必须始终从人民的利益出发，把人民的利益放在第一位，坚持全心全意为人民服务。全心全意为人民服务就不能无心无意或假心假意，也不能三心二意、半心半意，而要完全、彻底和毫无保留地为人民服务，要求党员干部时时、处处为人民谋利益，而不能将这一根本宗旨当成一时、一地的权宜之计。

---

① 《中国共产党章程》，人民出版社 2022 年版，第 21 页。

坚持全心全意为人民服务，不能只停留在口头上，而要体现在每一名党员干部的具体工作和实际行动中。要从人民群众的现实需要出发，站在人民群众的角度思考问题，真诚倾听人民群众呼声，真实反映人民群众愿望，真情关心人民群众疾苦，依法保障人民群众经济、政治、文化、社会等各项权益。我国正处于并将长期处于社会主义初级阶段，我们要根据现有条件把能做的事情尽量做起来，积小胜为大胜，在经济社会不断发展的基础上，朝着建设社会主义现代化强国稳步前进。要把人民群众的利益放在第一位，要从人民群众关心的事情做起，从让人民群众满意的事情做起，要继续把思想和行动统一到新发展理念上来，崇尚创新、注重协调、倡导绿色、厚植开放、推进共享，努力提高统筹贯彻新发展理念的能力和水平，加快形成落实新发展理念的体制机制，切实在增强创新能力、推动发展平衡、改善生态环境、提高开放水平、促进共享发展上取得新突破。凡是涉及人民群众切身利益的重大决策，都要充分听取人民群众意见和建议，充分考虑不同群体的利益诉求和承受能力，决不能干劳民伤财、违反人民群众意愿的事。

坚持全心全意为人民服务，还要重点解决好教育、收入分配、社会保障、住房、医疗等问题，切实帮助人民群众尤其是困难群体解决实际困难，让改革发展成果更多更公平惠及人民群众，使他们有更多的获得感。要继续深化供给侧结构性改革，**把满足人民群众需求作为最终目的，把提高供给质量作为主攻方向，把深化改革作为根本途径**，坚持去产能、去库存、去杠杆、降成本、补短板，优化存量资源配置，扩大优质增量供给，实现供需动态平衡，产出更多更好的为人民所需要的物质、精神产品。

（三）站稳人民立场必须始终保持党同人民群众的血肉联系

"政之所兴在顺民心，政之所废在逆民心。"一个政党，一个政权，其前途命运最终取决于人心向背。我们党的执政地位不是与生俱来的，也不是一劳永逸的。始终保持党同人民群众的血肉联系是我们党的最大政治优势，脱离人民、忘记人民、背叛人民，我们党就会成为无源之水、无本之木，就会丢掉执政地位。站稳人民立场就必须始终保持同人民群众的血肉联系，坚持一切为了人民，心里装着人民，一切相信人民。

心里装着人民。要牢固确立人民利益高于一切的利益观，坚持以人民需要为第一需要，把维护人民利益作为最高责任。通过各种渠道了解社情民意，满足人民群众的呼声和要求。要着力解决人民群众最关心、最直接、最现实的利益问题，特别是在就业、看病、上学、住房等民生问题上，要确实做出成绩，让群众看到实效。

一切相信人民。毛泽东同志曾经说过："中国人民中间，实在有成千成万的'诸葛亮'。"①党员干部要相信人民群众的智慧和能力，创造让群众发挥主观能动性的空间，搭建干部与群众直接交流的平台，支持和保护好群众的积极性和改革创新精神，把蕴藏在群众中的一切积极因素调动起来。

---

① 《毛泽东选集》（第3卷），人民出版社1991年版，第933页。

四、持之以恒答好人民考卷

"时代是出卷人，我们是答卷人，人民是阅卷人。"[1]习近平总书记的这一精辟论述，堪称我们党新时代为政之要的点睛之笔。它以简洁凝练的语言、形象生动的比喻，彰显出共产党人彻底的唯物主义精神、强烈的历史担当和深厚的人民情怀。时代在不断发展，人民对美好生活的需要也在不断提高，对"答卷"的共产党人的要求也会越来越高，这就决定了对共产党人的考试只有进行时，没有完成时。

（一）必须坚持以人民为中心的发展思想

金杯银杯不如群众的口碑。人民群众是我们党的工作的最高裁决者和最终评判者。习近平总书记指出："检验我们一切工作的成效，最终都要看人民是否真正得到了实惠，人民生活是否真正得到了改善，这是坚持立党为公、执政为民的本质要求，是党和人民事业不断发展的重要保证。"[2]这充分体现了我们党以人民为中心的价值取向，是共产党人答好人民考卷的基本遵循。

---

[1] 《〈中共中央关于党的百年奋斗重大成就和历史经验的决议〉辅导读本》，《中共中央关于党的百年奋斗重大成就和历史经验的决议》，人民出版社2021年版，第80页。

[2] 习近平：《全面贯彻落实党的十八大精神要突出抓好六个方面工作》，《求是》2013年第1期。

一百多年来，我们党始终坚定不移站在人民的立场上，始终践行全心全意为人民服务的根本宗旨，矢志不渝为中国人民谋幸福。百年党史，就是一部践行党的初心使命的历史，就是一部党与人民心连心、同呼吸、共命运的历史。正如习近平总书记在党史学习教育动员大会上指出的："我们党来自于人民，党的根基和血脉在人民。为人民而生，因人民而兴，始终同人民在一起，为人民利益而奋斗，是我们党立党兴党强党的根本出发点和落脚点。"①

在革命战争年代，无数共产党人为了人民的利益抛头颅、洒热血，他们不图当官、不为发财，只为"唤起工农千百万"，改变中国人民被欺凌、被压迫的悲惨境地。新中国成立后，"把有限的生命投入到无限的为人民服务中"的雷锋，"心中装着全体人民，唯独没有他自己"的焦裕禄，"穷尽一生书写为民情"的杨善洲……他们用自己的实际行动诠释了人民至上的价值取向，践行了全心全意为人民服务的根本宗旨，得到了人民群众的拥护和爱戴。党的十八大以来，扎根云南贫困山区40多年，推动创建了中国第一所免费女子高中，帮助近2000名贫困山区女孩圆了大学梦的张桂梅；新时代青年党员干部的优秀代表，把生命奉献给脱贫攻坚事业的"第一书记"黄文秀；舍小家为大家，创新社区治理模式，把党的工作做到群众心坎上的社区工作者的杰出代表林丹……这些"七一勋章"获得者，他们用心用力用情践行宗旨，以"我将无我、不负人民"的崇高情怀书写了以人民为中心考卷

---

① 习近平：《在党史学习教育动员大会上的讲话》，《求是》2021年第7期。

的优秀答案。

当前，我们前所未有地靠近世界舞台中心，前所未有地接近实现中华民族伟大复兴的中国梦，中华民族伟大复兴进入了不可逆转的历史进程。[①]但仍要看到，我们还面临着一系列新机遇、新风险、新挑战，还要进行具有许多新的历史特点的伟大斗争，我们必须始终坚持以人民为中心的发展思想，一切为了人民、紧紧依靠人民、不断造福人民、牢牢植根人民，从而凝聚起无坚不摧的磅礴力量，持之以恒答好让人民满意的考卷。

（二）必须发扬踏石留印、抓铁有痕的作风

习近平总书记在十八届中央纪委二次全会上说，作风是否好转，要以人民满意为标准："要以踏石留印、抓铁有痕的劲头抓下去，善始善终、善作善成，防止虎头蛇尾，让全党全体人民来监督，让人民群众不断看到实实在在的成效和变化。"[②]"踏石留印、抓铁有痕"这八个字铿锵有力、斩钉截铁、掷地有声、振聋发聩，展现出一种刚强，彰显着一股狠劲，张扬着一腔正气，是我们党勤政务实、真抓实干的工作作风的最好诠释。

真抓才能攻坚克难，实干才能梦想成真。过去一百年，中国

---

① 习近平：《高举中国特色社会主义伟大旗帜 为全面建设社会主义现代化国家而团结奋斗——在中国共产党第二十次全国代表大会上的报告》，人民出版社 2022 年版，第 16 页。

② 《习近平谈治国理政》，外文出版社 2014 年版，第 387 页。

共产党向人民、向历史交出了一份优异的答卷。现在，中国共产党团结带领中国人民又踏上了新的赶考征程，使命更加艰巨，任务更加繁重，更需要我们党坚持"踏石留印、抓铁有痕"的作风，层层负责、狠抓落实，以实实在在的成果造福于民、取信于民，持之以恒答好人民的考卷。

要有锲而不舍、不达目的誓不罢休的韧劲。韧劲，就是要持之以恒，就是要守得住清贫、耐得住寂寞。古往今来，大凡有所建树之人，无不是崇尚行动、孜孜以求者。党的十八大以来，习近平总书记多次强调，干事创业要讲究认真，善始善终，善作善成。

要有一鼓作气、敢于碰硬的狠劲。狠劲，就是要一抓到底。无论"踏石"还是"抓铁"，实质上都是"碰硬"。"碰硬"，就要有"横扫千军如卷席"的勇气。当前，我国正处于实现第二个百年奋斗目标关键起步时刻，各项改革也到了一个新的历史关头，在这关键阶段，对于必须要走的路、要爬的坡、要过的坎、要触及的"比触及灵魂更难"的利益格局，党员干部要坚定信心、增强勇气，敢于啃硬骨头，敢于较真碰硬，不当老好人、不怕得罪人，对自己作风要求狠一点、对工作标准严一点，不被困难吓倒，不为挫折屈服，克难攻坚，勇往直前，一抓到底。

要有脚踏实地、真抓实干的实劲。"实"劲，就是求真务实，就是扎实、真实、老实、踏实。"踏""抓"的力量要大、速度要快，**要有少林武僧脚踏砖裂的重力，不畏石顽，克难攻坚；要有鹰爪功抓皮掉肉的快速，不留深痕，决不罢休。**

千忙万忙，不落实都是瞎忙；千招万招，不落实都是虚招；

千条万条，不落实都是白条。一切难题，只有在实干中才能破解；一切机遇，只有在实干中才能把握；一切愿景，只有在实干中才能实现。我们必须紧紧咬住战略目标，把心思和精力用在琢磨工作和抓落实上，坚持讲实话、干实事、出实招、解难题，切实强化执行力、操作力，确保各项工作落到实处、取得实效；必须立足实际，发现问题、研究问题、解决问题，把作风建设往实里抓、把效能提升往实里干，不能传达文件印文件、拍着脑门编文件、空喊高调不落实，要用真情、用实情、用实绩，践行向人民、向历史作出的庄严承诺，给人民群众交出一份满意的答卷。

（三）必须不断提高做群众工作的能力

密切联系群众，善于做群众工作，是我们党的优良传统，也是我们党的政治优势。今天，面对新形势、新任务、新要求的考卷，新时代的共产党人必须发扬我们党的优良传统和政治优势，积极探索建立务实管用的群众工作机制，着力提高做群众工作的能力，顺应民意、集中民智、争取民心、凝聚民力，持之以恒答好人民的考卷。

提高了解群众能力。有人把了解群众的能力精练地概括为"一二三"。"一"就是一腔热血、为群众着想，心里始终装着群众，凡事想着群众，真心为群众办实事、解难题。"二"就是两角置换、换位思考。注意站在群众的立场考虑问题，设身处地为群众着想，为群众解忧。"三"就是深入"三头"、掌握实情。"三头"就是地头、炕头、心头。深入地头，就是深入基层一线；深入炕头，就是走进群众家中，与群众促膝谈心、真诚交流；深入心头，就是与群众进行心贴心的交流，了解群众的真实想法。诚然，做好群众工作，只有到群众中去，才能感化和感动群众，才可能化解矛盾和问题，才会确保党的事业兴旺发达。能够走出机关、走出大院，深入到群众中去，到群众需要的地方去嘘寒问暖，拉呱谈天，到群众有困难的地方去排忧解难，到群众意见多的地方去理情顺气，及时全面掌握群众的政治态度、思想动向、生活状况、诉求愿望等，这本身就是一种能力表现。

提高宣讲说服能力。宣讲说服群众的能力是做好群众工作的基础。能否有效地说服群众，直接关系到党和政府决策的落实和工作的成效。要有效地组织引领群众，让群众自愿响应党委和政府的号召，就要尊重群众，把人民群众的意愿、要求和利益作为想问题、作决策、办事情的根本出发点，以扎扎实实的工作为人民群众谋取实实在在的利益。宣讲说服群众，党员干部不仅要通过解决群众的实际困难感化群众，更要以优秀的品德修养、过硬的工作作风、良好的公仆形象影响和带动广大群众。特别是在社会矛盾日益复杂，部分党员干部在群众中的威望逐渐弱化的情况下，强调党员干部的形象建设就显得尤为迫切。党员干部品德高尚、自身素质高、形象好，群众就信服，说话群众就听，就愿意跟着干。另外，要激发群众的积极主动性和创造性，既要学会通过做思想政治工作宣传群众，切实把群众的思想统一到贯彻落实党的各项决策部署上来，又要学会以朴实的道理引导群众，善于用群众身边的事例、群众熟悉的语言与群众进行真诚交流和沟通，真正赢得群众的理解、信赖和支持。

提高感情亲和能力。感情亲和力实际上就是与群众打成一片的能力。有亲和力的党员干部，与群众说话像拉家常，为群众办事像对待家人，没有官腔，没有敷衍，积极主动地与群众交流、帮群众办事，即便有些事情一时办不了、办不好，也决不说绝话，更不说重话，而是如实把事情原委讲清楚，以期得到群众的理解和谅解。有亲和力就要能够放下架子、摆正位置，拉近与群众之间的距离。对待群众，要真诚、热情、公正，多关心体贴、多帮助容纳，言而有信、行而必果；自己出现问题时，也要善于接受别人的批评，敢于自我解剖并立即改正。党员干部要提高亲和力，根本上就是要牢固树立群众利益无小事的观点和全心全意为人民服务的宗旨意识，做到**既用真理的力量感召人，又用真诚的力量感化人，还要用实际的行动引领人**，始终真心实意地贴近群众、融入群众、与群众打成一片，积极主动地为群众办实事、做好事、解难题。当然，党员干部提高亲和力，并不是要放弃原则，而是在不违背条令条例等规章制度的前提下，坚持与人为善、情融民心，更多地从关心、体贴、爱护的角度出发，切实解决群众的实际问题。这样干群关系才会和谐，管理才有针对性，并且做到及时有效。

提高化解矛盾能力。能够有效解决干群关系中出现的各种问题，化解群众的不满情绪。同时，能够有效解决群众内部的各种矛盾，增进党政机关及其党员干部与人民群众的感情和团结。具体来说，就是党员干部要能够有效解决群众工作中出现的各种问题，满足各类诉求，及时、有效地化解群众内部的各种矛盾，密切党同人民群众的血肉联系，增进人民群众之间的团结。协调关系和化解矛盾要依法办事、严格程序、严谨细致、把握时机、尊重群众、以理服人，适时展示人格魅力，赢得群众的支持与信任。同时，要注重深入基层、了解民情；注重发扬民主、尊重民意；注重做群众工作的方式方法，善于宣传新思想新政策，用先进思想文化占领基层思想文化阵地。党员干部还要善于发现各种倾向性、苗头性问题，及时消除各种可能导致群体性事件和突发事件的隐患。万一发生群体性事件或突发事件，要能够及时、有效、果断地加以处置，确保社会和谐稳定。要做好事前预防，完善预警机制；要率先垂范，敢于靠前处置；要当机立断，迅速控制事态；要张弛有度，平稳化解危机；要善于引导，形成良好的舆论氛围；要标本兼治，妥善做好群体性事件和突发事件的善后工作。

提高服务群众能力。服务群众是做好群众工作的根本所在。要从涉及群众利益的小事做起，从解决群众最现实、最急迫的问题入手，积极为群众办好事、做实事、解难事，让群众有更多获得感、幸福感、安全感，让群众感受到党和政府的温暖。要准确把握当前复杂的社会问题的变化，深入体察群众疾苦，及时了解群众呼声，全面掌握群众诉求，把好事办在群众开口之前，把实事办在群众急需之处，从各个方面、不同层面增加群众的福祉，赢得群众的认同。做到真正想群众之所想，急群众之所急，帮助群众克服生产生活上的各种困难，把工作做到群众的心坎上，成为人民群众的贴心人。要切实提高自身综合素质，加强对马克思主义理论、党的大政方针和有关法律法规的学习，切实提高理论水平。要不断改进服务群众的方式方法，特别是着重思考如何因地制宜实现科学发展；既要防止不思进取，又要防止盲目发展；既要讲经济发展，又要讲社会和谐稳定；既要考虑当代人的眼前利益，又要考虑子孙后代的长远利益。要高度重视矛盾纠纷排查调处工作，把工作平台移到最前线，平时注意排查各种矛盾隐患，善于发现倾向性问题，及时做好疏导化解工作，把矛盾纠纷解决在基层，解决在萌芽状态。

天下为公，人民为大；世间之力，人心为最；桃李不言，下自成蹊。历史充分证明，江山就是人民，人民就是江山，人心向背关系党的生死存亡。赢得人民信任，得到人民支持，党就能够克服任何困难，就能够无往而不胜。奇迹是干出来的，社会主义是干出来的。人民是我们党执政的最大底气，是我们共和国的坚实根基，是我们强党兴国的根本所在。在阔步前行的新征程上，永远保持同人民群众的血肉联系，始终同人民群众想在一起、干在一起、风雨同舟、同甘共苦，我们一定能够以强大的民心感召力助推世界上最强大政党的建成，带领中国人民战胜一切艰难险阻，中国特色社会主义事业定会无往而不胜！

第四章

建设最强大政党必须增强组织动员力

政党的组织动员力，是号召力、凝聚力、执行力的综合体现，是衡量一个政党是否强大的显著标志。习近平总书记指出："组织使党的力量倍增"。①"振臂一呼，应者云集"的组织动员力、号召力、凝聚力是我们党无往不胜的重要法宝，也是世界上一些政党比较珍视却无法弥补的短板。中国共产党举世公认的组织动员力，来源于强大的组织体系，来源于得力的干部队伍，来源于严密的组织纪律。在全面建设社会主义现代化强国新征程上，要把我们党建设成为世界上最强大的政党，广泛凝聚共识，广聚天下英才，汇聚起实现民族复兴的磅礴力量，就必须不断加强党的组织建设，持续增强党的组织动员力。

---

① 《十八大以来重要文献选编》（上），中央文献出版社 2014 年版，第 765 页。

一、组织建设：党奋楫前行的根本保障

习近平总书记指出："以史为鉴，可以知兴替。我们要用历史映照现实、远观未来，从中国共产党的百年奋斗中看清楚过去我们为什么能够成功、弄明白未来我们怎样才能继续成功，从而在新的征程上更加坚定、更加自觉地牢记初心使命、开创美好未来。"①中国共产党为什么"能"，这是国际社会广泛关注的话题。原因当然是多方面的，但其中非常重要的一条就是：中国共产党有最严密的、科学的组织体系，中国共产党的组织建设及组织体系有强大的优越性，这是党奋楫前行的根本保障。

（一）加强组织建设是马克思主义政党自身建设的内在要求

政党是指代表一定阶级、阶层或社会集团的利益，并以夺取、行使或参与国家政权为目标的政治组织。自身建设水平和良好的组织纪律是马克思主义政党能够凝聚党内外力量、实现政治目标的关键所在。

组织是否科学，关系到马克思主义政党的力量是否能够有效凝聚。科学的组织，是由一个个成员按照内在运行规范组成的集合体，能够实现最大限度的能量聚集。正如马克思在《国际工人协会

① 习近平：《在庆祝中国共产党成立100周年大会上的讲话》，《人民日报》2021年7月2日。

成立宣言》中提出的，工人的一个成功因素就是他们的人数；但是只有当工人通过组织而联合起来并获得知识的指导时，人数才能起举足轻重的作用。列宁在论及无产阶级建立政党必要性时强调，无产阶级之所以能够成为而且必然会成为不可战胜的力量，就是因为它根据马克思主义原则形成的思想一致是用组织的物质统一来巩固的，这个组织把千百万劳动者团结成一支工人阶级的大军。因为有组织，一个政党才得以实质性存在；组织的成员团结起来，政党才能发挥合力。

组织是否科学，关系到马克思主义政党的力量是否能够有效运用。马克思主义政党以自身先进性凝聚起强大的革命力量，而能否把力量有效运用好，则有赖于组织的科学性作保证。马克思主义政党，无论是夺取政权还是巩固政权，都需要有可靠的掌控能力，能够张弛有度、缓急相济地释放运用政党力量，使得各方面、各领域工作相得益彰、有条不紊。马克思主义政党以严密组织性和高度纪律性，确保了党的高度集中统一和团结稳定，既能有效抵制外界干扰破坏和不良影响，又能有效确保自身力量整合，发挥自己的组织作用。

（二）加强组织建设是党的建设历史经验的科学总结

我们党一经诞生，在肩负起为中国人民谋幸福、为中华民族谋复兴的初心使命的过程中，十分重视组织建设。一百年来，党的组织建设与党的创立相伴而生、与党的发展同向而行。

1921年7月中国共产党第一次全国代表大会，首先确定的是党的纲领和组织建设问题。会议讨论和通过了《中国共产党纲领》，规定了党的名称、性质和纲领，提出了党的最终奋斗目标。1922年7月党的二大通过了《中国共产党章程》，对党员条件、党的各级组织的建设和党的纪律作了具体规定，明确阐释了党的民主集中制原则。1923年6月党的三大通过了党的历史上第一个关于党中央组织机构、职权分工、工作制度的法规性文件，还对党章进行了修正，彰显了中国共产党组织建设的严密性和与时俱进。1925年1月党的四大通过了《中国共产党第二次修正章程》。这次修订最重要的贡献，是第一次明确提出了无产阶级在民主革命中的领导权和工农联盟问题。通过的《对于农民运动之议决案》阐明了农民是无产阶级同盟军的原理，强调了农民在中国民族革命中的重要地位。这次代表大会作出的各项正确决策，为大革命高潮的到来，作了政治上、思想上和组织上的准备。

在土地革命时期，毛泽东同志认识到，中国共产党如果想进一步开展革命，取得全国性的胜利，必须要建立一个具有严密制度性和组织性的党，保持党员的党性纯洁、纪律严明和思想先进。著名的三湾改编，以创立"支部建在连上"的制度而载入党的史册。党的六大提出党的"组织路线"这一概念。毛泽东同志为古田会议决议起草的第一部分《关于纠正党内的错误思想》明确指出"纠正的方法，就是要教育党员懂得党的组织的重要性"。在抗日战争期间，我们党的组织建设逐渐系统化、规范化。

中华人民共和国成立后，毛泽东同志提出，领导我们事业的核心力量是中国共产党，指导我们思想的理论基础是马克思列宁主义；各行各业干部要又红又专；等等。在这些重要思想指引下，我们党坚持思想建党，进行延安整风，大量发展党员，大规模调配干部，为夺取新民主主义革命胜利，建立起社会主义基本制度并取得社会主义建设的巨大成就，提供了有力保障。

党的十一届三中全会后，邓小平同志把党的组织建设提升到事关党的发展前途的重大战略问题的高度。他提出，党的建设必须围绕党的基本路线来进行；中国的稳定，四个现代化的实现，要有正确的组织路线来保证；坚持党的领导，必须努力改善党的领导；等等。他积极推动完善民主集中制的组织原则，围绕领导干部的选拔和任免等相关制度进行一系列重大改革，探索出一条依靠改革和制度建设抓执政党建设的新路子，有力保证了社会主义现代化事业不断前进。党的十三届四中全会以后，党中央提出了"组织建设制度化"的时代性命题，阐明了党的组织建设的三个重要环节——民主集中制、基层党组织建设和干部选拔；全党大力开展以"讲学习、讲政治、讲正气"为主要内容的党性党风教育活动等，深入学习贯彻"三个代表"重要思想，把党的建设新的伟大工程成功推向二十一世纪。党的十六大以后，党中央提出要以加强党的执政能力建设和先进性建设为主线，全面提高党的建设科学化水平；要学习实践科学发展观，用科学理论武装党员干部，建设学习型党组织和领导班子；党的工作重心在基层，执政基础在基层，活力源泉也在基层；等等。这些都推动和保证了全面建设小康社会的顺利进行。

党的十八大以来，习近平总书记高度重视党的组织建设工作，坚定不移推进全面从严治党，提出新时代党的建设总要求和新时代党的组织路线；以提升组织力为重点，突出政治功能，推动基层党组织全面进步、全面过硬；提出"信念坚定、为民服务、勤政务实、敢于担当、清正廉洁"的新时代好干部标准；强调要聚天下英才而用之，深入实施人才强国战略^①；把抓好党建作为最大的政绩，落实管党治党责任；强调要大力推进组织建设制度化、规范化，强化组织建设的实效性；"增强党组织政治功能和组织功能。"^②等等。这些兴党强党的重要思想，推动了党的建设和组织工作发生根本性、全局性、长远性的重大变化，成为全面建设社会主义现代化强国、实现中华民族伟大复兴的重要遵循。

历史证明，结合不同阶段的形势目标和任务，加强党的组织建设是党的鲜明特色和独特优势，是我们党在百年发展历程中得出的宝贵经验。

（三）加强组织建设是党完成新时代使命任务的现实需要

我们党所从事事业的长期性、艰巨性、复杂性，要求我们必须

① 习近平：《高举中国特色社会主义伟大旗帜 为全面建设社会主义现代化国家而团结奋斗——在中国共产党第二十次全国代表大会上的报告》，人民出版社 2022 年版，第 36 页。
② 习近平：《高举中国特色社会主义伟大旗帜 为全面建设社会主义现代化国家而团结奋斗——在中国共产党第二十次全国代表大会上的报告》，人民出版社 2022 年版，第 67-68 页。

始终保持纯洁，永葆党的革命性和纪律性。新时代，我们党团结带领全国各族人民持续奋斗，实现了第一个百年奋斗目标，在中华大地上全面建成了小康社会，历史性地解决了绝对贫困问题，正在意气风发向着全面建成社会主义现代化强国第二个百年奋斗目标迈进。这给党的组织建设提出了更高的要求。

在新征程上，党和国家事业发展面临前所未有的机遇与挑战。作为世界最大执政党，要不断增强全面从严治党永远在路上的政治自觉，坚决清除一切损害党的先进性和纯洁性的因素，清除一切侵蚀党的健康肌体的病毒，确保党不变质、不变色、不变味，并实现对各级党组织和庞大党员队伍的有效管理，不断增强自身创造力、凝聚力、战斗力；作为一个领导着14亿多人民进行改革开放和社会主义现代化建设长期执政的党，要进行具有许多新的历史特点的伟大斗争，实现对各个领域、各个方面的全面领导和有效动员，汇聚起势不可挡的磅礴力量；作为一个领航社会主义大国奋力实现由大向强发展关键一跃的坚强领导核心，要统筹中华民族伟大复兴战略全局和世界百年未有之大变局，从容应对国际风云变幻，领导中国特色社会主义事业顺利通过许多新的"娄山关""腊子口"，蹚过许多暗礁险滩，确保中国特色社会主义的巨轮行稳致远，迫切需要把党的组织体系织密建强，把党的组织根基筑牢夯实，增强各级党组织的领导力、组织力、执行力，使党成为始终走在时代前列、人民衷心拥护、勇于自我革命、经得起各种风浪考验、朝气蓬勃的马克思主义执政党。

二、确保党始终总览全局协调各方的领导核心作用

办好中国的事情，关键在党。中国共产党领导是中国特色社会主义最本质的特征，是中国特色社会主义制度的最大优势，是党和国家的根本所在、命脉所在，是全国各族人民的利益所系、命运所系。[①]习近平总书记强调指出，要"牢记'国之大者'，不断提高党科学执政、民主执政、依法执政水平，充分发挥党总览全局、协调各方的领导核心作用"！[②]这充分表明建设最强大的政党，提高党的组织动员力，最重要的是要确保党始终总览全局协调各方的领导核心作用。

（一）一个国家、一个政党，领导核心至关重要

党的第十八届六中全会正式提出"以习近平同志为核心的党中央"。党的十九届六中全会强调："党确立习近平同志党中央的核心、全党的核心地位，确立习近平新时代中国特色社会主义思想的指导地位，反映了全党全军全国各族人民共同心愿，对新时代党和国家事业发展、对推进中华民族伟大复兴历史进程具有

---

① 习近平：《在庆祝中国共产党成立100周年大会上的讲话》，《人民日报》2021年7月2日。
② 习近平：《在庆祝中国共产党成立100周年大会上的讲话》，《人民日报》2021年7月2日。

决定性意义"①党的二十大号召："全党全军全国各族人民紧密团结在以习近平同志为核心的党中央周围，牢记空谈误国、实干兴邦，坚定信心、同心同德，埋头苦干、奋勇向前，为全面建设社会主义现代化国家、全面推进中华民族伟大复兴而团结奋斗！"②

维护党的权威和党的领袖的权威，是马克思主义政党的基本原则。马克思曾经指出："一个单独的提琴手是自己指挥自己，一个乐队就需要一个乐队指挥。"③马克思甚至说过："每一个社会时代都需要有自己的大人物，如果没有这样的人物，这个社会时代就要把他们创造出来。"④列宁强调："在历史上，任何一个阶级，如果不推举出自己的善于组织运动和领导运动的领袖和先进代表，就不可能取得统治地位。"⑤

维护党的权威和党的领袖的权威，是我们党加强自身建设过程中取得的宝贵经验。毛泽东同志非常重视维护党中央领导的权威，他号召全体党员要提倡照顾大局。每一个党员，每一种局部工作，每一项言论或行动，都必须以全党利益为出发点，绝对不允许违反这个原则。而且他反复强调："一个桃子剖开来有几个核心吗？只有一个核心""要建立领导核心，反对'一国三公'"。⑥1994年

———————————

① 《中国共产党十九届中央委员会第六次全体会议公报》，《新华网》2021年11月11日。

② 《中国共产党第二十次全国代表大会关于十九届中央委员会报告的决议》（2022年10月22日中国共产党第二十次全国代表大会通过），《新华社》2022年10月22日。

③ 《马克思恩格斯选集》（第2卷），人民出版社2012年版，第208页。

④ 《马克思恩格斯文集》（第2卷），人民出版社2009年版，第137页。

⑤ 《列宁选集》（第1卷），人民出版社2004年版，第286页。

⑥ 《毛泽东文集》（第3卷），人民出版社1996年版，第69页。

9月，党的十四届四中全会召开，在全会通过的《中共中央关于加强党的建设几个重大问题的决定》中强调：党的历史表明，必须有一个在实践中形成的坚强的中央领导集体，在这个领导集体中必须有一个核心。如果没有这样的领导集体和核心，党的事业就不能胜利。这是坚持民主集中制的一个重大问题。这是我们党第一次在党的重要文件中论述了建立党的领导核心的极端重要性。

维护党的权威和党的领袖的权威，是坚持和发展中国特色社会主义伟大事业的迫切需要。当前，我们比历史上任何时期都更接近、更有信心和能力实现中华民族伟大复兴的目标，同时必须准备付出更为艰巨、更为艰苦的努力。在我们这样一个14亿多人口的大国，全党同志紧密团结在以习近平同志为核心的党中央周围，一定要有一个坚强有力的中央政治局及其常委会，一定要有一个"最有威信、最有影响、最有经验"的总书记作为核心，这样才能凝聚中央委员会、中央政治局的智慧，凝聚各级领导干部的智慧，凝聚全党的智慧，才能无往而不胜。

（二）加强组织建设是维护党中央权威和集中统一领导的重要优势

科学的决策制度是党制定出符合时代潮流、社会发展规律和人民群众根本利益的路线、方针、政策的首要前提。因此，中国共产党"按照集体领导、民主集中、个别酝酿、会议决定的原则，不断完善党委内部的议事和决策机制"。系统论的基本原理认为，若干部分按照某种方式整合成为一个系统，就会产生出整体具有而部分或部分之和所没有的东西。同时，任何系统都处于一定的环境当中，环境塑造着环境中的每个系统，而环境又是由处于其中的所有系统共同塑造的，二者必须相互协调才能共同发展。中国共产党也是在适应环境的过程中不断地对领导制度的改善中提升其组织动员力的。在领导中国人民实现中华民族伟大复兴的历史进程中，中国共产党的强大领导能力得到了充分彰显。

改革开放 40 多年来，党在领导制度建设方面不断探索，形成了以民主集中制为核心的制度体系，既有效地发展了党内民主，又维护了党的团结统一。这些制度体系主要包括党代表产生制度、党代会召集制度、党代会常任制度、党代会代表任期制度、党的委员会向党代会报告工作制度、党政领导干部任用提名制度、任职回避制度、责任追究制度、辞职制度、党务公开制度、党内选举制度、重大事项集体决策制度、党内监督制度、党员权利保障制度等，这些制度推动和保障着党中央统揽全局、协调各方，避免和防止一盘散沙，防止社会分裂和对立。同时，这种领导的集中并不是单纯的集权，而是经历无数次"从群众中来、到群众中去""从理论到实践、从实践到理论"的多次反复的过程才实现的，能够最大限度地进行理论和实践创新，同时防止发生大的错误和失误，这是辩证法、实践论的体现，也是中国核心领导制度组织动员优势的内外体现。

（三）维护党中央权威要求各级组织必须令行禁止

维护以习近平同志为核心的党中央权威，确保党始终总览全局协调各方的领导核心作用，绝不是空洞的表态，要在思想上高度信赖核心、感情上衷心爱戴核心、政治上坚决维护核心、组织上自觉服从核心、行动上始终紧跟核心，忠实履行好职责与使命，努力为党和国家事业发展做出应有的贡献。

必须坚持"四个服从"。党员个人服从党的组织是处理党员个人同党的组织相互关系的基本原则。每个党员干部都要自觉把个人置于党的组织之中和党的领导之下，坚决服从组织的决定，认真贯彻执行党的决定，积极完成党的任务；少数服从多数是党内决定问题的基本原则。党的组织讨论决定问题时，担任领导职务的党员干部和普通党员一样，只有一票的权利，不能以个人或少数人的意见代替或否决大多数人的意见。少数人在自己的意见被否决之后，除必要时可以在下次会议上提出讨论或保留意见外，要执行多数人所通过的决议，不得在行动上有任何反对的表示；下级组织服从上级组织是党内处理上下级组织之间相互关系的基本原则。下级组织服从上级组织的决议，向上级组织报告工作，其决议也不得与上级组织的决议相抵触。对于上级组织的指示，党的下级组织应结合本地区、本部门的实际情况贯彻执行；全党各个组织和全体党员服从党的全国代表大会和中央委员会是处理全党各个组织和党中央之间相互关系的原则。全体党员和党的各级组织都要服从党的全国代表大会和中央委员会通过的决议、决定，服从党中央的决策部署，同党中央在思想上、政治上、行动上保持高度一致，而不能各行其是，不能改变或否定作为全党意志体现的党的全国代表大会和中央委员会的决议。

必须确保党中央政令畅通。确保党中央政令畅通，是维护党中央权威、确保党始终总览全局协调各方的领导核心作用的核心要求。在党的基本理论、基本路线、基本方略和总任务、总方针、总政策、总目标以及关系全局的重大问题上，全党必须同党中央保持高度一致，做到党中央提倡的坚决响应，党中央决定的坚决照办，党中央禁止的坚决不做。对党中央的决策部署，任何党组织和任何党员都不准合意的就执行、不合意的就不执行，不准先斩后奏，更不准口是心非、阳奉阴违。有关全党全国性的重大政策问题，只有党中央有权作出决定和解释。各部门各地方党组织和党员领导干部可以向党中央提出建议，但不得擅自作出决定和对外发表主张。对党中央作出的决议和制定的政策有不同意见，在坚决执行的前提下，可以向党组织提出保留意见，也可以按组织程序把自己的意见向党的上级组织直至党中央提出①，但不允许公开发表同党中央决定和政策相反的言论，也不允许在群众中散布同党的路线方针政策和决议相反的意见。党中央对全国人大、国务院、全国政协、最高人民法院、最高人民检察院、中央和国家机关各部门、人民军队、各人民团体、各企事业单位、各社会组织的统一领导，很重要的一个制度就是在这些机构和组织中成

① 《〈关于新形势下党内政治生活的若干准则〉〈中国共产党党内监督条例〉辅导读本》，人民出版社2016年版，第27页。

立党组。党组是党中央对这些机构和组织实施领导的重要制度保证。这些机构和组织中的党组要自觉坚持党中央的集中统一领导，坚决维护党中央权威，围绕中心、服务大局，认真履行政治领导责任，在贯彻落实党中央重大决策部署上凝神聚焦发力，确保政令畅通，确保在各自工作中坚持正确方向，支持和保障这些机构和组织依法依章履行职责、大胆工作，充分发挥职能作用。

必须时刻把组织纪律挺在前面。纪律是党的生命，是管党治党的重器。作为新时代的党员干部必须绷紧纪律这根弦，时刻把纪律挺在前面，按党的纪律要求来规范自己在工作、生活中的行为，严格遵守、坚决维护纪律。要通过严以修身，知敬畏、明底线，坚守精神家园，不断修枝剪叶，改造自己、提高自己，时时打扫思想灰尘、祛除不良风气、纠正错误言行，增强对违纪违规的免疫力和抵抗力，让思想自觉引导行动自觉、让行动自觉深化思想自觉，不断强化自我监督，把他律要求转化为内在追求，**校准思想之标，调整行为之舵，绷紧作风之弦**。要带头学习纪律、带头遵守纪律、带头执行纪律，牢固树立"把纪律挺在前面"的观念；要强化落实党内监督的主体责任，切实提高思想认识，把强化党内监督当作分内之事、应尽之责，真正把担子担起来，把问题导向具体化，紧盯违纪行为的蛛丝马迹，注重日常、较真叫板，形成强化党内监督的鲜明导向；要细化实化责任，级级落实责任，一级管好一级，一级带动一级，形成具体明确、环环相扣的"责任链"和上下联动、合力攻坚的工作格局，形成实实在在的工作支撑。

三、着力培养忠诚干净担当的高素质干部

全面建设社会主义现代化国家，必须有一支政治过硬、适应新时代要求、具备领导现代化建设能力的干部队伍。党的十八大以来，习近平总书记高度重视干部队伍建设，就培养党和人民需要的好干部作出一系列重要论述，对"怎样是好干部""怎样成长为好干部"作出了深刻阐述，从"信念坚定、为民服务、勤政务实、敢于担当、清正廉洁"的好干部标准到"严以修身、严以用权、严以律己，谋事要实、创业要实、做人要实"的"三严三实"要求，从"心中有党、心中有民、心中有责、心中有戒"的"四有"要求到"铁一般信仰、铁一般信念、铁一般纪律、铁一般担当"的"四铁"标准，这些要求归结起来就是"忠诚干净担当"。这些论述，体现了新时代党的组织路线的内在要求，对于我们深刻把握新时代干部工作规律，进一步加强干部队伍建设具有重要指导意义。

（一）忠诚干净担当是党员干部的核心素养

"为政之要，莫先于用人。"政治路线确定之后，干部就是决定的因素。党员干部素养是多方面的，贯穿其中最重要的就是忠诚干净担当，这是党员干部的核心素养。

对党忠诚是为政之魂。忠诚，就是对党忠诚，对党的理论和路线方针政策忠诚，始终在政治立场、政治方向、政治原则、政

治道路上同党中央保持高度一致，保持了忠诚，关键时刻才能靠得住。要始终忠诚于党的思想理论，坚持以马克思主义为指导，不断推进马克思主义中国化时代化大众化，用党的创新理论武装头脑、指导实践、推动工作。要始终忠诚于党的使命和事业，以永不懈怠的精神状态和一往无前的奋斗姿态，为实现中华民族伟大复兴的目标而奋斗。要始终忠诚于党的组织和核心，自觉增强党的意识和组织观念，坚持做到**思想上认同组织、政治上依靠组织、工作上服从组织、感情上信赖组织。**

个人干净是立身之本。干净，就是清正廉洁、一尘不染，敬畏权力、管好权力、慎用权力，做到自重自省自警自励、慎独慎微慎始慎终，做到了干净，才能赢得群众认可，是党员干部从政的起码要求，是必须坚守的硬杠杠、不可触碰的高压线。要秉公用权、依法用权、廉洁用权、谨慎用权，把党和人民赋予的权力用来为民造福、为党分忧，严格执行党员干部廉洁从政各项规定，始终不放纵、不越轨、不逾矩。要严格自律，时刻筑牢思想道德防线，坚持从小事小节上加强修养，从一点一滴中完善自己，严以修身、正心明道，自觉守法守纪守德，自觉克服侥幸心理。要净化生活圈，倡导高尚正派、健康文明的生活方式，做到慎言、慎行、慎独、慎微，切实管住嘴、管住手、管住脚、管好身边人，守住党和人民交给自己的政治责任，守住自己的政治生命线，守住正确的人生价值。

敢于担当是成事之要。担当，就是坚持原则、恪尽职守。这是党员干部必须具备的基本素质，是党员干部的职责所系、使命所在。要敢于担当，为了党和人民的事业要敢想、敢做、敢当，**面对大是**

大非敢于亮剑，面对矛盾敢于迎难而上，面对危机敢于挺身而出，面对失误敢于承担责任，面对歪风邪气敢于坚决斗争。要善于担当，对改革发展中的矛盾难题要有清醒认识、解决办法，创造出经得起实践、人民和历史检验的业绩。要乐于担当，认真履职尽责，以踏石留印、抓铁有痕的劲头干工作，用心用情用力做好工作。

（二）必须突出政治素质锻造，抓好思想教育这个根本

党的干部是党和国家事业的中坚力量，忠诚干净担当是党员干部的核心素养，是马克思主义执政党所担负历史使命的特殊性对党员干部提出的基本要求。提升这一核心素养，必须突出政治素质锻造，抓好思想教育这个根本。党的二十大报告提出："坚持把政治标准放在首位，做深做实干部政治素质考察，突出把好政治关、廉洁关。"①要突出以德为先，把好选人用人政治关。要提拔重用牢固树立"四个意识"和"四个自信"，坚决维护习近平总书记党中央的核心、全党的核心地位，坚决维护党中央权威和集中统一领导，全面贯彻执行党的理论和路线方针政策，积极贯彻落实党中央重大决策部署的忠诚干净担当的干部。要在选任干部上坚持把严政治标准，把目光聚焦到政治站位高、定力强、敢担当、有能力、能自律的干部身上。

要突出事业为上，卡严选人用人新标尺。建立以德为先、任人唯贤、

---

① 习近平：《高举中国特色社会主义伟大旗帜 为全面建设社会主义现代化国家而团结奋斗——在中国共产党第二十次全国代表大会上的报告》，人民出版社 2022 年版，第 66 页。

人事相宜的选拔任用体系，真正把好干部标准落到实处。更加重视以事择人，改进完善干部专业素养考查评价办法，不仅看干部干过什么、分管过什么，更要看干成了哪些事、干得怎么样，坚决不让那些滥竽充数的"南郭先生"、中看不中用的"绣花枕头"混迹于干部队伍之中。

要突出日常思想政治教育管理，打造长管长严新机制。深入研究新时代干部管理工作特点和规律，建立管思想、管作风、管纪律的从严管理体系，促使干部改进作风、担当责任。要加强全方位管理，坚持关口前移，抓早抓小抓预防，对苗头性、倾向性问题及时提醒函询诫勉。

（三）必须坚持正向激励主基调

着力培养忠诚干净担当的高素质干部，需要坚持正向激励主基调，立足事业需要，回应群众呼声，顺应干部期待，营造有利于党员干部忠诚干净担当的良好政治生态。

抓住"关键少数"，激发"头雁效应"。各级领导干部特别是高级干部要坚持打铁必须自身硬，发挥好示范表率作用，形成"头雁效应"，当好政治生态"护林员"。要强化责任担当，认真履行管党治党责任，对党和人民高度负责，对本地区本单位的政治生态负责，对干部的健康成长负责。要坚持以上率下，要清醒认识自己岗位的特殊重要性，切实增强自律意识、标杆意识、表率意识，以身作则、率先垂范。要始终严格自律，要自觉同特权思想和特权现象作斗争，始终保持对权力的敬畏，在选人用人上把

好方向、守住原则，坚持党管干部原则，落实好干部标准，坚决
防止用人上的不正之风，要正确对待、主动接受监督，习惯在受
监督和约束的环境中工作生活。

充分发挥考核评价的激励作用。突出对党中央决策部署贯彻
执行情况的考核，改进年度考核，推进平时考核，构建完整的干
部考核工作制度体系。完善政绩考核，引导干部牢固树立正确政
绩观，防止不切实际定目标，切实解决表态多调门高、行动少落
实差等突出问题，力戒形式主义、官僚主义。强化考核结果分析
运用，将其作为干部选拔任用、评先奖优、问责追责的重要依据，
使政治坚定、奋发有为的干部得到褒奖和鼓励，使慢作为、不作为、
乱作为的干部受到警醒和惩戒。

营造干部干事创业的宽松氛围。要牢固树立鼓励改革创新的
鲜明导向，鼓励创新、允许试错、宽容失败。在总体上，按照习
近平总书记提出的"三个区分开来"的要求来把握，在具体工作中，
要妥善把握事业为上、实事求是、依纪依法、容纠并举等"四个
原则"，结合动机态度、客观条件、程序方法、性质程度、后果
影响以及挽回损失等"六个要件"，对干部的失误错误进行综合
分析，对该容的大胆容错，不该容的坚决不容。对给予容错的干部，
考核考察要客观评价，选拔任用要公正合理。

满怀热情地关心关爱干部。要坚持严格管理和关心信任相统
一，政治上激励、工作上支持、待遇上保障、心理上关怀，增强
干部的荣誉感、归属感、获得感。健全干部待遇激励保障制度体系，
推进公务员职务与职级并行制度，关注心理健康，丰富文体生活，

保证正常福利，保障合法权益。要给基层干部特别是工作在困难艰苦地区的干部更多理解和支持，主动排忧解难，让他们安心、安身、安业，更好履职尽责、干事创业。

四、发挥党支部主体作用

一名党员就是一面旗帜，一个支部就是一座堡垒。党支部是我们党最基本的组织，是党全部工作和战斗力的基础。党支部和党员队伍的建设状况如何，直接关系到党和国家事业的发展。习近平总书记指出："坚持大抓基层的鲜明导向，抓党建促乡村振兴，加强城市社区党建工作，推进以党建引领基层治理，持续整顿软弱涣散基层党组织，把基层党组织建设成为有效实现党的领导的坚强战斗堡垒。"[①]这就为加强党的基层组织建设，提高党的组织动员力指明了方向，提供了根本遵循。

（一）健全党员教育管理监督工作组织体系

要着力扩大组织覆盖，不断健全基层党支部组织体系。一是优

---

① 习近平：《高举中国特色社会主义伟大旗帜 为全面建设社会主义现代化国家而团结奋斗——在中国共产党第二十次全国代表大会上的报告》，人民出版社2022年版，第67页。

化组织设置。对党员人数过多或分布过散、不便于党员参加组织生活、不利于加强党员日常教育管理的，可采取重新划分支部、改建党总支（党委）等方式，及时调整党组织设置。加大各领域基层党组织组建力度，在以地域、单位为主设置党组织的基础上，创新组建方式，理顺隶属关系，确保应建必建、全面覆盖。在重点区域、相对薄弱领域开展党组织集中组建行动，探索流动党员党支部的有效设置形式，探索按照产业链条、行业系统或党员兴趣爱好、工作性质等设立拓展型党支部，确保做到哪里有党员哪里就有党的组织、哪里有党组织哪里就有健全的组织生活和党员作用的充分发挥。二是建强支部班子。按照有理想、讲奉献、有本领、敢担当的要求，配齐配强党支部班子特别是书记。加大从机关企事业单位选派优秀党员干部到党组织软弱涣散村、贫困村担任第一书记力度。按照分级负责原则组织教育培训，提高党支部班子成员思想政治素质和工作能力水平。探索完善激励保障的有效办法，充分调动党支部书记及班子成员的工作积极性。三是严格按期换届。党章明确规定："党的基层委员会、总支部委员会、支部委员会每届任期三年至五年。"[①]落实党的支部委员会任期制，健全党支部按期换届提醒督促机制，对任期即将届满的党支部，上级党组织应提前发函提醒并督促做好换届工作。坚持民主集中制，从严规范换届选举工作，确保做到选举程序到位、换届纪律严明、党员民主权利得到充分保障。

---

① 《中国共产党章程》，人民出版社2022年版，第44页。

（二）增强党内政治生活的政治性、时代性、原则性和战斗性

习近平总书记指出："党内生活松一寸，党员队伍就散一尺。党员、干部只有在严格的党内生活中反复锻炼，才能坚强党性、百炼成钢。"①要坚持落实从严要求，创新丰富形式，激发内生动力，着力解决组织生活不经常、不认真、不严肃和表面化、形式化、娱乐化、庸俗化的问题。一是严肃组织生活基本制度。坚持和完善"三会一课"、民主评议党员、组织生活会、谈心谈话、批评和自我批评、请示报告、支部主题党日、党员领导干部定期到支部讲党课和参加双重组织生活等基本制度，用好批评与自我批评这个有力武器，引导党员开展积极健康的思想斗争，使组织生活成为政治学习的阵地、思想交流的平台、党性锻炼的熔炉。二是严格组织生活基本流程。研究制定党支部组织生活基本流程规范，明确必要环节，以庄重的环境、肃穆的氛围、虔诚的态度和适宜的仪表、言谈、举止等，增强组织生活的仪式感和庄重感，使坦诚相见、动真碰硬、红脸出汗成为常态，确保党内政治生活不虚不空不偏、不走过场。三是推进组织生活方式创新。充分利用"互联网＋"手段，通过创建党支部微信群和 QQ 群、研发手机 APP 管理工具等打造"指尖上的组织生活"，让党员随时随地随身接受教育管理。根据不同领域党支部和不同群体党员特点，积极探索采取开放式、体验式、互动式活动方式，组织党员到农村、社

---

① 习近平：《在党的群众路线教育实践活动第一批总结暨第二批部署会议上的讲话》，中国共产党新闻网，2014 年 1 月 20 日。

区、企业等生产一线，到革命先烈故居、红色遗址等开展现场体验式教育，增强支部组织生活的感染力、吸引力。四是唤醒和培养党员主体意识。对党员进行严格遵守党的组织生活制度的教育，使制度治党的过程成为思想建党的过程，使广大党员懂得严格党的组织生活的重要意义，认识积极参加组织生活、接受党组织教育管理监督是对党员的基本要求，切实提高他们参加组织生活的自觉性，做到积极主动、认真对待。

（三）实现党员思想教育、管理监督和关怀帮扶有机结合

要着力构建完整明晰、有机衔接的党员教育管理工作链条，既注重引导党员自觉加强党性修养、接受管理监督、履行党员义务，又注重加强对党员的激励关怀帮扶，激发他们增强光荣感和责任感，保持先进性的内在动力，促使广大党员充分发挥先锋模范作用。一是加强精准指导。在进一步严格标准、完善规定、统一要求的基础上，上级党组织要对不同地区、不同行业、不同部门、不同单位党支部做好分类指导，引导党支部针对党员个体特点细化教育管理内容和方式，实现精准施策、突出特色、讲求实效。二是突出精细管理。抓实学习培训、发展党员、日常管理等重点环节，严格执行党员轮训制度，推进党员远程教育全域覆盖工程；认真落实发展党员工作细则，稳妥推进处置不合格党员，严把"入口关"，畅通"出口关"；规范和完善党员组织关系管理、党费收缴使用等工作，健全党员组织关系经常性排查机制，建好用好党

员管理信息系统，从严从细提高党员管理工作水平。三是搭建实践载体。针对不同领域不同行业的实际，积极推行设岗定责、承诺践诺、在职党员到社区报到服务群众、开展劳动竞赛、成立党员突击队及攻关组等有效做法，组织党员佩戴党徽、摆放工作牌、悬挂党员户标牌、发放党员服务卡等，引导党员立足岗位做贡献、攻坚克难当先锋。四是强化激励关怀。通过开展走访慰问、结对帮扶、党员"政治生日"等活动，重点帮助老党员、生活困难党员解决生活困难、思想难题，帮助年轻党员自强自立、创新创业，为广大党员提供多元化、个性化服务，努力形成党员平时有人访、惑时有人解、难时有人帮的常态化帮扶机制。

（四）建好用好管好党员教育管理工作综合平台

要根据党支部功能定位、党员分布、服务需求等情况，加强阵地建设统筹规划，科学安排布局，优化功能配置，着力解决党支部活动阵地缺乏、功能单一、管理不善等问题，真正把阵地打造成为党员活动中心、教育培训中心、支部议事中心和服务群众中心。一是加强基础设施建设。按照因地制宜、分类指导的原则，有计划有重点地推进党支部活动阵地建设。对已有相对集中且设施条件符合需求的，重点推进提质增效，发挥综合效用；对已有面积明显不足、功能设施不健全或分散闲置的，通过整合利用、改扩建、转变用途等方式加以改造利用；对设施匮乏、功能短缺、不能满足需求的，加大投入建设力度。鼓励各地依托现有的教育场馆和红色资源，创建一批具有一定规模、功能分区合理、基础设施齐全、管理严格规范的党员教育示范基地。二是探索共建共用机制。采取共建、联建等多种方式，加强党组织活动阵地与工会、共青团等活动阵地的整合，做到阵地共建、资源共享、活动共办，提高活动阵地利用率，实现场所资源效用最大化。鼓励企事业单位、机关和街道社区、乡镇村党组织活动场所向"两新"组织开放。三是拓展网上活动阵地。推动网上支部建设，大力推广"互联网＋党建""智慧党建"等做法，推动线下实体阵地与线上虚拟阵地建设相结合，力求每个支部都有一个集党员学习交流、开展活动和服务群众于一体的党建信息化平台。四是严格落实管理措施。严格规范阵地日常管理制度，明确专人专责，做到门常开、人常在、活动常有，使阵地成为党员活动的家园、党员教育的学校和服务群众的载体。

（五）健全党员教育管理工作运行机制

要以改革创新精神补齐制度短板，健全完善工作机制，强化制度执行力，做到责任明晰、运转有序、保障到位。一是明晰党支部抓党员教育管理监督职能职责。党章规定了基层党组织对党员进行教育、管理、监督和服务的基本职能，但对党支部的职能职责没有具体明晰。《中国共产党党员教育管理监督工作条例》等党内法规制度，进一步明确和细化党支部教育管理监督党员的具体职责，压紧压实抓党员教育管理监督的工作责任。同时，强化党支部在人力、物力、时间上的支配权，增强党支部抓党员教育管理监督的主动性、创造性和权威性。二是健全党员教育管理监督制度体系。围绕思想政治教育、日常管理监督、激励关怀服务、充分发挥作用等方面，健全落实"三会一课"纪实管理、党员积分管理、党内关怀帮扶、支部主题党日、党支部书记"双述双评"等制度，形成科学完善的制度体系，发挥制度的整体效应，使党员教育管理各项工作有章可循、有据可依。三是健全党员教育管理监督经费保障机制。建立党支部工作经费列入各级财政预算和专款专用制度，通过转移支付、党费返还、社会赞助等多种渠道，保证党支部开展活动和党员教育管理经费及时足额到位。参照纪检、信访、维稳、扶贫、安全生产等工作，建立基层党务干部岗位津补贴制度，提高基层党务工作人员积极性。四是健全完善工作考核问责办法。把抓党员教育管理监督、推进"两学一做"学习教育常态化制度化等情况纳入党支部书记"双述双评"的重要内容，作为党务工作者评先评优和推荐任用的重要依据；把参加教育培训、执行制度规定、日常发挥作用等情况纳入党员积分管理的重要方面，作为民主评议党员的重要指标。上级党组织要加强督促检查，对责任落实不力、制度执行不到位的要严格追责问责，努力形成良好氛围和正确导向。

"一百年来，中国共产党团结带领中国人民，以'为有牺牲多壮志，敢教日月换新天'的大无畏气概，书写了中华民族几千年历史上最恢宏的史诗。"[①]中国共产党之所以能够取得这样的成

---

① 习近平：《在庆祝中国共产党成立100周年大会上的讲话》，《人民日报》2021年7月2日。

就，一个很重要的原因就是我们党有强大的组织体系、得力的干部队伍、严密的组织纪律，从而产生出巨大的号召力、凝聚力、执行力。在全面建设社会主义现代化国家新征程中，我们要持续加强党的组织建设，以严密的组织体系、强大的组织功能、独特的组织优势、磅礴的组织力量，以强大的组织动员力助推世界上最强大的政党的建成，团结带领中国人民再谱盛世华章。

第五章

建设最强大政党必须增强制度保障力

在庆祝新中国成立 70 周年国庆群众游行队伍中，以鲜红的巨大党章模型为主体的"从严治党"方阵格外引人注目。主题彩车上，从前至后依次陈列巡视工作条例、问责条例、党内监督条例、廉洁自律准则、党纪处分条例等五部党内法规模型，浓缩展现了党的十八大以来党内法规制度建设的成果。"经国序民，正其制度。"党的十八大以来，以习近平同志为核心的党中央高度重视制度治党、依规治党，已经"形成比较完善的党内法规体系，推动全党坚定理想信念、严密组织体系、严密纪律规矩，"①并放在党和国家事业全局中、放在党的长期执政中来谋划和部署，已然成为"中

---

① 习近平：《高举中国特色社会主义伟大旗帜 为全面建设社会主义现代化国家而团结奋斗——在中国共产党第二十次全国代表大会上的报告》，人民出版社 2022 年版，第 13 页。

国之治"的独特密码。

一、制度建设：党笃定前行的重要保障

2013 年 7 月 11 日下午，习近平总书记在河北省调研指导党的群众路线教育实践活动时来到西柏坡，参观了西柏坡纪念馆、毛泽东旧居、中央军委作战室、七届二中全会旧址。西柏坡纪念馆内，一块展板让习近平总书记久久驻足，上面写着："根据毛泽东的提议，全会作出六条规定：一、不做寿；二、不送礼；三、少敬酒；四、少拍掌；五、不以人名作地名；六、不要把中国同志同马恩列斯平列。"这是中国共产党"进京赶考"前定下的规矩。伫立展板前，习近平总书记一一对照着说："不做寿，这条做到了；不送礼，这个还有问题，所以反'四风'要解决这个问题；少敬酒，现在公款吃喝得到遏制，关键是要坚持下去；少拍掌，我们也提倡；不以人名命名地名，这一条坚持下来了；第六条，我们党对此有清醒的认识……"①纵观我们党百年历史，重视并不断加强党的制度建设，不仅是我们党的历史经验和优良传统，也是规范党的组织活动、指引党员前进的基本遵循，更是确保我们党笃定前行的重要保障。

---

① 《党面临的"赶考"远未结束——习近平总书记再访西柏坡侧记》，《人民日报》2013 年 7 月 14 日。

（一）加强制度建设是马克思主义政党的优良传统

　　马克思、恩格斯在领导无产阶级革命、创建无产阶级政党过程中，非常重视党内监督和纪律问题。1859 年 5 月 18 日，马克思在写给恩格斯的信中鲜明指出："我们现在必须绝对保持党的纪律，否则将一事无成。"①恩格斯进而提出，在革命斗争中无产阶级"胜利的首要条件是严格遵守法律"②，并在 1872 年 1 月深刻揭露巴枯宁宗派分裂主义否认党的纪律的目的和实质时强调："没有任何党的纪律，没有任何力量在一点的集中，没有任何斗争的武器！那么未来社会的原型会变成什么呢？"③列宁也指出，布尔什维克成功的基本条件是严明纪律，"要使无产阶级能够正确地、有效地、胜利地发挥自己的组织作用（而这正是它的主要作用），无产阶级政党的内部就必须实行极严格的集中和极严格的纪律。"④革命领袖在与无产阶级政党内部各种错误思潮和错误观点进行激烈的斗争中，推动了党内纪律思想不断发展并走向成熟，把党锻造为具有铁一般纪律的坚强组织。

　　法规制度带有根本性、全局性、稳定性、长期性，建立和执行党的规矩、制度，能够有力推动党的作风和纪律建设，是加强党的纪律建设的重要保障。为此，1847 年，马克思、恩格斯在世界上第一个无产阶级政党——共产主义者同盟组建时，就指导制定

---

　　①　《马克思恩格斯全集》（第 29 卷），人民出版社 2016 年版，第 413 页。
　　②　《马克思恩格斯全集》（第 36 卷），人民出版社 2016 年版，第 540 页。
　　③　《马克思恩格斯全集》（第 17 卷），人民出版社 2016 年版，第 519 页。
　　④　《列宁选集》（第 4 卷），人民出版社 2004 年版，第 154 页。

了第一部无产阶级政党章程——《共产主义同盟章程》，确立了党的代表大会制度、党的民主制度、党的集中报告制度等基本组织制度，开创了马克思主义政党组织制度的先河。列宁继承并发扬了马克思、恩格斯的政党建设思想，针对普列汉诺夫等人宣称不受党的限制，并在自由派报刊上发表违反党纲的言论时严厉指出："确定党的观点和反党观点的界限的，是党纲，是党的策略决议和党章，最后是国际社会民主党，各国的无产阶级自愿联盟的全部经验。"①1847 年，列宁还首次提出了"民主集中制"理论，这一组织制度和组织原则为马克思主义政党加强自身建设，强化依规管党治党奠定了思想基础和实践借鉴。

中国共产党是在马克思主义指导下建立起来的政党，从创建之日起就深受马克思主义建党学说的影响，继承了马克思主义政党管党治党优良传统，在成立之时就非常重视从党内规章制度层面加强自身建设，并在随后的建设发展中始终把党的制度建设贯穿始终，不断沉淀、完善和发展，积累了深刻的经验启示。

（二）加强制度建设是我们党成长壮大的基本经验

回顾党的建设历史，我们党始终重视加强党的制度建设。早在党的一大就有了制度建设的内容，《中国共产党第一个纲领》作为我党历史上第一部规范性文本，明确了党员条件、接受新党

_____

① 《马克思主义经典著作选读》，人民出版社 1999 年版，第 341 页。

员程序、党的组织规范、党内纪律等，开启了我们党制度建党的历史进程。党的二大制定了《中国共产党章程》，形成了比较完备的党内管理规范体系。党的三大首次规定了"新党员的候补期的制度"和"自请出党"规定，从党的制度设计层面确保了党的纯洁性。党的六大通过的《组织问题决议案》和修订的《中国共产党章程》，对党的组织活动和组织原则进一步规范化、具体化。

毛泽东同志在领导中国革命的伟大实践中，更是重视从制度上建党，在井冈山斗争时期就强调纠正非组织观点，起草的堪称制度建设范本的《古田会议决议》，确立了"思想建党""政治建军""党对军队的绝对领导"等重要原则，不但奠定了人民军队政治工作的基础，也为我们党依规而治奠定了实践基础。1938年，毛泽东在党的六届六中全会上作报告时提出，为使党内关系走上正轨，"须制定一种较详细的党内法规，以统一各级领导机关的行动"①。这是我们党第一次使用"党内法规"的概念。1945年，刘少奇指出："党章，党的法规，不仅是要规定党的基本原则，而且要根据这些原则规定党的组织之实际行动的方法，规定党的组织形式与党的内部生活的规则。"②为此，党的七大修订的党章创造性地增加了总纲，第一次明确阐明了群众路线等内容，进一步巩固了依规治党的群众基础。

但是，由于受革命党思维定式和"苏联模式"的影响，党的制度建设也经历了曲折的发展过程。虽然有过曲折，实践也不够成熟，

① 《毛泽东选集》（第2卷），人民出版社1991年版，第528页。
② 《刘少奇选集》（上卷），人民出版社1981年版，第316页。

但制度的重要性已得到全党的理解和认同，探索制度建党的道路已经通开，认识的层层深化、实践的步步深入，在党的十一届三中全会以后全然呈现。1980 年 8 月 18 日，邓小平同志在题为《党和国家领导体制的改革》的重要讲话中，对这一问题进行了深刻阐述，指出"我们过去发生的各种错误，固然与某些领导人的思想、作风有关，但是组织制度、工作制度方面的问题更重要"，这些"制度问题更带有根本性、全局性、稳定性和长期性。这种制度问题，关系到党和国家是否改变颜色，必须引起全党的高度重视"[1]。

改革开放以后，我们党积极稳妥地推进政治体制改革，以改革创新精神加强制度建设，取得了显著进展。党的十二大制定了新的党章，明确提出了党必须在宪法和法律范围内活动的原则。党的十三大首次提出党的自身建设必须改革的思想，明确要求党的建设要走出一条靠改革和制度建设的新路子，制度建设的理论和实践取得突破性进展。1990 年制定的《中国共产党党内法规制定程序暂行条例》首次定义了党内法规概念，这既是对我们党自身建设的理性思考，也是对我们党如何治国理政的经验总结，使得党内法规的规范性功能更加凸显，进而为依规治党提供了制度依据。随后，党的十四大以发扬党内民主、切实保障各级党组织和党员的民主权利为切入点，要求加强制度建设。党的十五大确立了依法治国的基本方略，"中国共产党的执政方式随之发生'历史性跨越'"。党的十六大把制度建设与党的思想建设、组织建设、

---

[1] 《邓小平文选》（第 2 卷），人民出版社 1994 年版，第 333 页。

作风建设并列起来，纳入党的建设总体布局，成为党的建设新的伟大工程的重要组成部分。党的十七大把健全民主集中制作为制度建设的重点，提出以改革创新精神全面推进党的建设新的伟大工程。党的十七届四中全会进一步扩展制度建设的范围与层次，提出建立以党章为根本、以民主集中制为核心的制度体系，推进党的建设科学化、制度化、规范化。

这些宝贵的思想及其指导下的一系列改革实践，无疑是对党的建设规律认识的不断深化，为党的事业的不断发展和兴旺提供有力的推动和保证。历史经验充分说明，制度建设是党的建设不可或缺的一个重要方面。我们什么时候重视党的制度建设，党的状况就比较好，党就能健康地向前发展，否则，党的肌体就要遭受损害，党就不能向前发展。

（三）加强制度建设是新时代加强党的建设的重要支撑

随着中国特色社会主义进入新时代，中华民族正处于国际国内两个大局之中，我们既要时刻面临着新情况、新矛盾、新问题的挑战，也要经受住"四大考验"、化解好"四大危险"。如何能够在危机中育新机，于变局中开新局？习近平总书记深刻指出："我们党作为世界第一大党，没有什么外力能够打倒我们，能够打倒我们的只有我们自己。"[1]办好中国的事情，关键在党，关键

---

① 习近平：《牢记初心使命，推进自我革命》，《求是》2019年第15期。

在坚持党要管党、全面从严治党。要把新时代坚持和发展中国特色社会主义这场伟大社会革命进行好，我们党必须勇于进行自我革命，把党建设得更加坚强有力。

"凡将立国，制度不可不察也。"面对新形势新任务新要求，以习近平同志为核心的党中央把加强党内法规制度建设作为全面从严治党的长远之策、根本之策，作为坚持和完善中国特色社会主义制度、推进国家治理体系和治理能力现代化的重要内容，作出一系列重大决策部署。2012 年 11 月，习近平总书记在十八届中央政治局第一次集体学习时指出，"要坚持以实践基础上的理论创新推动制度创新，坚持和完善现有制度，从实际出发，及时制定一些新的制度，构建系统完备、科学规范、运行有效的制度体系，使各方面制度更加成熟更加定型"，明确提出了制度建设的目标任务。2013 年 11 月，党的十八届三中全会提出，要紧紧围绕提高科学执政、民主执政、依法执政水平深化党的建设制度改革。2014 年 10 月，党的十八届四中全会把形成完善的党内法规体系确立为全面推进依法治国总目标的重要内容，对加强党内法规制度建设作出重要部署。2015 年 10 月，党的十八届五中全会提出，"运用法治思维和法治方式推动发展，全面提高党依据宪法法律治国理政、依据党内法规管党治党的能力和水平"①，把依规治党和依法治国相提并论，作为车之两轮、鸟之两翼，把依规治党提高到了前所未有的高度。2016 年 12 月，召开党的历史上第一次

---

① 《中国共产党第十八届中央委员会第五次全体会议公报》，《人民日报》2015 年 10 月 30 日。

全国党内法规工作会议，深入贯彻落实党中央决策部署和习近平总书记关于党内法规制度建设重要指示精神。2017 年 10 月，党的十九大提出，增强依法执政本领，加快形成覆盖党的领导和党的建设各方面的党内法规制度体系。2019 年 10 月，党的十九届四中全会强调，要健全总览全局、协调各方的党的领导制度体系，加快形成完善的党内法规体系。2020 年 11 月，中央全面依法治国工作会议强调，坚持党对全面依法治国的领导，健全党领导全面依法治国的制度和工作机制，建设中国特色社会主义法治体系，形成完善的党内法规体系。2022 年 10 月，党的二十大指出："要坚持和加强党中央集中统一领导，健全总览全局、协调各方的党的领导制度体系，完善党中央重大决策部署落实机制""完善党的自我革命制度规范体系"[①]。同时，习近平总书记围绕制度治党、依规治党作出一系列重要论述，强调要坚持正确政治方向，坚持以党章为根本遵循，确保全党坚定维护党中央权威和集中统一领导；要扭住提高党内法规制定质量这个关键，该补的基础主干法规要补上；要把制度规范体系凸显出来，抓紧构建系统完备、科学规范、运行有效的制度体系；要把执行体系凸显出来，各级党组织和党员领导干部要把执规责任扛起来，不能只重制定不重执行；要坚持依法治国和依规治党有机统一，充分发挥两者的互补性作用，等等。这科学回答了党内法规制度建设"是什么""为

---

① 习近平：《高举中国特色社会主义伟大旗帜 为全面建设社会主义现代化国家而团结奋斗——在中国共产党第二十次全国代表大会上的报告》，人民出版社 2022 年版，第 64—65 页。

什么""怎么干"等一系列重大问题。

这些管党治党的新思想、新举措,立足实际、着眼长远,环环相扣、梯次推进,推进力度之大、建章立制之多、执规执纪之严、社会反响之好,在中国共产党制度建设史上前所未有,增强了全面从严治党的系统性、协调性、针对性,编织起依规管党治党"笼子",彰显了党中央对加强党内法规制度建设的高度重视,对党的建设规律的深刻洞见,对全面推进制度治党、依规治党的坚定决心,谱写了新时代党内法规制度建设的大美乐章。

二、统一思想认识,培育党纪信仰

没有规矩,不成方圆。没有纪律,不成政党。1920 年 9 月 16 日,为寻求救国真理而远赴法国勤工俭学的蔡和森写信给毛泽东,首次提出"党的纪律为铁的纪律""必如此才能养成少数极觉悟极有组织的分子,适应战争时代及担负偌大的改造事业"①。1942 年,延安整风进入关键时期,毛泽东同志特别强调,孙行者头上套的箍是金的,共产党的纪律是铁的,比孙行者的金箍还厉害。习近平总书记在谈到苏联解体时曾说过,苏联共产党作为一个有着 90 多年历史、连续执政 70 多年的大党老党轰然倒塌,其中一个很重

---

① 雁柏:《蔡和森:党的纪律为铁的纪律》,《中国纪检监察》2015 年第 22 期。

要的原因就是政治纪律被动摇了。党的纪律是党的生命线。严格的纪律性是保持党的创造力、凝聚力、战斗力的重要保障。因此，严守党的纪律、党的规矩是全面从严治党的第一要求，是各级党组织的首要职责，是每一名党员干部的责任义务，必须始终挺在前面，作为终身信仰。

（一）加强纪律建设，培育党纪信仰

2021年，全国纪检监察机关共接收信访举报386.2万件次，处置问题线索182.6万件，谈话函询34.4万件次，立案63.1万件，处分62.7万人（其中党纪处分52.4万人）。这组数据表明，党的纪律建设仍然任重道远。作为世界上最大的执政党，党要管党、全面从严治党，靠什么管，凭什么治？必须靠严明的纪律和规矩。纪律不严，全面从严治党就无从谈起。

纪律严明确保全党统一意志、统一行动、步调一致。毛泽东同志说过，我们党是"一个有纪律的，有马克思列宁主义的理论武装的，采取自我批评方法的，联系人民群众的党"①。习近平总书记指出："我们党是靠革命理想和铁的纪律组织起来的马克思主义政党，纪律严明是党的光荣传统和独特优势。"②我们党依靠自创立以来就形成的严明纪律和良好规矩管党治党，成就了中国共产党人的优秀传统和作风，维护了党的团结统一，从而团结带领中国人民，先后

① 《毛泽东选集》（第4卷），人民出版社1991年版，第1480页。
② 《习近平谈治国理政》，外文出版社2014年版，第386页。

创造了新民主主义革命、社会主义革命和建设、改革开放和社会主义现代化建设、新时代中国特色社会主义的伟大成就。

严明纪律保障我们的伟大事业取得伟大成就。如果不严明党的纪律，党的凝聚力和战斗力就会大大削弱，党的领导能力和执政能力就会大大削弱。我们党在一定时期出现了党的组织、纪律涣散，党内腐败、脱离群众的严重现象，就对党和国家事业造成了一定程度的损害。党的十八大以来，我们党着力增强党中央权威和集中统一领导，强调政治纪律和政治规矩，坚持纪严于法、纪在法前，严在日常，把纪律和规矩挺在前面，不断完善纪律规定，以巨大的政治勇气和强烈的责任担当，着力解决人民群众反映强烈的突出矛盾和问题，重拳出击、铁腕治党，形成了风清气正的良好政治生态。人民群众对党风廉政建设和反腐败工作越来越满意，对党中央的信心、信任和信赖越来越强，焕发出了巨大的投身社会主义现代化建设的政治热情，使得党和国家各项事业产生深层次、根本性历史变革，取得全方位、开创性历史成就。

中国特色社会主义进入了新时代，党面临的形势更加复杂，肩负的任务更加艰巨。习近平总书记指出："党面临的形势越复杂、肩负的任务越艰巨，就越要加强纪律建设，越要维护党的团结统一，确保全党统一意志、统一行动、步调一致前进。"①党要有新气象新作为，就必须靠严明的纪律作保证，把纪律建设摆在更加突出

---

① 《习近平在十八届中央纪委二次全会上发表重要讲话强调　更加科学有效地防治腐败　坚定不移把反腐倡廉建设引向深入》，《人民日报》2013年1月23日。

的位置，把纪律挺在前面，坚持严字当头、一严到底，用铁的纪律管党治党，把纪律的螺丝扣拧得紧而又紧。

（二）严守党的纪律，培育党纪信仰

1981年2月28日，《人民日报》刊发了时任中纪委常务书记黄克诚的一篇文章《关于党风问题》，文中讲了这样一件事："抗战时期，毛主席就用个电台指挥工作，'嘀嗒、嘀嗒'就是毛主席和党中央的声音，全党全军同志都无条件地执行。没有什么人怀疑或质疑，大家都自觉地执行延安的'嘀嗒、嘀嗒'。"从"嘀嗒、嘀嗒"这个细节中可以看出两点：一是老一辈革命家带头守规矩、守纪律的风范，凡事"冲锋在前，退却在后""吃苦在前，享受在后"；二是体现出我们党讲政治、讲规矩的优良传统，对于党中央的命令绝对服从，不打折扣。可以说，严守党的纪律是党员干部保持党性纯洁的基本要求。

党的纪律是党的各级组织和全体党员必须遵循的行为准则。党的纪律要求主要体现在《中国共产党章程》（简称"党章"）、《关于新形势下党内政治生活的若干准则》《中国共产党廉洁自律准则》《中国共产党纪律处分条例》和其他法规、文件，以及党在长期实践形成的未明文列入纪律的优良传统和工作惯例中。其中，最根本、最核心的是党章，具有最高的地位和最高的效力，是总章程、总规矩；《中国共产党廉洁自律准则》重在立德，是规范全党廉洁自律工作的重要基础性法规，是为党员和党员领导干部树立的看得见、够得着的高标准,体现了共产党人高尚的道德追求;《中国共产党纪律处分条例》重在立规,是为党组织和党员在纪律方面开列的"负面清单"、画出的不可触碰的底线。广大党员、干部都要以党章和《中国共产党廉洁自律准则》《中国共产党纪律处分条例》为"放大镜",审视自己的一言一行,始终把纪律和制度挺在前面,既要奔向高标准,以人格力量凝聚党心民心;又要守住底线,绝不越雷池一步,成为干净忠诚担当的合格党员。

严守党的纪律增强了做对党忠诚合格党员的自觉性。毛泽东同志在《整顿党的作风》一文中讲道:"任何犯错误的人,只要他不讳疾忌医,不固执错误,以至于达到不可救药的地步,而是老老实实,真正愿意医治,愿意改正,我们就要欢迎他,把他的毛病治好,使他变为一个好同志。"[1]这表明,党的纪律、党的统一,主要的也不是靠处罚来维持,而是依靠党在思想上、原则上的真正一致,依靠大多数党员的自觉性来维持。广大党员干部只有严守党的政治纪律和政治规矩,自觉地做严守政治纪律和政治规矩的示范者、带动者和推动者,才能自觉维护党的形象,更好承担起新时代共产党员的责任和使命。

严守纪律底线是保持党性纯粹的根本。反腐专题片《永远在路上》中苏荣、白恩培、吕锡文等案件当事人现身说法,深刻剖析和忏悔,对教育党员领导干部严守政治纪律和政治规矩,筑牢理想信念的根基具有深刻的警示作用。他们之所以会腐化堕落,

---

① 《毛泽东选集》(第3卷),人民出版社1991年版,第828页。

受到党纪国法的惩治，究其根本是因为丧失了理想信念和底线意识。党员干部要严格执行党的政治纪律、组织纪律、廉洁纪律、群众纪律、工作纪律和生活纪律，把纪律规矩作为"试金石"，时常检视自己，把守纪律讲规矩作为修身做人的基本遵循，常怀敬畏之心、常有自省之念，筑牢思想防线，恪守法纪底线，永葆党员的纯粹。

（三）把政治纪律和政治规矩放在首位，培育党纪信仰

我们党是马克思主义政党，讲政治是我党我军的光荣传统和最大优势。毛泽东同志说过，没有正确的政治观点，就等于没有灵魂。邓小平同志也强调，到什么时候都得讲政治。可以说，"守纪律、讲规矩"是对党员第一位的要求，一旦在这个方面出问题、犯迷糊，就不是一般的问题，而是大错误、大问题，对党的事业的损失就不是一星半点，而是大损害、大损失。对此，习近平总书记反复强调：要增强领导干部政治警觉性和政治鉴别力，各级干部特别是领导干部要善于从政治上看问题，站稳立场、把准方向，始终忠诚于党，始终牢记政治责任。[①]

党员干部必须站稳政治立场。军事博物馆陈列着一个"雪山忠魂"的雕塑，主人公是 1933 年入党的战士刘志海，红军长征时冻死在雪山上，临牺牲前他从雪堆里高举起一只手，紧握着党证

---

① 习近平：《在第十八届中央纪律检查委员会第六次全体会议上的讲话》，《人民日报》2016 年 5 月 3 日。

和一块银圆的党费，至死不忘履行党员义务，可见党在他心目中有比生命还崇高的位置。触摸历史，解读我们共产党人的"精神密码"，感受最深的就是先辈们对共产主义信仰的坚定不移。无数事实证明，党员干部只有信仰坚定，才能塑造高尚的灵魂、形成内心的强大、催生前进的动力、升华生命的价值，才能做到党中央提倡的坚决响应，党中央决定的坚决执行，党中央禁止的坚决不做，切实维护党中央的权威。

党员干部不能做政治上的"两面人"。清代李汝珍所著小说《镜花缘》里有一个"两面国"。在"两面国"中，人们都长着两张脸，前面是一张笑脸，慈眉善目，善良随和；脑后藏着一张恶脸，青面獠牙，凶狠阴险。一个人在"两面国"待久了，也就变成了"两面人"。作者用这种夸张讽刺的笔法描写"两面人"，让人看了之后不寒而栗。党的十八大以来，习近平总书记多次指出党内存在的"两面人"问题，并强调"这种口是心非的'两面人'，对党和人民事业危害很大，必须及时把他们辨别出来、清除出去"①。因此，我们必须加强教育，健全监督机制，严明法纪，从根源上杜绝"两面人"的滋生，使广大党员干部一心为民，全力为党。

党员干部要自觉维护党的团结统一。毛泽东同志在党的七大预备会议上有一段比喻：要知道，一个队伍经常是不大整齐的，所以就要常常喊看齐，向左看齐，向右看齐，向中间看齐，我们要向中央基准看齐，向大会基准看齐。看齐是原则，有偏差是实

---

① 习近平：《在第十八届中央纪律检查委员会第六次全体会议上的讲话》，《人民日报》2016 年 5 月 3 日。

际生活，有了偏差，就喊看齐。举凡历朝历代，"朋党兴，政事乱"。苏共垮台，一个重要原因就是政治纪律涣散、政治规矩失守、中央权威弱化。我们党的光辉历史进一步证明，只有党内部团结统一，革命及建设事业才能顺利展开，反之，党和人民的利益就会受到损害。党员干部要坚定立场、服从组织、担当责任，自觉向党中央看齐，与党中央保持高度一致，始终坚决维护党中央权威，坚决维护党的高度团结统一，坚决维护党的领导核心地位。

三、完善制度体系，保证有规可依

2019 年 8 月 30 日，习近平总书记主持召开中共中央政治局会议，会议两项重要议题迅即引起各方面高度关注：一个是决定 2019 年 10 月召开党的十九届四中全会；另一个就是通过《中国共产党党内法规制定条例》《中国共产党党内法规和规范性文件备案审查规定》《中国共产党党内法规执行责任制规定（试行）》。这三部党内法规公布后，引起了巨大的社会反响。广大专家学者表示，制定修订这三部党内法规，是我们党坚持全面从严治党、依规治党的实践成果、理论成果和制度成果，充分体现了我们党对党内法规制度建设规律性认识的深化，充分彰显了以习近平同志为核心的党中央对加强党内法规制度建设的高度重视。党的十八大以来，党中央坚持科学立规、民主立规与依法立规相结合，努力构建内容科学、程序严密、配套完备、有效管用的党内法规制度体系，为依规治党、从严治党提供了制度前提。

（一）立足整体功能，构建系统完备的党内法规

坚持制度治党、依规治党，必须解决有规可依问题，构建一套系统完备的党内法规制度体系。2021年7月1日，在庆祝中国共产党成立100周年大会上，习近平总书记庄严宣告，我们党"坚持依规治党、形成比较完善的党内法规体系"①。

2013年11月，党中央发布《中央党内法规制定工作五年规划纲要（2013—2017年）》，提出要在建党100周年时全面建成内容科学、程序严密、配套完备、运行有效的党内法规制度体系建设目标。这在我们党的历史上是第一次，比1991年出台的第一个立法规划《全国人大常委会立法规划（1991年10月—1993年3月）》晚了22年。这主要是因为当时党内法规涉及的法律关系相对简单，其规模体量也没有国家法规那么大，只有当数量积累到一定程度时才需要认真整理。为确保党内法规制定工作五年规划纲要的实施，2013年出台了党内"立法法"——《中国共产党党内法规制定条例》。随后，2014年党的十八届四中全会提出了"形成完善的党内法规体系"的战略任务，从2015年开始，主要从深化反腐倡廉制度、坚持全面从严治党两个方面，加快了党内法规

---

① 习近平：《在庆祝中国共产党成立100周年大会上的讲话》，《人民日报》2021年7月2日。

制度的建设工作。

2016 年 12 月，全国党内法规工作会议召开前夕，习近平总书记作出重要指示：“以改革创新精神加快补齐党建方面的法规制度短板，力争到建党 100 周年时形成比较完善的党内法规制度体系。”①党中央颁布了《中共中央关于加强党内法规制度建设的意见》，明确党内法规制度体系“1+4”基本框架，即以党章为统揽，之下分党的组织法规制度、党的领导法规制度、党的自身建设法规制度、党的监督保障法规制度四大板块。2017 年 6 月，党中央印发《关于加强党内法规制度建设的意见》，对党内法规建设进一步作出统筹部署。2018 年 2 月，《中央党内法规制定工作第二个五年规划（2018—2022 年）》颁布，进一步明确形成比较完善的党内法规制度体系的任务书、路线图、时间表。这一年以政治建设为统领，以制定出台若干党内法规为牵引，共制定中央党内法规 74 部，健全完善了党的组织体系，其中《中国共产党支部工作条例（试行）》《干部人事档案工作条例》以及在 2019 年1 月实施的《中国共产党政法工作条例》等最具代表性，为实现全面从严治党向纵深发展提供制度保障。

自 2012 年以来，截至 2021 年 5 月，党中央针对全党全军全国重大问题，共修订颁布中央党内法规 210 部，部委党内法规 162部，地方党内法规 3210 部，内容全面、结构合理、逻辑严密、形式统一、概念准确，基本囊括了完善组织制度、画出纪律红线、

---

① 《习近平就加强党内法规制度建设作出重要指示强调 坚持依法治国与制度治党、依规治党统筹推进、一体建设》，《人民日报》2016 年 12 月 26 日。

加强监督执纪、着力选贤任能等各个方面,形成了严密有效的党内法规制度体系,增强了党内法规整体功能,有规可依的问题基本解决。党的二十大报告进一步提出:"坚持制度治党、依规治党,以党章为根本,以民主集中制为核心,完善党内法规制度体系,增强党内法规权威性和执行力,形成坚持真理、修正错误,发现问题、纠正偏差的机制。"①

(二)聚焦务实管用,加强党内法规的总体规划

曾经从中央到地方也制定了不少制度性规范,但有的过于原则、缺乏具体的量化标准,有的责任不明确、奖惩不严格,从而缺乏针对性和可操作性,难以对党员行为形成切实有效的规范,起不到党内法规应有的规范作用,形同摆设。对此,习近平总书记在党的群众路线教育实践活动总结大会上指出:"制度不在多,而在于精,在于务实管用,突出针对性和指导性。如果空洞乏力,起不到应有的作用,再多的制度也会流于形式。牛栏关猫是不行的!"② 因此,应紧紧围绕法规效力的发挥,加强党内法规制度体系构建的宏观研究和整体谋划,注重实体性规范和保障性规范的结合和配套,对已有相关制度进行梳理,统筹推进党内法规制度

① 习近平:《高举中国特色社会主义伟大旗帜 为全面建设社会主义现代化国家而团结奋斗——在中国共产党第二十次全国代表大会上的报告》,人民出版社 2022 年版,第 64 页。
② 习近平:《在党的群众路线教育实践活动总结大会上的讲话》,《人民日报》2014 年 10 月 9 日。

"立""改""废"等各个环节，经实践检验行之有效、群众认可的，要予以重申，继续坚持、抓好落实，严肃纪律，形成刚性约束；不适应新形势新任务要求的，该修改完善的就修改完善，该废止的就废止，该制定新的就制定新的，逐渐形成于法周延、于事简便的法规制度体系，确保党内法规务实管用。

"立"就是总结经验、建章立制，使党内法规制度反映管党治党最新成果。"法与时转则治，治与世宜则有功。"法规制度是基于经验而不是逻辑的规范体系，它根植于现实生活的经验总结。这就决定了为确保党内法规制度务实管用，必须立足于我们党的管党治党实际，首先要针对党员干部队伍和党内生活存在的实际问题建章立制，以增强法规制度的针对性、有效性、指导性，使设计出台的法规制度科学合理、简便易行，具有持久的生命力。

"改"就是继承传统、推陈出新，使党内法规制度在传承经验中发展完善。坚持从实践中来到实践中去，要在运行过程中接受历史和人民的检验，在与治党实践的双向互动中不断完善法规制度，切实解决制度"作秀"、制度冲突、制度脱节等问题，纠正为制度而制度、把制度复杂化与烦琐化、通过制度把不当利益固定化与正当化等弊病，从而使之始终能够紧贴时代发展，切实实现法规的约束作用。

"废"就是清除陈规、同步协调，及时废除或宣布失效与时代发展和上位规范不协调的党内法规。2012年至2014年，我们党历史上第一次集中清理党内法规和规范性文件，对新中国成立至2012年6月期间出台的2.3万多件中央文件进行全面筛查。

在 1178 件中央党内法规和规范性文件中，废止 322 件，宣布失效 369 件，二者共占 58.7%；继续有效的 487 件，其中 42 件还需适时修改。2018 年 11 月至 2019 年 4 月，进行第二次党内法规和规范性文件集中清理，废止 54 件，宣布失效 56 件，还对 14 件涉党和国家机构改革的中央党内法规作出一揽子修改，实现了党内法规制度的"瘦身"和"健身"。与此同时，各地区各部门也着手开展党内法规和规范性文件的备案审查工作。截至 2021 年 4 月，各地区各部门向党中央报备党内法规和规范性文件 3.2 万多件、发现和处理"问题文件"近 1400 件，有力维护了党内法规和党的政策协调统一，便于党内法规的贯彻执行，推动了全党上下步调一致向前进。

（三）着眼科学高效完善，构建法规制度的统筹机制

《中国共产党党内法规制定条例》第十五条规定："制定党内法规应当统筹进行，科学编制党内法规制定工作五年规划和年度计划，突出重点、整体推进。"这指出了加强党内法规建设整体协调的重要性、必要性。一个时期以来，我们党内法规制度建设存在着碎片化、随意化、应急化的现象，各领域法规覆盖不全面、比例不平衡，不同层级法规、党内法规与国家法律之间不一致等现象比较突出，一定程度上造成了法规适用衔接不畅的问题，妨碍了党内法规作用的正常发挥。

系统完备的党内法规制度体系好比是一座"大房子"，其中

完善党章是"打基石"、制定若干部准则条例是"立梁柱"、各领域各层级出台配套法规是"添砖瓦",必须从战略的高度,立足更为宏阔的视角,着眼党的建设长远发展,进行整体设计谋划。对此,习近平总书记反复强调,党内法规制度建设"要坚持宏观思考、总体规划,既要注意体现党章的基本原则和精神,符合国家法律法规,也要同其他方面法规制度相衔接,提升法规制度整体效应"[①]。

党内法规虽然不能归入国家法律体系,但党章规定"党必须在宪法和法律的范围内活动"。这就要求我们党在构建党内法规制度体系时,要统筹考虑系统推进党内法规制度与国家法律的衔接协调,做到依法治国与依规治党、国家法律体系与党内法规体系、国家法律与党的政策有机统一,纪委监督与监委监督有机联通;统筹考虑系统推进各类党内法规的制定,对党章、准则、条例、规则、规定、办法、细则等各层级党内法规和党的组织法规、领导法规、自身建设法规、监督保障法规等各领域党内法规,做到顶层设计与分层实施有机对接,党规"瘦身"和"健身"有机协同;统筹考虑系统推进党内法规制度建设全链条各环节,做到制度改革与制度运行有机渗透,全面发力、多点突破,形成一体推动、一体落实的良好格局,最终通过制度创新锻造出环环相扣的党内法规制度体系。

---

① 《习近平在中共中央政治局第二十四次集体学习时强调 加强反腐倡廉法规制度建设 让法规制度的力量充分释放》,《人民日报》2015年6月28日。

四、强化执行力度，坚持执规必严

历史的问答，常常发人深省。刘青山、张子善腐败案发后，面对求情的声音，毛泽东同志回答："只有处决他们，才可能挽救20个，200个，2000个，20000个犯有各种不同程度错误的干部。"① 同样，面对严峻复杂的反腐败斗争形势，习近平总书记毅然宣示："不得罪成百上千的腐败分子，就要得罪十三亿人民。"② 无论是严肃查处刘青山、张子善案件，还是新时代的铁腕正风、肃纪、反腐，无不反映了一百多年来党始终以抓铁有痕的劲头推进制度落实，彰显党纪党规的巨大威力。实践证明，制度的生命力在于执行，一分部署、九分落实，只有坚持一手抓制度制定，一手抓制度执行，做到两手抓两手硬，才能确保党的制度规定落地生根。

（一）学规知规，强化党纪党规面前一律平等意识

习近平总书记指出，"领导干部违纪往往是从破坏规矩开始的"③，"要深入开展纪律教育，加强学习宣传教育，使党员、干

---

① 薄一波：《若干重大决策与事件的回顾》（上卷），中共中央党校出版社1991年版，第152页。
② 《习近平关于全面从严治党论述摘编》，中央文献出版社2016年版，第186页。
③ 《习近平关于严明党的纪律和规矩论述摘编》，中央文献出版社、中国方正出版社2016年版，第8页。

部增强纪律意识，把党章党规党纪刻印在心上，形成尊崇党章、遵守党纪的良好习惯"①。如果党员干部没有守纪律讲规矩意识，就很难有守纪律讲规矩的行动。从近年来的干部违法违纪忏悔材料看，他们的"破法"无不始于"破纪"，而"破纪"又无不始于"破政治纪律和政治规矩"，并在原因分析上，很多党员干部都把"破法""破纪"的根源追溯到思想观念上，归结为长期不重视理论学习和思想改造。后果就是，把党纪党规和国家法律放在一边、束之高阁，甚至不知党纪党规和国家法律为何物，待东窗事发，又悔之晚矣。通过这些违法违纪党员干部的忏悔反思，可以看出学习党规党纪的重要性，能够让党员干部深刻认识到，党的纪律规矩是全党必须遵守的行为准则，纪律规矩面前人人平等，遵守纪律规矩没有特权，执行纪律规矩没有例外，党内没有不受纪律规矩约束的特殊党员，严格遵守和坚决维护纪律规矩是做合格党员和领导干部的基本条件。

面对全面从严治党的新形势新任务，只有做到让每个党员干部都知晓党纪党规，知道哪些事该做，哪些事不该做，在思想观念上树立起对党纪党规的敬畏感，才能做到心中有戒、遵规守纪，自觉按照党纪党规行事。要系统研学。党内法规制度是党的意志的集中体现，包括党章、准则、条例、规则、规定、办法、细则等，对各级各类党组织和所有党员具有强制性。其中党章是最根本的党内法规，是制定党内其他法规的基础和依据。2016 年，党中央

① 习近平：《在第十八届中央纪律检查委员会第六次全体会议上的讲话》，《人民日报》2016 年 5 月 3 日。

在全党部署开展"两学一做"学习教育,把学习党章党规作为重要内容。2019 年,在全党开展"不忘初心、牢记使命"主题教育,把学习对照重要党内法规作为重点内容,组织党员领导干部认真学习党章党规并进行对照检视。因此,要加强对以党章为核心、以准则条例为主干的党内法规体系的全面把握,对以《中国共产党重大事项请示报告条例》《中国共产党组织工作条例》等标志性、关键性、基础性法规制度的学习领悟,真正内化于心、外化于行。要及时跟学。党的十八大以来,为顺应依法治国、依规治党形势需要,我们党立足于世情、国情、党情新变化,加快党内法规制度的"立""改""废""释"工作。以中央党内法规为例,党的十八以来就及时制定修订了 146 部,占现行有效中央党内法规总数的 69.5%,有的党内法规甚至历经多次修订。每一部党内法规的每一次修订,都是对党的建设规律的深刻洞见,都是对管党治党成功经验做法的提炼升华,都是对现有制度的补短补软,都是对不断出现的新问题新情况的精准对接。广大党员干部只有持续更新学习内容,才能时刻保持头脑上的清醒与理智,自觉做到不碰纪律规矩"高压线",不越制度"警戒线"。

知之愈明,则行之愈笃。事实证明,只有通过坚持不懈的党纪党规宣传教育,切实促进党内法规制度入耳入脑入心,使每一名党员干部都在敬畏制度、严守底线的同时,不断增强制度治党和依规治党的价值、情感与政治认同,才能提高他们贯彻执行党纪党规的高度自觉性。

（二）严格执纪，严厉惩处党员干部违纪违规行为

2022年9月22日，吉林省长春市中级人民法院公开宣判全国政协社会和法制委员会原副主任傅政华受贿、徇私枉法一案，对被告人傅政华以受贿罪判处死刑，缓期二年执行，剥夺政治权利终身，并处没收个人全部财产，在其死刑缓期执行二年期满依法减为无期徒刑后，终身监禁，不得减刑、假释。9月21、22日，两天内，傅政华、龚道安、邓恢林、刘新云四名"老虎"被宣判，再次展现出以习近平同志为核心的党中央坚定不移依规治党、严格执纪的决心意志。"新松恨不高千尺，恶竹应须斩万竿。"党的十八大以来，以习近平同志为核心的党中央全面从严治党，依法从严执纪，通过不懈努力换来了海晏河清、朗朗乾坤，凝聚了党心民心。

从严执行党内法规制度。"天下之事，不难于立法，而难于法之必行。"中国特色社会主义进入新时代，党内法规制度的"笼子"越扎越紧、越扎越牢固，但制度制定后，最为关键的还是要真抓和严管制度执行与落实。对此，习近平总书记指出："我们的制度不少，可以说基本形成，但不要让它们形同虚设，成为'稻草人'，形成'破窗效应'。很多情况没有监督，违反了也没有任何处理。这样搞，谁会把制度当回事呢？我们党的制度是从党章开始的，学习党章学了半天，最后还是视而不见、听而不闻，这不行！"①党纪党规制度的生命力在于执行，如果制度执行力不

---

① 《习近平关于党风廉政建设和反腐败斗争论述摘编》，中央文献出版社、中国方正出版社2015年版，第128—129页。

够，执行不到位，在执行中出现折扣执行、选择执行、变通执行等情况，会令制度的威慑力大打折扣，再好的党纪党规制度也无法取得预期的成效，起不到应有的作用，甚至流于形式。要做到制度一经制定，就立说立行、严格执行、刚性运行，而不只是写在纸上、挂在墙上、说在嘴上。

保证制度执行一视同仁。党的制度纪律是铁的制度纪律，违纪必究，执纪必严，是一条不可动摇的基本原则。正如习近平总书记所说："法治之下，任何人都不能心存侥幸，都不能指望法外施恩，没有免罪的'丹书铁券'，也没有'铁帽子王'。"① 推进依法治国要坚持法律面前一律平等，推进依规治党也要坚持纪律规矩面前一律平等。《中国共产党纪律处分条例》明确规定了党员和领导干部违反纪律的六种情形，即违反政治纪律、违反组织纪律、违反廉洁纪律、违反群众纪律、违反工作纪律、违反生活纪律。**要坚持制度面前人人平等、执行制度没有例外，不留"暗门"，不开"天窗"， 不以权势大而回避，不以资历深而姑息，不以违者众而放任，坚决维护制度的严肃性和权威性。**有的干部深有感触地说，现在党规党纪是"真老虎"，谁碰就会咬谁。

（三）强化责任，加大问责领导干部失职渎职行为

党的十八大以来，我们党制定修订了一大批党内法规制度，

---

① 《习近平关于严明党的纪律和规矩论述摘编》，中央文献出版社、中国方正出版社 2016 年版，第 87 页。

基本解决了有规可依的问题。但是，在党内法规执行中还存在"上热中温下冷"，先紧后松、上紧下松、外紧内松等现象，机械执行、选择执行、烦琐执行、变通执行问题都不少。有的党员领导干部党规意识淡薄，执规能力不强，对出台的党内法规不学不懂不了解，没有真正把制度要求落实到位。在这种情况下，2019年10月1日，作为针对党内法规制度执行问题专门制定的首部党内规定，《中国共产党党内法规执行责任制规定（试行）》正式施行，围绕部署推动执规工作、加强执规能力建设、进行实施评估等建立健全保障机制，并对监督考核、责任追究等提出要求，从根本上破解了党内法规"执行难"的问题，引发了党内外高度关注。

落实党内法规执行责任制。要强化执规意识，各级党组织和党员领导干部必须牢固树立执规是本职、执规不力是失职的理念，按照党委、党组、党的工作机关、党的基层组织、党的纪律检查机关等各级各类党组织和党员领导干部的执规责任，切实担负起执行党内法规的政治责任。要压实执规责任，建立健全党委统一领导、党委办公厅（室）统筹协调、主管部门牵头负责、相关单位协助配合、纪检机关严格监督的体制机制，明责知责、履责尽责、考责问责。要提高执规能力，党员领导干部要带头学习宣传党内法规，带头严格执行党内法规，自觉贯彻执行《中国共产党廉洁自律准则》《中国共产党纪律处分条例》《关于实行党风廉政建设责任制的规定》《关于实行党政领导干部问责的暂行规定》等规范党纪处分和行政处分以及党政领导干部问责的党内法规，努力做执行党纪党规的典范，带动广大党员、干部以尊崇的态度、敬畏的精神守规用规护规。要增强监督力度，着力贯通纪检监督、巡视监督、司法监督、舆论监督，将监督贯穿于各领域、各部门治理的全过程，并强化监督调查处置的政治示范效果、纪法震慑效果、社会辐射效果。

提高党内法规制度执行力水平，把党内法规制度转化为管党治党的效能是一项长期性、系统性的工程，既需要党中央的顶层设计、统筹规划、整体推进、督促落实，更需要各级党组织和广大党员干部的自觉行动和创新探索，只有这样才能不断推动全面从严治党、依规治党向纵深发展，才能避免出现党的纪律"写在纸上、贴在墙上、锁在抽屉里、不落实在行动上"的现象。

没有规矩，不成方圆。**制度就是规矩，具有根本性、稳定性；制度就是保障，具有约束性、保护性；制度就是引领，具有动态性、前瞻性。**加强制度建设，是加强党的建设最有力的武器。纵观党的建设历程，党的制度建设始终与共和国的革命、建设和改革历程相因应，成为党永葆先进性和纯洁性、永葆青春活力，永远得到人民拥护和支持的重要保障。新时代新征程，全面建成社会主义现代化强国、实现中华民族伟大复兴的中国梦，对我们党提出了前所未有的新挑战新要求。强国必先强党，必须坚定不移地选择依规强党、制度强党的方式和路径，不断培育广大党员干部的党纪信仰，持之不懈加强党内法规制度建设，严厉惩处违反党纪党规的不法行为，为建成世界上最强大的政党提供最强大的制度保障力。

第六章

建设最强大政党必须增强品格吸引力

党的作风就是党的形象，体现着党的性质、宗旨、纲领、路线，体现着党的创造力、战斗力和凝聚力，关系到党员干部的品格力量。1949年3月23日，党中央从西柏坡动身前往北京时，毛泽东说"今天是进京赶考的日子"。2019年9月，习近平总书记在视察北京香山革命纪念地时强调："要继承和发扬老一辈革命家谦虚谨慎、不骄不躁、艰苦奋斗的优良作风，始终保持奋发有为的进取精神，永葆党的先进性和纯洁性，以'赶考'的清醒和坚定答好新时代的答卷。"①新时代新征程，作为世界上最大的马克思主义执政党，必须时刻保持解决大党独有难题的清醒和坚定，以永远在路上的坚定执着，始终不渝提升品格吸引力，建成世界上最强大的政党，

————

① 《习近平在视察北京香山革命纪念地时强调 不忘初心牢记使命锐意进取 满怀信心继续把新中国巩固好发展好》，《人民日报》2019年9月13日。

以在世界形势深刻变化的历史进程中始终走在时代前列，在应对国内外各种风险挑战的历史进程中始终成为中国人民最可依赖的主心骨。

一、作风建设：党引领前行的"金色名片"

咬定青山不放松，留得清气满乾坤。党的十八大以来，党中央直面党内存在的种种问题和弊端，从制定和执行中央八项规定破题，推动党风政风不断好转，密切了党群干群关系，赢得了党心民心，作风建设已然成为党的建设的"金色名片"。

（一）加强作风建设是党的事业胜利前进的基本保证

2021 年"七一"前夕，中共中央向社会发布了两组统计数据：中共党员总数增长至 9514.8 万名，各方面先进分子踊跃申请入党，更多新鲜血液加入党的队伍，年轻党员持续增加；党的十八大以来，立案审查调查省部级以上领导干部近 400 人、厅局级干部 2 万多人，一大批"害群之马"被清除出党。吐故纳新，一个风华正茂的百年大党展现在世人面前。在庆祝中国共产党成立 100 周年大会上的重要讲话中，习近平总书记指出："我们党历经千锤百炼而朝气蓬勃，一个很重要的原因就是我们始终坚持党要管党、全面从严治党，不断应对好自身在各个历史时期面临的风险考验。"① "胜人者有力，自胜者强。"放眼人类历史长河，从来没有哪个政党能像我们党一样，从八七会议、古田会议、遵义会议、党的十一届三中全会到党的十八大以后，以前所未有的力度加强作风建设和反腐败斗争，一次次拿起手术刀来革除自身病症，及时消除党内存在的突出问题，永葆生机活力。

党的作风，包括思想作风、学风、工作作风、领导作风和干部生活作风，是党在长期的革命、建设和改革伟大实践中，由全体党员在思想、政治、组织、工作和生活等方面表现出来的一贯态度和行为的高度凝练，是党的内在精神、整体素质、政治倾向和纪律规范的体现和反映。早在 1927 年 9 月三湾改编时，毛泽东同志对部队暴露出来的涣散作风进行整顿，将党支部建在连上，部队面貌和作风焕然一新，这是党的作风建设的最初尝试。到了抗日战争时期，毛泽东同志先后在《改造我们的学习》《反对主观主义和宗派主义》《整顿党的作风》《反对党八股》等演讲、文章中深刻论述了党的作风问题。1945 年 4 月 24 日，毛泽东同志在党的七大作《论联合政府》的报告时，又明确指出："以马克思列宁主义的理论思想武装起来的中国共产党，在中国人民中产生了新的工作作风，这主要的就是理论和实践相结合的作风，和人民群众紧密地联系在一起的作风以及自我批评的作风。"② 至

---

① 习近平：《在庆祝中国共产党成立 100 周年大会上的讲话》，《人民日报》2021 年 7 月 2 日。

② 《毛泽东选集》（第 3 卷），人民出版社 1991 年版，第 1093-1094 页。

此，三大作风成为使党立于不败之地的重要法宝。新中国成立前夕，他又郑重告诫全党，在夺取全国胜利后务必继续地保持谦虚、谨慎、不骄、不躁的作风，务必继续地保持艰苦奋斗的作风。我们党正是因为始终坚持以"三大作风"为核心的一套优良作风，才能在长期革命斗争中克服一切艰难险阻、夺取全国政权，并在新中国成立后继续取得社会主义革命的胜利和社会主义建设的成就。

进入改革开放新时期，一部分党员干部经不起考验，滋长了许多不正之风。鉴于此，1979 年 11 月，党中央制订《关于高级干部生活待遇的若干规定》，要求党的高级领导干部必须带头恢复和发扬党的艰苦朴素、密切联系群众的优良传统。党的十四大把党风"是关系党生死存亡的问题"这一论断鲜明地写进了党章总纲。2001 年 9 月，党的十五届六中全会通过的《中共中央关于加强和改进党的作风建设的决定》提出了"八个坚持，八个反对"。党的十六大刚结束党中央就向全党发出了牢记"两个务必"的号召。党的十七届四中全会通过的《中共中央关于加强和改进新形势下党的建设若干重大问题的决定》，就作风建设提出大兴密切联系群众之风、大兴求真务实之风、大兴艰苦奋斗之风、大兴批评和自我批评之风的要求。党的十八大以来，我们党先后制定出台了八项规定、《中国共产党组织工作条例》《中国共产党纪律处分条例》《中国共产党廉洁自律准则》等一系列党内法规制度，开展了党的群众路线教育实践活动、"三严三实"专题教育、"不忘初心、牢记使命"主题教育、党史学习教育等，以永远在路上的坚定执着将作风建设持续引向深入，推动了党风、政风、社风、民风的好转。

建党以来特别是改革开放以来的作风建设历程证明，作风好了，党同人民群众的关系就密切，党的战斗力就增强；作风不好，党就会脱离群众，甚至失去民心。在党的奋斗历程中，我们党充分认识到作风建设的重要性，始终把作风建设作为关系党和国家生死存亡的重大政治任务来抓，自觉地把作风建设放在党的建设的突出位置，为中国特色社会主义事业健康发展、为党的自身建设不断取得胜利提供了有力保证。

（二）加强作风建设是永葆初心走向复兴的动力源泉

2020年1月12日《焦点访谈》披露：2019年8月，习近平总书记在甘肃考察的4天时间，沿河西走廊自西向东，行程1000多公里，日夜兼程，尽量不让当地接待，在火车上吃了5顿饭。从国外出访到国内考察，从行程安排到食宿情况，小到一顿饭，大到具体方案，习近平总书记始终率先垂范，让作风建设如春风化雨般清爽，给党内带了一个好头，给广大党员干部树立起了标杆。正如习近平总书记所说："我们党作为马克思主义执政党，不但要有强大的真理力量，而且要有强大的人格力量。真理力量集中体现为我们党的正确理论，人格力量集中体现为我们党的优良作风。"[1]

办好中国的事情，关键在党。执政党有什么样的精神状态，

---

① 《习近平总书记系列重要讲话读本》，学习出版社、人民出版社2016年版，第113页。

一个国家就展示什么样的状态；执政党有什么样的作风，一个社会就呈现什么样的风气。所以，每当遇到重大历史关口、担负重大历史任务，党中央总要把加强党的作风作为一项重大政治要求提到全党面前，就是因为党的优良作风是我党建设发展的历史总结和特有政治优势，是党带领人民建设国家的动力之源和根本保证。针对西方功利主义、极端个人主义、享乐主义、奢靡之风等对党员干部带来的消极影响，导致党面临的"四种危险"。党的十八大之后，以习近平同志为核心的党中央直面党内存在的种种问题和弊端，把加强党的作风建设紧紧抓在手上，以制定和落实中央八项规定作为突破口，从抓"舌尖上的浪费""会所中的歪风"到抓"车轮上的铺张""节日中的腐败"，从查"月饼盒里的不正之风"到查"楼堂馆所的豪华"，从对领导人办公用房、住房、用车等待遇设定"上限"到规范领导干部家属经商办企业……党中央以踏石留印、抓铁有痕的劲头狠抓作风建设，推动党风政风为之一新，党心民心为之大振。据国家统计局民意调查显示，95.7%的群众认为2020年落实中央八项规定精神、纠正"四风"卓有成效，比2013年提高14.4个百分点。①

2020年9月，习近平总书记在一份反映一些政务APP变味走样占用基层干部大量时间的材料上作出重要批示，强调要清除形式主义。随后，从中央到地方，集中开展手尖上的形式主义专项整治。通过这个事例进一步说明，作风问题具有顽固性、反复性，

---

① 《中国共产党简史》，人民出版社、中共党史出版社2021年版，第481页。

形成优良作风不可能一劳永逸，克服不良作风也不可能一蹴而就。作风建设是攻坚战、持久战，既要以滚石上山、爬坡过坎的勇气，深化整治、见底见效，又要坚持抓常、抓细、抓长，锲而不舍、持之以恒。"船到中流浪更急、人到半山路更陡。"今天，我们比历史上任何时期都更接近于中华民族伟大复兴的目标，越是这个时刻，越要保持高度清醒，以发扬钉钉子精神对加强作风建设一抓到底，驰而不息、久久为功，就能进一步激发广大基层干部干事创业、担当作为的劲头和活力，为建设社会主义现代化强国提供有力保障。

（三）加强作风建设是抵御消极腐败现象的治本之策

"百姓谁不爱好官？把泪焦桐成雨。生也沙丘，死也沙丘，父老生死系。暮雪朝霜，毋改英雄意气"，"为官一任，造福一方，遂了平生意"①。这是习近平同志担任福州市委书记期间，读了《人民呼唤焦裕禄》一文后填写的《念奴娇》词，深深表达了对焦裕禄的崇敬之情和他自己爱民为民、责任担当的坚定情怀。正是有许多像焦裕禄、杨善洲、孔繁森、牛玉儒等先进模范人物一样大批的共产党人，具有坚定的理想信念、优良的工作作风，始终保持同人民群众的血肉联系，用实际行动践行着为人民服务的根本宗旨，不断夯实党的执政基础，我们党才一直立于不败之地。

---

① 习近平：《念奴娇·追思焦裕禄》，《福州晚报》1990 年 7 月 16 日。

2016 年 11 月 16 日，北京首都机场，"百名红通人员"头号嫌犯杨秀珠走下飞机舷梯，在一张签发于 2003 年的逮捕证上按下手印，从而宣告她逃亡生涯的终结。截至 2021 年 6 月，"天网行动"共追回外逃人员 9165 人，其中党和国家工作人员 2408 人，追回赃款 217.39 亿元，"百名红通人员"已有 60 人归案。这只是我们党开展反腐败斗争的一个缩影。人民群众最痛恨腐败，腐败是我们党面临的最大威胁。党的十八大以来，以习近平同志为核心的党中央以刮骨疗毒、壮士断腕的勇气，严肃查处一批高级干部违纪违法案件，坚决整治发生在群众身边的不正之风和腐败问题，"打虎""拍蝇""猎狐"三管齐下，一体推进不敢腐、不能腐、不想腐的综合效益不断凸显，反腐败斗争取得压倒性胜利，党心民心为之大振。

良好作风是抵御消极腐败现象的重要保障，不正之风是滋生腐败的温床。分析一些腐败分子的蜕变轨迹，不难发现，有些人并不是一开始就腐败，他们也曾在一段时间内尽心尽力，甚至是兢兢业业、勤勤恳恳，作出过很大的贡献，但因为在作风上放松了要求，被人从作风上打开了缺口，有的没能把好第一个关口、守住第一道防线，认为吃一点、喝一点、拿一点无所谓，从违规收一条烟、拿一次"红包"、批一回"条子"、打一个"招呼"开始；有的认为只要不犯大错误、不搞大腐败，得点小实惠、犯点小错误，无可厚非，以至慢慢地由小到大、由表及里、由量变到质变；有的作风漂浮、官气十足、贪图享受，面对"挡不住的风情"和"禁不住的诱惑"，面对歪风邪气，随波逐流，逐渐失去定力、放任自己，一步步滑入腐败堕落的深渊。我们常讲，对于腐败，有些人有天然免疫力，但并不是任何人都能在诱惑面前毫不动摇。信念是本，作风是形，本正而形聚，本不正则形必散。所以说，正党风、纠歪风，就是要消除诱发腐败的直接动因，将腐败消除在萌芽状态、消灭于无形之中。

二、核心是加强党性修养

战国时期，楚国有一位宰相（楚国称令尹）叫詹何。有一次楚王向他请教治国之要是什么，詹何回答：修身。楚王以为詹何听错了，我问治国，令尹为什么答以修身之术呢。楚王重问了一遍：令尹，我是问治国之要，治国当中最要紧的。詹何回答：我没有听说过修身而国乱的。回答非常坚定！做官先做人，做人必修身。中国共产党从成立的那一天开始，就强调加强党性修养。所谓党性，就是一个共产党员的组织观念，它包括理想信念、阶级觉悟、组织纪律性、宗旨意识、共产主义道德修养等方面，它是党员的本质和灵魂，是党员存在的真正价值。党员不是天生的，党性也不可能与生俱来，更不可能随着党龄的增加、职务升迁而自然增强，只有自觉加强党性修养和党性锻炼，才能夯实理想信念的根基，锤炼求真务实的作风，提升担当使命的本领，铸造高尚的道德情操，永葆共产党人的政治本色，在新时代有更大作为。

（一）加强政治修养，始终把坚定崇高信仰信念作为党性修养的"压舱石"

政治修养是党性修养的核心。我们党在中华民族处在前所未有的内忧外患时应运而生，一路从积贫积弱走向胜利辉煌，其秘诀在于广大党员干部始终高擎党性的火炬。李大钊就义前作了人生最后一次演说："不能因为反动派今天绞死了我，就绞死了伟大的共产主义，共产主义在中国必然得到光辉的胜利。"[①]陈延年面对敌人屠刀昂首挺胸，大声喝道，"革命者光明磊落、视死如归，只有站着死，决不跪下。"陈乔年牺牲前乐观地说："让我们的子孙后代享受前人披荆斩棘的幸福吧。"[②]

信仰信念是政党、民族、个人的精神支柱和力量之源。信仰信念一旦垮塌，个人就会迷失方向，民族就会走向沉沦，政党就会分崩离析，政权就会轰然倒塌。苏联解体的一个重要原因就是部分共产党员高级干部理想信念动摇了。对此，据勃列日涅夫侄女柳芭在1990年移居美国后写的回忆录说，连勃列日涅夫自己也"不再相信社会主义的胜利、马列主义的原则或者共产主义的前途"。他告诉他的弟弟："什么共产主义，这都是哄哄老百姓的空话。"[③]

习近平总书记在"七一勋章"颁授仪式上讲："心中有信仰，

---

① 秦英君、张占斌：《大浪淘沙——中共一大人物传》，红旗出版社1991年版，第475页。

② 冯靓：《站着赴死的共产主义战士——陈延年》，《青年与社会》2020年6月（下），第196页。

③ 王正泉：《官僚特权阶层：苏联解体的致命根源》，《人民论坛》2007年第1期，第19页。

脚下有力量。全党同志都要把对马克思主义的信仰、对中国特色社会主义的信念作为毕生追求，永远信党爱党为党，在各自岗位上顽强拼搏，不断把为崇高理想奋斗的实践推向前进。"①加强新时代政治修养，最核心的是要坚决做到"两个维护"，把准政治方向、站稳政治立场、坚定政治忠诚、严守政治纪律、提高政治能力，自觉在思想上、政治上、行动上同党中央保持高度一致，自觉把讲政治贯穿于党性锻炼全过程，不断提高政治判断力、政治领悟力、政治执行力。

（二）加强理论修养，始终把学懂弄通党的理论作为党性修养的"总开关"

理论修养是党性修养的基石。习近平总书记指出："政治上的坚定、党性上的坚定都离不开理论上的坚定。"②回顾党的百年历程，我们党之所以能够不断历经艰难困苦创造新的辉煌，很重要的一条就是我们党始终重视思想建党、理论强党。无论是新民主主义革命时期的古田会议、延安整风，还是新中国成立后的历次党内集中教育活动，都坚持用科学理论武装广大党员、干部的头脑，使全党始终保持统一的思想、坚定的意志、强大的战斗力，

---

① 习近平：《在"七一勋章"颁授仪式上的讲话》（2021年6月29日），新华网，2021年6月29日。
② 《习近平在中央党校（国家行政学院）中青年干部培训班开班式上发表重要讲话强调 在常学常新中加强理论修养 在知行合一中主动担当作为》，《人民日报》2019年3月2日。

引领了党和人民事业的大发展。

2019年1月1日，一个功能强大、内容丰富的新思想学习平台——"学习强国"全新亮相；6月，一本忠实原著、文风生动的新思想学习权威读物——《习近平新时代中国特色社会主义思想学习纲要》正式出版，累计发行量超过7000万册；2021年2月，《习近平新时代中国特色社会主义思想学习问答》又以问答体形式全面系统展现了习近平新时代中国特色社会主义思想的重大意义、科学体系、丰富内涵和实践要求，让党的创新理论"飞入寻常百姓家"，不少党员干部群众在"悦读"过程中，对《学习问答》点赞好评。为什么一个平台、两本读物受到这么多人关注？根本在于习近平新时代中国特色社会主义思想是当代中国马克思主义、二十一世纪马克思主义，是真理、是科学。

今天，我们党要统筹中华民族伟大复兴战略全局和世界百年未有之大变局，带领全党、全军、全国各族人民向着第二个百年奋斗目标进军，必须靠科学的理论统一思想、统一意志、统一行动。广大党员干部要纠正对理论学习不重视、学习只是走形式等问题，坚决克服理论学习不深、不透、不系统，一知半解、不求甚解等倾向，坚决防范学习碎片化、随意化、学用脱节等现象，**少当"文字搬运工"，多做"理论翻译家"，在常学常新中加强理论修养，在真学真信中坚定理想信念，在学思践悟中牢记初心使命，在细照笃行中不断修炼自我，在知行合一中主动担当作为**，切实解决运用党的创新理论推动工作的能力不足的问题，让党的创新理论真正入脑入心，为工作指导提供扎实的理论基础。

（三）加强作风修养，始终把涵养为民情怀作为党性修养
的"定盘星"

作风是党员干部党性修养的集中体现。大型文献专题片《敢
教日月换新天》自 2021 年 6 月 20 日播放以来，获得社会良好反响。
该片集中展示了党的自身建设史，以正反两方面的典型案例揭示
出一个深刻的道理：百年风霜雪雨、百年大浪淘沙，中国共产党
能够战胜一个又一个困难，取得一个又一个胜利，关键在于始终
坚持党要管党、全面从严治党不放松，不断加强作风建设，不断
保持党的先进性和纯洁性，不断防范被瓦解、被腐化的危险。

习近平总书记指出："作风问题核心是党同人民群众的关系
问题"①"党的作风是党的形象，是观察党群干群关系、人心向背
的晴雨表。党的作风正，人民的心气顺，党和人民就能同甘共苦"②。
党的十八大以来，全国纪检监察机关立足职责定位，深入整治形
式主义、官僚主义，深挖细查顶风违纪问题，一个个节点坚守，
一个个问题解决。截至 2021 年 6 月，已连续 93 个月公布全国查
处违反中央八项规定精神问题的月报数据，查处违反中央八项规
定精神问题 60 多万件。党和国家事业之所以能够取得全方位、开
创性历史成就，发生深层次、根本性历史变革，根本原因就在于

---

① 《习近平在中共中央政治局第十六次集体学习时强调 坚持从严治党
落实管党治党责任 把作风建设要求融入党的制度建设》，《人民日报》2014
年 7 月 1 日。

② 习近平：《在庆祝中国共产党成立 95 周年大会上的讲话》，《人民日报》
2016 年 7 月 2 日。

勇于刀口向内、严惩腐败,严整"四风"。应当清醒看到,"四风"问题在高压态势下虽然有所缓解,但顽疾尚未根除,在一些地方、一些领域、一些党员干部身上,出现了花样翻新、隐形变异的新动向。比如,以形式主义反对形式主义,以官僚主义反对官僚主义,要求事事留痕把"痕迹"当"政绩",以"责任状"作为推卸责任的"挡箭牌",等等。

作风上的问题绝对不是小事,如果不坚决纠正不良风气,任其发展下去,就会像一座无形的墙把我们党和人民群众隔开,我们党就会失去根基、失去血脉、失去力量。广大党员干部要切实树立以人民为中心的思想,始终牢记自己是群众的"勤务员",大力发扬脚踏实地、埋头苦干的实干作风,用整风精神、务实作风、改革思路破除形式主义、官僚主义,时时处处坚持重实际、说实话、办实事、求实效,以人民的评判作为改进工作的标准,真心实意为人民群众谋利益,切实树立为民、务实、清廉的良好形象,自觉践行"人民对美好生活的向往,就是我们的奋斗目标"①的庄严承诺。

(四)加强道德修养,始终把明大德、守公德、严私德作为党性修养的"基准线"

道德修养是党性修养的重要标尺。德为立身之本,从政之基。我们党历来把道德修养作为党性修养的基石来抓。建党百年之际,"一

---

① 《十八大以来重要文献选编》(上),中央文献出版社2014年版,第70页。

等渡江功臣"马毛姐、志愿军"一级战斗英雄"柴云振、"改革先锋"王书茂、"全国脱贫攻坚楷模"张桂梅、"卫国戍边英雄"陈红军等29名同志被授予"七一勋章",在他们身上,生动体现了中国共产党人坚定信念、践行宗旨、拼搏奉献、廉洁奉公的高尚品质和崇高精神。

今天我们虽然不用面对枪林弹雨而抛头颅洒热血,但纷繁复杂的现实诱惑同样是对意志品质的严峻考验,道德滑坡、行为失范等问题在一些党员干部中也比较突出。有的大德不明,想问题、办事情不是从党和人民的利益出发,而是专谋一己私利;有的公德不守,背离社会主义核心价值观;有的私德不严,热衷于吃喝玩乐,流连于声色犬马,沉醉于求神拜佛。对此,习近平总书记指出:"在党史学习教育中做到学史崇德,就是要引导广大党员、干部传承红色基因,涵养高尚的道德品质。"①

党章要求党的干部"加强道德修养,讲党性、重品行、作表率,做到自重、自省、自警、自励"。作为党员干部要严格按照党章标准不断加强自我修养,明大德、严公德、守私德,做到心有所畏、言有所戒、行有所止。崇尚对党忠诚的大德,就是永远不能忘记入党时所作的对党忠诚、永不叛党的誓言,做到始终忠于党、忠于党的事业,做到铁心跟党走、九死而不悔;崇尚造福人民的公德,就是要站稳人民立场,始终同人民风雨同舟、生死与共,勇于担当、积极作为,切实把造福人民作为最根本的职责;崇尚严于律己的品德,就是要慎微慎独,清清白白做人、干干净净做事,努力做一个高尚

---

① 《习近平在青海考察时强调 坚持以人民为中心深化改革开放 深入推进青藏高原生态保护和高质量发展》,《人民日报》2021年6月10日。

的人、一个纯粹的人、一个有道德的人、一个脱离了低级趣味的人、一个有益于人民的人，树起道德品行的标杆、立起身体力行的旗帜，以崇高的道德品行和人格力量赢得人心、引领风尚、凝聚力量。

（五）加强能力修养，始终把提高任职本领作为党性修养的"助推器"

能力修养是党性修养的关键。我们党历来是重视党员干部的能力培养的，早在 1939 年 5 月 20 日，毛泽东同志就指出："我们队伍里边有一种恐慌，不是经济恐慌，也不是政治恐慌，而是本领恐慌。"[①]党的二十大报告对此强调："加强实践锻炼、专业训练，注重在重大斗争中磨砺干部，增强干部推动高质量发展本领、服务群众本领、防范化解风险本领。加强干部斗争精神和斗争本领养成，着力增强防风险、迎挑战、抗打压能力，带头担当作为，做到平常时候看得出来、关键时刻站得出来、危难关头豁得出来。"[②]古人说："非识无以断其义，非才无以善其文，非学无以练其事。"没有丰厚的学识修养作积淀，不但无法胜任组织赋予的使命任务，而且党性修养也会失去营养和动力。

当今世界正经历百年未有之大变局，新一轮科技革命和产业变革蓬勃兴起，科学技术突飞猛进，人类知识总量正在以几何的速度

---

① 《毛泽东文集》（第 2 卷），人民出版社 1993 年版，第 178 页。
② 习近平：《高举中国特色社会主义伟大旗帜 为全面建设社会主义现代化国家而团结奋斗——在中国共产党第二十次全国代表大会上的报告》，人民出版社 2022 年版，第 66-67 页。

递增，知识的折旧率也在日益加快，一个人的学识如果每年不能更新 7% 的话，那么他将无法适应社会的变化。应该讲，我们大多数同志知识面还比较广，但有些知识结构不合理、知识蕴量不丰富、知识素养不深厚的问题还客观存在。作为党的干部、一个称职的领导者，必须不断提高科学判断形势的能力，提高驾驭市场经济的能力，提高应对复杂局面的能力，提高依法执政的能力，提高总览全局的能力，以及知识创新、技术创新、制度创新、机制创新的能力等等。面对新的形势、新的任务、新的要求，党员干部要不辱使命，勇担重任，就必须加强能力修养，力求职务高一级，本领高一筹，水平高一档。

习近平总书记指出："本领不是天生的，是要通过学习和实践来获得的。"① 因此，我们的党、我们党员干部要想从容应对国际国内复杂局面，抢抓发展机遇、成功迎接挑战，一定要有一种"知识恐慌"和"本领恐慌"的紧迫感，只有学习、学习、再学习，实践、实践、再实践，自我加压充电淬火，不断提升学识修养，做到能力过硬，才能不负党和人民的信任和重托、不负肩负的职责和使命，我们的党才能勇往直前，国家才能兴旺发达，民族才能永葆生机活力，中华民族伟大复兴的中国梦才能实现。

党性修养的五个方面，相互联系，内在统一于提高党性修养的目标要求。我们必须在实践中把这五个方面的教育联系起来、统一起来，既要做到让党员入眼、入耳，又要做到入脑、入心，做到言

---

① 习近平：《在中央党校建校 80 周年庆祝大会暨 2013 年春季学期开学典礼上讲话》，《人民日报》2013 年 3 月 3 日。

行一致，如此才能"修心炼胆"，保持共产党员的先进性。

三、关键是抓住"关键少数"

"南北朝时期南朝陈国皇帝陈叔宝，在位时生活奢侈、不理朝政，后来隋军南下，其军队不堪一击，陈叔宝被俘病死。他所作的诗《玉树后庭花》被后人称为'亡国之音'。""抗战胜利后，国民党接管了很多地方，大搞'五子登科'，结果弄得民怨沸腾，彻底丧失了人心，最后很快被我们党领导的革命赶跑了。"这是习近平总书记在第十八届中央纪律检查委员会第二次全体会议上讲的两个小故事，借以告诫全党，中国历史上因统治集团严重腐败导致人亡政息的例子比比皆是。2015年2月2日，习近平总书记在省部级主要领导干部学习贯彻十八届四中全会精神全面推进依法治国专题研讨班开班式上强调："各级领导干部在推进依法治国方面肩负着重要责任，全面依法治国必须抓住领导干部这个'关键少数'。"[①]2022年10月16日，习近平总书记继续强调："锲而不舍落实中央八项规定精神，抓住'关键少数'以上率下，持续深化纠治'四风'，重点纠治形式主义、官僚主义，坚决破

---

① 《习近平在省部级主要领导干部学习贯彻十八届四中全会精神全面推进依法治国专题研讨班开班式上发表重要讲话强调 领导干部要做尊法学法守法用法的模范 带动全党全国共同全面推进依法治国》，《人民日报》2015年2月3日。

除特权思想和特权行为。"①

（一）"关键少数"作关键表率是我们党管党治党经验的科学总结

1932年5月9日15时，随着一声清脆的枪响划过瑞金城西的田野和山冈，瑞金叶坪村苏维埃政府主席谢步升伏法，震撼了整个苏区。这是我们党在成立中华苏维埃共和国后反腐败的第一枪，谢步升也成为我们党在反腐败历史上被枪毙的第一个贪官。在查办谢步升案件过程中，有人认为谢步升对革命有功而为他说情，案件审理一度遇到一定阻力。毛泽东同志在知道谢步升利用职权贪污打土豪所得财物，诱逼奸淫妇女，甚至伪造通行证私自运输物资到白区出售谋取私利后，作出指示："腐败不清除，苏维埃旗帜就打不下去，共产党就会失去威望和民心！与贪污腐化作斗争，是我们共产党人的天职，谁也阻挡不了！"江西瑞金苏区响起的反腐"第一枪"，昭示了我们党在红色政权建设伊始，就十分注意严惩党内腐败，就十分关注领导干部等"关键少数"，并在其后的光辉历程中，对全面从严治党、加强作风建设丝毫没有放松过，保持了党的先进性和纯洁性。

在党的奋斗历程中，老一辈无产阶级革命家身体力行、带头自

---

① 习近平：《高举中国特色社会主义伟大旗帜 为全面建设社会主义现代化国家而团结奋斗——在中国共产党第二十次全国代表大会上的报告》，人民出版社2022年版，第68页。

我革命，为全党树立了光辉榜样。无论是革命战争年代，毛泽东穿
着缀满补丁明显不合身的衣服，周恩来睡的是比农民还差的土炕，
彭德怀穿的是降落伞缝制的背心，林伯渠的眼镜断了腿就用线绳挂
在耳朵上……还是新中国成立后，毛泽东"恋亲不为亲徇私、念旧
不为旧谋利、济亲不为亲撑腰"的规矩，周恩来"要与自己的他人
的一切不正确的思想意识作原则上坚决的斗争"等七条修养要则，
朱德"不准搭乘他使用的汽车、不准亲友相求、不准讲究吃穿住玩"
的家规，以及焦裕禄、谷文昌、杨善洲、沈浩等优秀领导干部坚持
从我做起、向我看齐等等，他们爱党爱国的高尚情怀、廉洁奉公的
清廉本色、艰苦朴素的清正传统，均在全党全社会产生了巨大的感
召力、凝聚力和激励力，影响了一代又一代共产党人，推动形成了
良好党风政风和社会风气。

因此可以说，党经过革命、建设和改革开放的洗礼不断探索和
积累下来的重视"关键少数"的管党治党经验，始终是我党保持先
进性的重要法宝。早在1938年，毛泽东同志就指出："如果我们党
有一百个至二百个系统地而不是零碎地、实际地而不是空洞地学会
了马克思列宁主义的同志，就会大大地提高我们党的战斗力量。"①
改革开放之初，邓小平同志也指出："领导干部，特别是高级干部
以身作则非常重要。群众对干部总是要听其言、观其行的。"②党的
十八大以来，以习近平同志为核心的党中央坚持以上率下，自觉接
受制度约束和组织监督，带头弘扬勤政务实作风，带头严格执行中

---

① 《毛泽东选集》（第2卷），人民出版社1991年版，第533页。
② 《邓小平文选》（第2卷），人民出版社1994年版，第124页。

央八项规定，严格管理亲属子女和身边工作人员，以实际行动树立高标杆、引领新风尚。实践证明，从领导干部这个"关键少数"抓起，就能促进党风政风根本好转，营造良好的政治生态。

（二）"关键少数"起关键作用是提高管党治党水平的现实选择

2021年3月，《中共中央关于加强对"一把手"和领导班子监督的意见》公布实施，这是我们党历史上针对"一把手"和领导班子监督制定的首个专门文件，释放了一以贯之全面从严治党，不断强化对权力运行制约和"关键少数"监督的强烈信号。作为"关键少数"中的关键，"一把手"被赋予重要权力，担负着管党治党的重要政治责任。从查处的违纪违法案件来看，"一把手"违纪违法最易产生催化、连锁反应，甚至造成区域性、系统性、塌方式腐败。以2020年的数据为例，全国纪检监察机关立案审查调查县处级及以上"一把手"5836人。梳理中央纪委国家监委网站"审查调查"栏目，党的十九大以来，通报的受到党纪政务处分的厅局级以上领导干部中，曾担任"一把手"的为数不少。在各地纪检监察机关的审查调查数据中，落马"一把手"也占有相当比例。因此，抓住"关键少数"，是解决党内存在突出问题的迫切需要。

以整治形式主义、官僚主义为例，领导干部居于顶端是"火炬手"，一般干部群众处于下游是"接力手"，有样学样的从"上"心理现实地要求领导带头而且是带好头，否则就会造成反面示范的"羊群效应"。党的十八大以来,以习近平同志为核心的党中央坚持问题导向,有什么问题就解决什么问题,什么问题突出就重点解决什么问题,推动全面从严治党落细、落小、落实。在处理的"关键少数"中,有的理想信念不坚定、党的观念弱化、组织涣散、纪律松弛,搞阳奉阴违、结党营私、团团伙伙、拉帮结派;有的放松自我要求,担当意识不强,严人不严己,严下不严上,满足于"混日子""守摊子";还有一些党组织的主体作用发挥不够,组织生活不认真、不经常、不严肃;等等。这些问题的存在,往往与领导干部自身要求不严、履行管党治党责任不力密切相关。

历史和现实告诉我们:解决中国的问题,关键在党;解决党自身的问题,关键在党的各级领导干部。抓住了"关键少数"这个群体,则党风正;党风正,则政风清;政风清,则民风向善。面对错综复杂的国内外形势,面对难得的发展机遇,各级领导干部要积极作为、敢于担当,真正发挥"关键少数"的"关键作用"。

（三）抓住"关键少数"重塑示范引领的好榜样

2005 年 2 月 16 日,习近平同志在《领导干部必须做到"守土有责"》一文中写道:"说得直白一点,组织上让我们当领导干部,就是派我们在这里站岗放哨,这叫守土有责。古时候,刘邦的《大风歌》说:'大风起兮云飞扬,威加海内兮归故乡,安得猛士兮守四方!'意思就是说要有一批人来守土,负责站岗放哨。当年,明成祖迁都到北京,虽然有其他因素,但对外冠冕堂皇的说法，就是'天子守国门'……当年的封建官吏尚且如此，现在我们作为共产党的领导干部，更应有强烈的责任感，明白责任，敢于负责，保一方平安，强一方经济，富一方百姓，真正做到守土有责。"①领导干部作为党员干部中的"关键少数"，身处关键位置、关键领域、关键环节，是管党治党的组织者、推动者和实践者，是党和国家各项事业的中坚力量，抓住了、抓好了，就能使之发挥领头雁作用，带动和影响绝大多数，加快推动全面从严治党的实现进程。

要在坚定政治理想上带好头。共产主义远大理想和中国特色社会主义共同理想，是中国共产党人的政治灵魂和精神脊梁。要以"不忘初心、牢记使命"主题教育和党史学习教育为契机，带头旗帜鲜明讲政治，善于从政治上把大局、看问题，善于从政治上谋划工作、推动工作，严守政治纪律和政治规矩，坚持民主集中制，参加组织生活，认真开展批评和自我批评，不断增强党内政治生活的政治性、时代性、原则性、战斗性，做政治上的明白人。**要在锻造政治品质上带好头**。对党忠诚，是共产党人最宝贵的政治品质。"关键少数"影响广、关注度高、示范性强，对党忠诚首先体现在带头做到"两个维护"，增强"四个意识"，牢记自己的第一身份是共产党员，第一职责是为党工作，始终在思想上政治上行动上同以习近平同志为核心的党中央保持高度一致。**要在站稳政治立场上带好头**。人民立场是共产党人的根本政治立场。站稳人民立场就要自觉贯彻党的

---

① 习近平：《之江新语》，浙江人民出版社 2007 年版，第 115 页。

群众路线，始终牢记自己是人民的公仆，手中的权力是党和人民赋予的，只有勤勤恳恳为人民服务的义务，没有搞特殊化的权利，坚决同形形色色的特权思想和特权现象作斗争。**要在接受党内监督上带好头**。党内监督是永葆党的肌体健康的生命之源。要切实增强监督意识，正确对待监督，主动接受监督，自觉互相监督，习惯在监督和约束的环境下开展工作，找到自身不足，切实整改纠正，做到位高不擅权、权重不谋私。

习近平总书记强调："要加强教育引导，注重破立并举，抓住'关键少数'，推动各级领导干部自觉担当领导责任和示范责任，把自己摆进去、把思想摆进去、把工作摆进去，形成'头雁效应'。"①各级党委（党组）要充分认识加强对"关键少数"监督的极端重要性和现实紧迫性，强化上级党组织监督，做实做细同级监督，形成一级带一级、一级抓一级的示范效应，积极营造风清气正的从政环境，确保全党步调一致向前进。

四、弘扬光荣传统，赓续红色血脉

2021年6月18日，在中国共产党历史展览馆红色大厅，面向鲜红的党旗，习近平总书记举起右拳，带领党员领导同志重温

---

① 《习近平 李克强 栗战书 赵乐际分别参加全国人大会议一些代表团审议》，《人民日报》2018年3月11日。

入党誓词，以共产党人最质朴、庄严的方式号召全党：从党的奋斗历史中汲取前进力量。马克思《布鲁塞尔笔记》第四笔记本手稿、一大会址复原场景、革命根据地的创建展板、遵义会议复原景观、党的七大投票箱、开国大典影像……一张张图片、一件件文物、一个个场景再现中国共产党重整河山、改天换地的革命奋斗史，淬炼升华、感天动地的精神锻造史。一座红色场馆，一段浓缩历史，一份精神传承，蕴含着中国共产党人的理想信念和价值追求，彰显着我们党的初心使命和历史担当。当今世界，中华民族伟大复兴战略全局和世界百年未有之大变局加速演进，风险愈大、挑战愈多、任务愈重，愈要弘扬光荣传统、赓续红色血脉，以好的作风振奋精神、激发斗志、树立形象、赢得民心。对此，习近平总书记殷切嘱托："我们要继续弘扬光荣传统、赓续红色血脉，永远把伟大建党精神继承下去、发扬光大！""以实现中华民族伟大复兴为己任，增强做中国人的志气、骨气、底气，不负时代，不负韶华，不负党和人民的殷切期望。"①

（一）在铭记红色历程中汲取思想伟力

2021 年 6 月 28 日晚，璀璨的烟花点亮"鸟巢"上空，庆祝中国共产党成立100周年文艺演出隆重举行，从筚路蓝缕、奠基立业，到开创新局、迈向未来，中国共产党的百年奋斗史如画卷

---

① 习近平：《在庆祝中国共产党成立100周年大会上的讲话》，《人民日报》2021 年 7 月 2 日。

般铺展在观众眼前，看不尽的辉煌、数不完的成就让全场观众群情振奋、深受感染。

一个国家要走在时代前列，一刻不能没有理论思维，一刻不能没有思想指引。回望党的百年光辉历程，从建党的开天辟地，到党的十八大以来党和国家事业取得历史性成就、发生历史性变革，根本在于中国共产党自成立之日起就把马克思主义作为立党立国的根本指导思想，并坚持同中国具体实际相结合、同中华优秀传统文化相结合，不断推进理论创新、进行理论创造。我们铭记红色历程，就是要从党的非凡历程中领会马克思主义的伟力，感悟马克思主义真理的力量，深化对马克思主义中国化既一脉相承又与时俱进的理论品质的认识，不断从党的百年光辉历程中汲取真理力量。习近平新时代中国特色社会主义思想是马克思主义中国化最新成果，是当代中国马克思主义、二十一世纪马克思主义。在当代中国，坚持习近平新时代中国特色社会主义思想，就是真正坚持马克思主义。我们必须高举思想之旗，自觉做习近平新时代中国特色社会主义思想的坚定信仰者、忠实实践者，准确把握蕴含其中的理论逻辑、历史逻辑、实践逻辑，做到武装思想与改造思想、触及灵魂与塑造灵魂相统一。

广西壮族自治区桂林市全州县才湾镇红军长征湘江战役纪念园，一面震撼人心的巨幅浮雕墙，生动展现了长征途中红军战士浴血奋战、抢渡湘江的激战场景。2021 年 4 月 25 日，在参观湘江战役纪念园时，习近平总书记深有感触地指出："革命理想高于天。正是因为红军是一支有理想信念的革命军队，才能视死如归、向死而生、一往无前、绝境重生，迸发出不被一切敌人压倒而是压倒一切敌人的英雄气概。为什么中国革命在别人看来是不可能成功的情况下居然成功了？成功的奥秘就在这里。"并进一步强调："我们对实现下一个百年奋斗目标、实现中华民族伟大复兴就应该抱有这样的必胜信念。困难再大，想想红军长征，想想湘江血战。"①理想之光不灭，信念之光不灭。一个人树立了坚定的理想信念，就不惧流血牺牲；一个政党有了远大理想和崇高追求，就会无坚不摧、无往不胜。弘扬光荣传统、赓续红色血脉，我们更要不忘初心、牢记使命，不论风吹雨打，不怕千难万险，坚定不移为实现既定目标而奋斗，努力创造属于我们这一代人无愧于时代的历史功绩。

（二）在传承红色基因中强固政治灵魂

作为生物物种的遗传密码，基因决定物种本质，而**红色基因蕴含着马克思主义世界观价值观，承载着党的理想信念、性质宗旨、奋斗目标，更是我们情感的依附、精神的归宿、前行的动力、胜利的保证**。从嘉兴南湖的红船到井冈山的号角，从长征播下的革命火种到革命圣地延安的抗日烽火，从革命战争年代到和平建设年代，红色基因植根于先烈们用鲜血染红的泥土中，传承于英雄人物用行动谱写的事业中，代代相传，长盛不衰。据统计，仅从1921年7月1日到1949年10月1日，就有2100多万革命者

---

① 《"加油、努力，再长征！"——习近平总书记考察广西纪实》，《人民日报》2021年4月29日。

捐躯，其中可以查到姓名的烈士仅有 370 多万，比新中国成立初期 300 多万党员的总数还多。新中国成立后，从雷锋、焦裕禄、孔繁森，到杨善洲、李保国、黄大年，千百万中国共产党人更是以"敢教日月换新天"的豪情壮志，战天斗地、奋勇拼搏，不畏艰险、不怕牺牲，用辛勤和汗水谱写了社会主义现代化建设的壮丽诗篇。

当前，境内外敌对势力对我实施西化、分化的图谋一刻也没有停止，战略上围堵、发展上遏制、稳定上干扰、思想上渗透、文化上侵蚀，意识形态领域的斗争更加尖锐复杂。宣传思想阵地，正确的思想不去占领，错误的思想就会去占领；我们不去占领，人家就会去占领。在这个争夺"制脑权"的特殊战场上，只有**大力传承红色基因，把红色血脉注入政治灵魂，用红色基因标定价值追求，靠红色传统固牢精神阵地，**守住最根本、最管用的东西，才能打赢意识形态领域的"上甘岭"保卫战。我们要紧盯党内存在的思想不纯、政治不纯、组织不纯、作风不纯等突出问题，经常**同党中央要求"对标"，拿党章党规"扫描"，用群众期待"透视"，向先辈先进"对照"，**持续深化政治整训，清理思想上的灰尘和利益上的羁绊，谨防信仰迷茫、精神迷失现象的侵蚀，让革命事业薪火相传、血脉永续，**在开天辟地、敢为人先强筋骨，坚定理想、百折不挠驱媚骨，立党为公、忠诚为民树风骨**中，铸就永不褪色的红色丰碑。

（三）在发扬红色传统中赓续革命精神

一百多年来，中国共产党人弘扬伟大建党精神，在长期奋斗中形成井冈山精神、长征精神、延安精神、抗战精神、西柏坡精神、红岩精神、抗美援朝精神、"两弹一星"精神、特区精神、抗洪精神、抗震救灾精神、抗疫精神等伟大精神，构筑起了中国共产党人的精神谱系。正是有了这些红色精神的支撑，中国共产党从小到大，由弱到强，从早期的五十几名党员发展为今天拥有9671.2万名党员的世界第一大党；中国在一穷二白的基础上，从零开始构建世界上最完整的工业体系，用几十年时间走完发达国家几百年走过的工业化进程，跃升为世界第一大工业国、世界第二大经济体，实现了从险被"开除球籍"到大步赶上时代，从赶上时代再到走向世界舞台中央的华丽转身。如果有人问，什么是真正的"C位"？作为中国人，我们可以自豪地回答："C位"就是"Chinese Way"！这就是用综合实力、国民凝聚力和开放包容力撑起来的中国底气！

中华民族从匍匐到站立，从站立到腾飞，各方质疑不断，各路挑衅不止，各种唱衰不息。当前，百年变局叠加世纪疫情，世界不稳定性、不确定性明显增加。国内外环境的深刻变化既带来一系列新机遇，也带来一系列新挑战。越是伟大的事业，越是充满挑战，越需要知重负重、知难克难、顽强拼搏。这就需要我们继承伟大的建党精神，把理想信念的火种、红色传统的基因一代代传下去，决不能丢掉革命加拼命的精神，决不能丢掉谦虚谨慎、戒骄戒躁、艰苦奋斗、勤俭节约的传统，决不能丢掉不畏强敌、不惧风险、敢于斗争、敢于胜利的勇气。在复杂严峻的斗争中不断增强斗争意识、发扬斗争精神、提高斗争本领，以更坚定的决心、更旺盛的斗志、更昂扬的姿态建功立业，在新时代的征程上不断创造新业绩、铸就新辉煌。

党的作风就是党的形象，体现着党的性质、宗旨、纲领、路线，体现着党的创造力、战斗力和凝聚力，关系到党员干部的品格力量。在筚路蓝缕的岁月中，正是靠着优良的作风，我们党才能够战胜一个又一个强大的敌人，从一个胜利走向又一个胜利。当前，我们前进道路上仍面临着许多难关和挑战，所面临的风险和考验一点也不会比过去少。风险越大、挑战越多、任务越重，越要加强党的作风建设，以好的作风振奋精神、激发斗志、树立形象、赢得民心。作风建设只有进行时，没有完成时。正所谓党的优良作风历经岁月沧桑，始终闪烁着耀眼的光芒，充满着旺盛的生命力，只有始终保持一份坚忍执着，抓住加强党性修养这个核心、关键少数这个关键，赓续共产党人的精神血脉，才能让"金色名片"永不褪色、永不蒙尘，以强大的品格吸引力助推世界上最强大政党的建成，在新的赶考路上成就更大的荣光。

第七章

建设最强大政党必须增强自我革命力

中国共产党是中国工人阶级的先锋队，同时是中国人民和中华民族的先锋队，始终代表中国最广大人民的根本利益。习近平总书记指出："经过不懈努力，党找到了自我革命这一跳出治乱兴衰历史周期率的第二个答案。"[1]勇于自我革命是我们党最鲜明的品格和最大优势，它强调的是党通过解决自身存在的问题，不断实现自我净化、自我完善、自我革新和自我提高能力。以习近平同志为核心的党中央深刻把握了这个重大时代课题，在坚持和发展中国特色社会主义的理论和实践中，向世界和中国人民诠释了如何建设世界上最强大政党的内在逻辑。

---

① 习近平：《高举中国特色社会主义伟大旗帜 为全面建设社会主义现代化国家而团结奋斗——在中国共产党第二十次全国代表大会上的报告》，人民出版社 2022 年版，第 14 页。

一、自我革命：党稳健前行的显著标志

中国共产党能在历史征程中不断应对挑战，迈过一道道沟，战胜一次次困难，很大程度上得益于我们党既是马克思主义执政党，又是马克思主义革命党。自我革命精神已深深熔铸在党的基因和优良传统之中，是其稳健前行的显著标志，也是其不同于西方政党独具特色的红色气质。

（一）勇于自我革命是中国共产党最鲜明的品格

我们如何理解勇于自我革命是我们党最鲜明的品格？这就要从中国共产党的本质属性中寻找答案。自诞生之日起，中国共产党就给自己制定了十分明确的宗旨，党章中明确写道："中国共产党是中国工人阶级的先锋队，同时是中国人民和中华民族的先锋队，是中国特色社会主义事业的领导核心。"①

中国共产党一路走来，始终坚持了马克思主义政党的特质。马克思主义科学性、革命性、实践性和人民性的品格，为中国共产党自我革命提供了理论和实践基础。马克思主义的革命性主要集中体现在其彻底批判精神上。在《资本论》第二版跋文中，马克思指出："辩证法在对现存事物的肯定的理解中同时包含对现

————

① 《中国共产党章程》，人民出版社2022年版，第1页。

存事物的否定的理解，即对现存事物的必然灭亡的理解；辩证法对每一种既成的形式都是从不断的运动中，因而也是从它的暂时性方面去理解；辩证法不崇拜任何东西，按其本质来说，它是批判的和革命的。"[①]这一科学论断，指出了事物的发展过程是自我革命的内在要求。

马克思和恩格斯始终积极批判各种错误观点和思潮，批判性考察资本主义制度，既肯定其产生的历史必然性和在一定时期内的进步性，又从经济、政治、思想文化等各个方面揭露其不合理性，抨击其罪恶和弊端，揭示其被更高的社会形态所代替的历史必然性。通过批判费尔巴哈等人的历史唯心主义观点，形成历史唯物主义观点；通过批判蒲鲁东的小资产阶级经济学和社会主义观点，形成政治经济学的基本理论；通过批判各种空想和反动的社会主义学说，形成科学社会主义的系统理论。这是马克思主义在其理论思想上体现的强烈的批判性和革命性。马克思主义革命性还表现在指导工人阶级的现实实践上。马克思主义具有坚定的政治立场，是代表工人阶级和广大人民群众的利益、愿望和要求的意识形态。马克思主义从不隐瞒和回避自己的阶级本质，从不标榜自己是全人类利益的代表，始终声明自己的立场是为工人阶级服务的。它以彻底批判一切剥削制度、消灭社会不平等现象、争取工人阶级解放和全人类的彻底解放为己任。《共产党宣言》中强调"共产党人强调和坚持整个无产阶级共同的不分民族的利益""共产

---

① 《马克思恩格斯选集》（第 2 卷），人民出版社 2012 年版，第 94 页。

党人始终代表整个运动的利益"。[①]无产阶级政党通过革命使自己上升为统治阶级，建立新的生产关系，并随着时代发展不断对生产关系进行调整，不断趋向人类解放，这同时也是自我革命的过程。以实现人的自由全面发展和解放全人类为己任是马克思主义政党的宗旨，勇于自我革命是马克思主义政党与生俱来的鲜明本色。

作为马克思主义政党，中国共产党一诞生就秉承着马克思主义的革命精神，铭刻着斗争的烙印，一路走来就是在斗争中求得生存、获得发展、赢得胜利的。正如毛泽东同志 1925 年在《〈政治周报发刊〉理由》一文中所说的："为什么要革命？为了使中华民族得到解放，为了实现人民的统治，为了使人民得到经济的幸福。"[②]这是我们早期共产党人的初心和使命。从建党之日起，我们党始终能保持巨大的自我革命精神与勇气，原因即在于党不是谋私利的小团体，而是保持党同人民群众的血肉联系，一切以人民的利益为出发点。回顾革命、建设、改革各个历史阶段，自我革命是马克思主义政党永恒的主题，中国共产党的自我革命精神是在坚持和发展马克思主义的过程中不断深化拓展的，是在马克思主义基本原理与中国实际相结合，不断推进理论创新、开辟新的道路、创立新的制度、发展新文化的伟大实践中拓展的。

---

① 《共产党宣言》，人民出版社 1997 年 8 月版，第 40 页。
② 《毛泽东文集》（第 1 卷），人民出版社 1993 年版，第 21 页。

（二）勇于自我革命是中国共产党不断取得胜利的关键所在

党的二十大报告指出："我们党作为世界上最大的马克思主义执政党，要始终赢得人民拥护、巩固长期执政地位，必须时刻保持解决大党独有难题的清醒和坚定。"[①]我们正处于第二个百年奋斗目标的起步期，遭逢了世界百年变局和世纪疫情的叠加碰撞，党和国家面临的形势之复杂、斗争之严峻、改革发展稳定任务之艰巨世所罕见、史所罕见。重温党的历史，找寻我们党不断取得成功的原因，就要审视我们党在几次重大历史转折和关键时刻的选择，这对于我们建设最强大的政党具有非常重要的意义。

新民主主义革命时期，以李大钊、陈独秀、毛泽东、周恩来、邓中夏等为代表的初步具有共产主义思想的革命知识分子，为中国的前进开辟了一条全新的道路。中国共产党成立后不久，便投入到轰轰烈烈的大革命运动中。1927年蒋介石、汪精卫集团相继背叛革命，屠杀大量革命群众和共产党人。在大革命面临失败的紧要关头，中国共产党何去何从？1927年8月7日党中央在湖北汉口召开会议，检讨党的工作，批判大革命后期出现的问题，确立了实行土地革命和武装起义的总方针。会议通过的《中国共产党中央执行委员会告全党党员书》指出："我们党公开承认并纠正错误，不含混不隐瞒，这并不是示弱，而正是证明中国共产主

---

① 习近平：《高举中国特色社会主义伟大旗帜　为全面建设社会主义现代化国家而团结奋斗——在中国共产党第二十次全国代表大会上的报告》，人民出版社2022年版，第63页。

义运动的力量。"① 此次会议给正处在思想混乱和组织涣散中的中国共产党指明了新的出路，开启了由大革命失败到土地革命战争兴起的历史性转变。

1935 年的遵义会议，是在极端危急关头实现党的历史伟大转折的一次重要自我革命。中央红军第五次反"围剿"遭受严重挫折，被迫长征，在湘江战役中伤亡惨烈，中央红军从 8.6 万余人锐减到 3 万多人。前途凶险，该怎么办？面对这一关键时刻，中央政治局在贵州遵义召开扩大会议，深刻反思了博古、李德在军事指导上的错误，改组了中央领导机构，选举毛泽东为中央政治局常委。会后不久，在向云南扎西地区进军途中，中央政治局常委决定由张闻天代替博古负总的责任，毛泽东为周恩来在军事指挥上的帮助者，后成立由毛泽东、周恩来、王稼祥组成的三人小组，负责全军的军事行动。这些重大决策，挽救了党和红军，挽救了中国革命，是党的历史上一个生死攸关的转折点。

遵义会议后，党从军事上、政治上纠正了王明"左"倾错误，但从思想上还未系统地彻底纠正这种错误。为了解决党内思想矛盾，加强党的建设，提高全党特别是高级干部的马克思主义水平，整风运动就非常必要和迫切。延安整风运动就是党在抗战时期通过总结历史经验，从思想上批判以王明为代表的"左"倾教条主义错误，提高全党马克思主义理论水平的一次自我革命。整风运动为在党的七大上确立毛泽东思想为党的指导思想奠定了思想基

---

① 《建党以来重要文献选编》（1921—1949）第 4 册，中央文献出版社 1996 年版，第 410 页。

础，也为夺取抗日战争的胜利和新民主主义革命在全国的胜利奠定了政治基础。

1949年3月23日，中共中央、中央军委和中国人民解放军总部，由西柏坡出发，挺进北平。临行前毛泽东语重心长地告诫大家："我们就要进北平了。我们进北平，可不是李自成进北京。他们进北京腐化了，我们共产党人进北平是继续干革命，建设社会主义，直到共产主义。"①从这段历史可以看出，面对革命胜利，勇于将过往清零，进京赶考，这就是自我革命精神的体现。在新中国成立后，党中央践行"务必继续地保持谦虚、谨慎、不骄、不躁的作风，务必继续地保持艰苦奋斗的作风"思想，全面开展整风运动，将"三反"运动与整党结合，严肃处理部分党员干部存在的贪污、浪费、受贿等腐化堕落行为，尤其是从严处理了号称"共和国反腐第一案"的刘青山、张子善案件，影响深刻，开启了从严治党的伟大实践。

新中国成立以来，我们党历史上具有深远的自我革命意义的伟大转折是1978年底召开的十一届三中全会。由于我们党在社会主义建设初步探索时期，认识不深、经验不足，一度犯了急躁冒进的错误，留下的历史教训是极其深刻的。中国共产党在历史关键时期选择直面错误、纠正错误并坚定地提出了改革开放的伟大决策，使我们的社会主义建设事业平稳接续发展，在此基础上成功地开创、发展中国特色社会主义，并将其胜利地推进到21世纪。

---

① 金冲及：《毛泽东传（1893—1949）》，中央文献出版社1996年版，第917页。

习近平总书记指出："全面从严治党是党永葆生机活力、走好新的赶考之路的必由之路。"①党的十八大以来，以习近平同志为核心的党中央大刀阔斧地全方位推进深化改革，特别是在党的建设方面，以刀刃向内的自我革命精神全面从严治党，直面党内存在的突出问题，直击积弊，清扫顽疾，发出了"打铁还需自身硬"的警醒与行动，可以说是开启了一场新的更大力度的"自我革命"。比如，秦岭违建别墅事件，十年里，建了拆，拆了又建，问题始终得不到解决。2014年5月13日，习近平总书记就此问题作出重要批示，但从市委到省委仍没有做好调查研究，导致上千栋违建别墅被漏报。同年10月13日，习近平总书记又做出第二次重要批示，但还是没有引起陕西省的重视，违建别墅整而未治、禁而不绝的现象仍存在。从2015年2月到2018年4月，习近平总书记又作过三次重要批示，问题仍迟迟得不到解决。2018年7月，习近平总书记作出第六次重要批示：首先从政治纪律查起，彻底查处整而未治、阳奉阴违、禁而不绝的问题。在中央专项整治工作组的专项整治中，共清查1194栋违建别墅。这一问题的彻底解决，可以看到党对全面从严治党这场伟大的自我革命的决心和力度。

新时代赋予自我革命以新的内涵。党的十八大以来，我们党形成了一整套自我净化、自我完善、自我革新、自我提高的制度规范体系。截至2022年6月，全党现行有效党内法规共3718部。

---

① 习近平：《高举中国特色社会主义伟大旗帜 为全面建设社会主义现代化国家而团结奋斗——在中国共产党第二十次全国代表大会上的报告》，人民出版社2022年版，第70页。

党的二十大面向新征程，又进一步提出"完善党的自我革命制度规范体系。坚持制度治党、依规治党，以党章为根本，以民主集中制为核心，完善党内法规制度体系，增强党内法规权威性和执行力，形成坚持真理、修正错误，发现问题、纠正偏差的机制。"①要兴党强党，就必须以勇于自我革命精神打造和锤炼自己，才能不断给党和人民事业注入生机活力。

（三）勇于自我革命是党永葆先进性和纯洁性的必然要求

革故鼎新，守正出新，才能创造一个新世界。先进性和纯洁性是马克思主义政党的本质属性，贯穿于党的性质、宗旨、任务和全部工作中，体现在各级党组织和全体党员的实际行动上。在世界现有的政党中，不断超越自我，像中国共产党这样"自我革命"的政党，是非常罕见的。但作为中国特色社会主义事业的坚强领导核心，如何永葆先进性和纯洁性、永葆生机活力，始终得到人民拥护和支持，仍然是摆在我们党面前的重大课题。

解决党自身存在的突出问题。党的十九大报告将"自我革命"明确纳入党的建设总要求②。党的二十大报告进一步强调指出"全

---

① 习近平：《高举中国特色社会主义伟大旗帜　为全面建设社会主义现代化国家而团结奋斗——在中国共产党第二十次全国代表大会上的报告》，人民出版社2022年版，第66页。
② 习近平：《决胜全面建成小康社会　夺取新时代中国特色社会主义伟大胜利——在中国共产党第十九次全国代表大会上的报告》，人民出版社2017年版，第62页。

党必须牢记，全面从严治党永远在路上，党的自我革命永远在路上"①。曾经一段时期以来党内存在的积弊严重损害党的形象、侵蚀党的执政基础，是我们党面临的最大威胁。党的二十大新闻中心举行的记者招待会上首次披露了这样一组数据：党的十八大以来，全国纪检监察机关共立案 464.8 万余件，其中，立案审查调查中管干部 553 人，处分厅局级干部 2.5 万多人、县处级干部 18.2 万多人。党的十八大以来立案审查调查的 553 名中管干部当中，含十八届中央委员、中央候补委员 49 人，十八届中央纪委委员 12 人；十九届中央委员、中央候补委员 12 人，十九届中央纪委委员 6 人。这也正如习近平总书记在十八届中央纪委二次全会上指出，不论什么人，不论其职务多高，只要触犯了党纪国法，都要受到严肃追究和严厉惩处。中央纪委连续十年和国家统计局合作开展的民意调查 2022 年结果显示，97.4% 的群众认为全面从严治党卓有成效，这个数字比 2012 年提高了 22.4%。敢不敢正视自身的问题，有没有刀刃向内的勇气，是一个政党能否永葆先进性和纯洁性的重要标志。

解决社会革命存在的突出问题。民族复兴梦想越接近，改革开放任务越繁重，党的建设越要加强。新时代世情国情党情的变化复杂深刻，各种弱化党的先进性、损害党的纯洁性的因素时刻存在。在我国前所未有地走近世界舞台中央、前所未有地接近实

---

① 习近平：《高举中国特色社会主义伟大旗帜　为全面建设社会主义现代化国家而团结奋斗——在中国共产党第二十次全国代表大会上的报告》，人民出版社 2022 年版，第 64 页。

现中华民族伟大复兴的目标、前所未有地具有实现民族复兴的能力和信心的关节点上，我们要牢记习近平总书记告诫全党的"温水煮青蛙"的故事，要看到斗争形势依然严峻复杂，要警惕可能面临的国内外风险，不断增强社会革命的能力，才能使党在伟大斗争中永立不败之地。

正所谓"天下何以治，得民心而已"。习近平总书记使命担当铁腕反腐。勇气何来？正是那句庄严的承诺："我将无我，不负人民。"不谋私利才能谋根本，才能真正做到自我革命与社会革命相结合。

二、坚持自我革命与社会革命相结合

中国共产党的历史，既是一部党领导人民不懈奋斗，不断推进社会革命的历史，也是一部党坚守初心使命，不断进行自我革命的历史。"两大革命"始终贯穿于中国共产党的历史之中，推动中国实现历史飞跃、中华民族走向伟大复兴。习近平总书记指出："深入推进新时代党的建设新的伟大工程，以党的自我革命引领社会革命。"①并将"以伟大自我革命引领伟大社会革命"等要求

① 习近平：《高举中国特色社会主义伟大旗帜 为全面建设社会主义现代化国家而团结奋斗——在中国共产党第二十次全国代表大会上的报告》，人民出版社 2022 年版，第 64 页。

写入党章，顺应了时代要求，体现了全党意志，有利于推动全党永葆自我革命精神，贯彻全面从严治党战略方针，深入推进新时代党的建设新的伟大工程，确保党在革命性锻造中更加坚强有力，始终成为中国特色社会主义事业的坚强领导核心。

（一）坚持自我革命与社会革命相结合是实现党的历史使命的必然要求

社会革命是共产党人的使命所在，是共产党人的终身任务，离开了社会革命，共产党就不成其为无产阶级革命政党。自建党之日起，中国共产党就肩负起领导人民进行伟大的社会革命的使命，就是打破旧世界、创造新社会，最终目标是实现共产主义。中国共产党相继领导了新民主主义革命和社会主义革命、改革开放和现代化建设两次伟大的社会革命，目前正领导进行着新时代伟大的社会革命实践。习近平总书记在学习贯彻党的十九大精神研讨班开班式上发表重要讲话强调："新时代中国特色社会主义是我们党领导人民进行伟大社会革命的成果，也是我们党领导人民进行伟大社会革命的继续，必须一以贯之进行下去。"①

党的历史既是持续推进伟大社会革命的历史，也是不断开展党的自我革命的历史。不进行自我革命，共产党就会丧失革命性，丧失政治领导力、群众组织力和社会号召力，就不可能领导人民

① 《习近平：以时不我待只争朝夕的精神投入工作 开创新时代中国特色社会主义事业新局面》，新华网，2018 年 1 月 5 日。

进行社会革命。党在长期执政的条件下，要始终保持党的先进性和纯洁性、用新的伟大奋斗创造新的伟业，就要勇于自我监督、自我重塑、自我革命，这是党领导人民进行伟大社会革命的客观要求，也是党作为马克思主义政党建设和发展的内在需要。

社会革命和自我革命两者相互依存，相互联系，统一于实现党领导的社会革命取得胜利的思想和实践中。坚持和发展中国特色社会主义、夺取新时代中国特色社会主义伟大胜利是我们党要团结带领人民进行的新时代伟大社会革命。要取得新时代伟大社会革命的胜利，必须要有党的伟大的自我革命来保障、来推动。

（二）坚持自我革命与社会革命相结合是党永葆生机的强大动力

回顾建党以来的历程，我们可以清楚地看到，在进行社会革命的同时不断进行自我革命，是我们党区别于其他政党最显著的标志，也是我们党不断从胜利走向新的胜利的关键所在。中国共产党成立之后，将落后挨打的旧中国转变为独立自主、自力更生的社会主义新中国，转变为改革开放、迈向社会主义现代化强国的国家，将一个成立之初只有50多个党员的小党发展成为拥有9671.2万党员的世界第一大党和世界最大社会主义国家的执政党，究其本源，在于勇于推进伟大社会革命和党的自我革命双轮同频共振。

社会的发展始终围绕着生产力与生产关系、经济基础与上层建筑之间的矛盾运动。社会革命是这种基本矛盾运动的必然结果。伟大社会革命使得中国社会的主要矛盾，能够得到根本性、全局性、突破性的解决，极大激发社会生产力的活力、焕发广大人民的创造力。伟大社会革命深化党的自我革命。社会革命的性质和水平，决定了党的自我革命的内容和高度。新时代中国特色社会主义，是建成富强民主文明和谐美丽社会主义现代化强国的伟大社会革命，是不断促进人的全面发展、全体人民共同富裕的伟大社会革命。领导这样一场具有世界历史意义的伟大社会实践，对我们党提出了前所未有的新挑战新要求。党必须深化自我革命，使自身素质与社会主义现代化强国要求相协调，消除一切损害党的先进性和纯洁性的因素，消除一切侵蚀党的健康肌体的病毒。没有伟大社会革命，党的自我革命就缺乏动力。

党的自我革命推动伟大社会革命。我们党作为一个大党、老党、长期执政党，要始终保持马克思主义政党的先进性和纯洁性，就要以自我革命的方式不断革除积弊，增长生机活力，强筋壮骨。如果不能破除利益固化的藩篱，就不可能有继续推进伟大社会革命的动力，就会造成党的肌体僵化。纵览世界政党政治史，不少大党老党盛极一时，最终为历史所淘汰，如苏共及其领导下的共产国际曾经是世界共产主义运动的中心，苏联模式一度成为绝大多数社会主义国家革命和建设学习的典范。然而，在 20 世纪 90 年代初，曾经强大的苏共突然垮台。苏联轰然倒塌，其中的原因是多方面的，但最主要原因是苏共在长期执政过程中弱化党的领导和忽视党的建设，特别是摒弃了自我革命的优良传统和政治优势，导致苏共从充满生机活力、勇于自我革命，变成思想保守僵化、体制机制固化、顽瘴痼疾缠身，最终因丧失了自我革命精神而亡党亡国。这样的历史教训让我们清醒地认识到：一个领导革命和建设事业的党必须是一个高度重视自身建设，不断推进自我革命的政党，必须要保持与人民群众的血肉联系，带领人民成功应对重大挑战、抵御重大风险、解决重大矛盾，不断从胜利走向新的胜利的政党。在新时代，我们党领导人民进行的伟大社会革命，涉及矛盾和问题的尖锐性、进行伟大斗争形势的复杂性，都是前所未有的。要把新时代坚持和发展中国特色社会主义这场伟大社会革命进行好，我们党必须勇于进行自我革命，这是把党建设得更加坚强有力的强大动力。对此，习近平总书记明确指出："我们党必须以党的自我革命来推动党领导人民进行的伟大社会革命，把党建设成为始终走在时代前列、人民衷心拥护、勇于自我革命、经得起各种风浪考验、朝气蓬勃的马克思主义执政党，这既是我们党领导人民进行伟大社会革命的客观要求，也是我们党作为马克思主义政党建设和发展的内在需要。"[①]

（三）坚持自我革命与社会革命相结合是应对新时代挑战的必然要求

党的十八大以来，经过坚决斗争，全面从严治党的政治引领和政治保障作用充分发挥，党的自我净化、自我完善、自我革新、自我提高能力显著增强，管党治党宽松软状况得到根本扭转，反腐败

①　《习近平：以时不我待只争朝夕的精神投入工作 开创新时代中国特色社会主义事业新局面》，《新华网》2018年1月5日。

斗争取得压倒性胜利并全面巩固，消除了党、国家、军队内部存在的严重隐患，党在革命性锻造中更加坚强。把新时代坚持和发展中国特色社会主义伟大社会革命进行好，迫切需要中国共产党从新的历史方位出发，以党的政治建设为统领，全面推进党的政治建设、思想建设、组织建设、作风建设、纪律建设，把制度建设贯穿其中，深入推进反腐败斗争，不断提高党自身建设和自我革命，通过革命性锻造焕发出新的强大生机活力，进一步凝聚起同心共筑中国梦的磅礴力量，为新时代伟大社会革命顺利推进夯实基础，继续做好新时代的"答卷人"。新时代新征程，唯有将新时代伟大社会革命和党的自我革命紧密结合、多点细化组合推进，我们党才能永葆旺盛生命力和强大战斗力，始终成为同心共筑中国梦的坚强领导核心，新时代中国特色社会主义才能日臻完善。

三、坚持正视问题与修正错误相结合

列宁说过："公开承认错误，揭露犯错误的原因，分析产生错误的环境，仔细讨论改正错误的方法——这才是一个郑重的党的标志。"[①]党的七大会址会场两侧挂有六个插着党旗的旗座，每个旗座上都书写着"坚持真理，修正错误"八个大字，既显示出

---

① 《列宁选集》（第 4 卷），人民出版社 2004 年版，第 167 页。

这次具有里程碑意义会议的灵魂，也彰显出中国共产党人不断自我革命的精髓。中国共产党为什么能够在各种政治力量反复较量中脱颖而出？为什么能够始终走在时代前列、成为中国人民和中华民族的主心骨？就是因为我们党始终能够清醒地认识自身问题，坚持正视问题与修正错误相结合，毫不留情地进行自我革命。

（一）敢于直面问题、勇于修正错误是我们党的显著特点和优势

南宋何坦的《西畴老人常言》中写道："天下不能常治，有弊所当革也；犹人身不能常安，有疾所当治也。"敢于直面问题、勇于修正错误，是我们党的显著特点和优势。历史证明，一个政党如果自身存在的问题不主动解决，新生的问题不能积极应对，那么很有可能不攻自破。

1945 年 7 月 4 日，毛泽东同志在延安杨家岭住处的窑洞里，与黄炎培曾有过一段谈话，即历史上著名的延安"窑洞对"。黄炎培问道："历史上的各种国家政权都没能跳出历史周期率。中国共产党能否找到一条新出路，跳出历史周期率的支配？"[①] 毛泽东同志坚定地说："我们已经找到新路，我们能跳出这周期率。这条新路，就是民主。只有让人民来监督政府，政府才不敢松懈。只有人人起来负责，才不会人亡政息。"[②] 一个伟大的领袖，必然

---

① 黄炎培：《八十年来》，文史资料出版社 1982 年版，第 148 页。
② 黄炎培：《八十年来》，文史资料出版社 1982 年版，第 149 页。

能为人民利益而深刻思考、深刻反省，一个具有自我革命精神的政党，必然能够为人民利益而坚持真理、修正错误。党的十八大以来，以习近平同志为核心的党中央铁律治吏，铁拳惩腐，从遏制"舌尖上的浪费"、刹住"车轮上的腐败"、整治"会所里的歪风"，到多措并举遏制"天价月饼""天价烟酒"，再到厉行节约、反对浪费……种种从严治党的举措刹住了一些长期没有刹住的歪风，纠治了一些多年未除的顽瘴痼疾。

回顾历史，有哪个时期曾有过这样的反腐力度？敢于刀刃向内，刮骨疗毒，这是何等伟大的自我革命，只有共产党才能真正地进行自我革命。

自我革命的过程显然是艰难和痛苦的，最需要勇气。一个政党的自我革命道路，必然会充满艰难险阻，需要更大的胆识与魄力。修正自己是一项艰巨的工作，它打破的是利益藩篱，触动利益比触动灵魂更难；革除的是体制之弊，清除的是腐败毒瘤，因而是艰难的革命。这样的自我革命，没有破釜沉舟、舍我其谁的魄力，没有刮骨疗毒、壮士断腕的勇气，是根本做不到的。

（二）敢于直面问题、勇于修正错误，要用好批评与自我批评这个有力武器

马克思曾指出，无产阶级革命和其他革命的一个不同的地方，就在于它自己批评自己并靠批评自己而壮大起来。中国共产党之所以能取得革命的胜利及建设的成就，很大程度上在于运用了"批评

和自我批评"这个马克思列宁主义的武器。"房子是应该经常打扫的，不打扫就会积满了灰尘；脸是应该经常洗的，不洗也就会灰尘满面。我们同志的思想，我们党的工作，也会沾染灰尘的，也应该打扫与洗涤。"①在党的七大的政治报告中，毛泽东首次将"批评与自我批评"作为党的"三大作风"之一明确地提了出来，"有无认真的自我批评，也是我们和其他政党互相区别的显著标志之一。"②我们可以从当时到访过延安的斯诺的回忆录中找到答案。斯诺曾在《红星照耀中国》里回忆说，他在延安采访的岁月里曾发现，"最使人感兴趣的是红军所办的墙报，里面有黑栏（批评栏）和红栏（表扬栏）。在红栏中，人们称赞个人或者集体的勇敢、无私、勤劳和其他美德；在黑栏中，同志之间互相批评，并指名道姓地批评他们的军官。"③

1956年，在党的八大会议上，邓小平作《关于修改党章的报告》提出，要采取群众性的批评和自我批评的方法，每隔一定时期，对全体党员进行一次工作作风的整顿，特别着重检查群众路线的执行情况。随后通过的党章在总纲中明确规定，中国共产党必须经常用批评和自我批评的方法揭露和消除自己的缺点和错误，以教育自己和人民。党章在规定党员义务时明确指出，实行批评和自我批评，揭露工作中的缺点和错误，并且努力加以克服和纠正。这是党章第一次将批评和自我批评列为党员的义务和党组织的任务。一路走来，"批评与自我批评"这个马克思列宁主义的武器

---

① 《毛泽东选集》（第3卷），人民出版社1991年版，第1096页。
② 《毛泽东选集》（第3卷），人民出版社1991年版，第1096页。
③ 黄一兵：《从延安整风运动说起》，《求是》2019年第14期。

在党的发展无数关键时刻发挥出重要作用，一代代中国共产党人，定期自省，及时纠偏，让这个大党始终焕发着生机和活力。党的十八大以来，习近平总书记多次强调批评和自我批评的重要性。在第十八届中央纪律检查委员会第六次全体会议上，他明确地说："要让批评和自我批评成为党内生活的常态，成为每个党员、干部的必修课。"①

（三）敢于直面问题、勇于修正错误体现了党一贯坚定的人民立场

1945 年毛泽东同志就指出："共产党人必须随时准备坚持真理，因为任何真理都是符合于人民利益的；共产党人必须随时准备修正错误，因为任何错误都是不符合于人民利益的"。② 积极面对自身存在的问题，认真听取人民群众的意见，广纳民智，顺从民意，正确领导人民沿着中华民族伟大复兴之路迈进，这正是人民群众的心愿，也必将为人民群众带来更大的福祉。

福建古田会议纪念馆，非常醒目的位置上陈列着一封写于 1929 年 9 月的书信影印件，这封信是由中共中央写给红四军前委的，在历史上被称为"九月来信"。1929 年，在反"围剿"的革命斗争中，朱德与毛泽东在建党思想、建军原则、根据地建设等问题上出现分

①　习近平：《在第十八届中央纪律检查委员会第六次全体会议上的讲话》，《人民日报》2016 年 5 月 3 日。
②　《毛泽东选集》（第 3 卷），人民出版社 1991 年版，第 1095 页。

歧，当然这种分歧，是为了找到更好的工作方法。对红四军发生的情况，中共中央高度重视，组成李立三、周恩来、陈毅三人委员会，由周恩来召集，负责起草对红四军工作的指示文件。9月28日，中共中央发出给红四军前委的指示信，即九月来信。10月22日晚，陈毅在前委会上传达了九月来信，明确指出毛泽东"仍为前委书记"，为此前分歧画上了句号，这才有了同年古田会议的顺利召开。红四军主要领导人从党和人民事业全局出发，刀口向内推进自我革命，从而使红军走出了困境。毛泽东同志后来指出："因为我们是为人民服务的，所以，我们如果有缺点，就不怕别人批评指出。不管是什么人，谁向我们指出都行。只要你说得对，我们就改正。你说的办法对人民有好处，我们就照你的办。"毛泽东还说，正确的自我批评就是要"对自己的工作、自己的历史加以分析"，要坚持真理，修正错误，"我们工作中间一定会有些毛病，要加以分析，做得正确的就要承认它正确，做得不正确的就要修正"。[①]

一封信，挽救了中国革命，指明了前进的方向。2014年全军政治工作会议期间，习近平主席以同样坚定的立场、鲜明的态度查摆问题，多次用"反思"这个词，对10个方面的突出问题强调要从政治工作的角度进行反思，对部队中特别是领导干部在思想政治和作风上存在的突出问题开展全方位的大排查。古田会议和全军政治工作会议所揭露的问题之多、之重，在我们党和军队历史上都是极为罕见的，体现了我们党的领袖坚定的人民立场、强

---

① 《毛泽东文集》（第3卷），人民出版社1996年版，第254页。

烈的忧患意识和彻底的自我革命精神。

历史证明，我们党之所以能够在危难之际绝处逢生，在苦难之中百折不挠，坚持真理、修正错误至关重要。当前，世界又一次站在历史的十字路口，何去何从取决于各国人民的抉择。中国共产党人要深刻认识自身存在的问题，始终跟上时代潮流与人民要求，凡是有利于党和人民事业的，就坚决干、加油干、一刻不停歇地干；凡是不利于党和人民事业的，就坚决改、彻底改、一刻不耽误地改，努力在自信自强、守正创新，踔厉奋发、勇毅前行的过程中实现自身的历史性飞跃。

四、做勇于自我革命的战士

"敢于斗争、敢于胜利，是党和人民不可战胜的强大精神力量。党和人民取得的一切成就，都是通过斗争取得的。"[①]党的自我革命需要每一位共产党员时刻保持自我革命精神，不断打造和锤炼自己以先锋战士的态度和角色投入到自我革命的伟大实践中去。党员干部要不断强化"为党""为民"的政治担当，不断提高政治觉悟和政治能力，永葆共产党人政治本色，做勇于自我革命的战士。

---

① 《中国共产党章程》，《人民日报》2022年10月27日。

（一）要从思想上正本清源、固本培元

党员是什么？党员要信什么？每一个党员都应时刻拷问自己。党员的初心来源于崇高的革命理想，来源于实现人民的根本利益，牢记了这一初心，秉持了这一宗旨，坚持了这一理想，就必然能够做到自我革命。

和平年代，时间久了，环境变了，有些同志初心和宗旨就发生了变化。在"不忘初心、牢记使命"主题教育总结大会上的重要讲话中，习近平总书记以强烈的忧患意识指出，当前少数党员、干部中存在的问题：自我革命精神"淡化"、检视问题能力"退化"、批评能力"弱化"、骄奢"腐化"。这些问题具有严重危害性：一旦有了'心中贼'，自我革命意志就会衰退，就会违背初心、忘记使命，就会突破纪律底线甚至违法犯罪。这些问题中理想信念动摇是最危险的。一个政党的衰落，往往从理想信念的丧失开始。2021年7月6日下午，200余名高校领导干部聚集在一起，"'以案说纪''以案说法''以案说德''以案说责'警示教育会"如期召开。案件的主角，是因严重违纪违法被通报"双开"的某大学原党委常委、副校长沈志莉。沈志莉因严重违反党的政治纪律、组织纪律、廉洁纪律、工作纪律、生活纪律，构成严重职务违法并涉嫌受贿犯罪，且在党的十八大后不收敛不收手，性质严重，影响恶劣，一审判处有期徒刑十年。在沈志莉的主要违纪事实中，列于首位的是"严重违反政治纪律和政治规矩"。2006年至2020年间，因工作与他人发生矛盾，沈志莉先后20余次匿名诬告，对学校政治生态造成严重破坏。她还高价从事"小龙仙""念咒画符""作法祛灾"等封建迷信活动，完全丧失作为一名党员的理想信念；生活奢靡，累计花费数百万元用于美容整形，一次购买衣物就要 20 多万元……这是何等背离了一个党员的初心，损害党的纯洁！

2017 年，习近平总书记提出："讲政治，是我们党补钙壮骨、强身健体的根本保证，是我们党培养自我革命勇气、增强自我净化能力、提高排毒杀菌政治免疫力的根本途径。"①党员干部要以彻底的自我革命精神严加防范各种弱化党的先进性、损害党的纯洁性的因素，必须从思想上正本清源、固本培元，锤炼政治品行和党性，**时刻检视自己的思想、道德、作风是否纯洁，自觉清除思想上的灰尘和心灵上的污垢**，不为私心所扰、不为名利所累、不为物欲所惑，确保理想信念不动摇、政治立场不动摇、大是大非不糊涂。

马克思主义是科学的真理，它运用历史唯物主义揭示了人类社会发展的规律，为马克思主义政党提供了科学的指导。只有坚持这个根本指导思想，才有正确方向，才能坚持真理、修正错误。习近平总书记也多次强调"学习马克思主义基本理论是共产党人的必修课"，只有强化理论武装，才能始终坚持正确的政治方向，推动思想和身体同步进入新时代，**真正使思想观念与初心相契合、与使命相符合、与时代相融合**。

---

① 《习近平在省部级主要领导干部学习贯彻十八届六中全会精神专题研讨班开班式上的讲话》，新华网，2017 年 2 月 13 日。

当前，有的党员干部理论学习不深、不透、不系统，学用脱节，运用党的创新理论推动工作能力不足。只有理论上清醒，才能政治上坚定，担当使命才能更加自觉。做勇于自我革命的战士，增强自我革新能力，必须用马克思主义先进理论武装自己，特别是用发展着的马克思主义最新成果的立场、观点和方法武装头脑、指导实践，要把学懂弄通做实习近平新时代中国特色社会主义思想作为根本任务，自觉主动学、及时跟进学、联系实际学、笃信笃行学，深刻认识"两个确立"的决定性意义，增强"四个意识"、坚定"四个自信"、做到"两个维护"。

（二）要勤于自省，练好刀刃向内的内功

"一个行动同知识和信仰完全一致的纯粹知识分子"，是美国记者埃德加·斯诺称赞周恩来同志的话语。1943 年 3 月 18 日，是周恩来农历 45 岁的生日，他简单吃了一碗面条，回到自己办公室，撰写 200 余字共 7 条的《我的修养要则》一文，其中 3 次提到自我批评，即"要注意检讨和整理""要与自己的他人的一切不正确的思想意识作原则上坚决的斗争""具体的（地）纠正自己的短处"。他始终坚定人民立场，敢于发声亮剑，在其文章《关于知识分子的改造问题》中讲道："犯了错误，关起门来检讨是需要的，更需要的是到人民中去学习。"周总理以实际行动践行了这些自我革命的誓言，在 1957 年民族工作座谈会上，他深刻批判了当时存在的地方民族主义和大汉族主义两种错误倾向。在

1954 年《政府工作报告》中，他严正批评了违反工人阶级长远利益的经济主义错误和不关心职工安全福利的官僚主义错误。周总理从不因为身居要职，功高权重而回避自己的错误，总是自觉地剖析、审视自己。这种勇敢而坦诚的品质成为其为党内外、国内外尊重和钦佩的重要原因之一。

党的历史中，一批批革命者和建设者以刀刃向内、自我革命的勇气和毅力，把自我革命当作一种精神追求和生活方式，体现了共产党人忠诚干净担当的政治本色。方志敏在狱中用赤诚和热血写下了《可爱的中国》等一批重要文稿，在《死！——共产主义的殉道者的记述》一文中，他说："千怪万怪，绝不能怪别人，全怪自己错误！……率领的军队受到损失，自己亦落于敌人之手……这次的失败——是我们十分悲痛的失败，然而我们若能出狱，今日的失败，安知不是明日更大成功之要素……"严格解剖自己，检讨错误毫不透过，这即是伟大的自我革命，展现了中国共产党人的胸襟和气魄。

反观现实工作中，少数党员干部尤其是个别领导干部缺乏自我革命的素养。有的不愿揭露自己的过错，甚至逃避过错、遮盖缺点；有的工作中常拿不痛不痒的问题代替源头病症；有的不会"给自己问诊把脉"，找不准方向问题。诸如此类，丧失自我革命的勇气，初心和使命渐渐衰退。1945 年 8 月的一天，在延安党校礼堂开会，毛泽东同志曾说过，我们共产党人是革命者，但不是神仙。我们也吃五谷杂粮，也会犯错误。我们的高明之处就在于犯了错误就检讨，就立即改正。人无完人，金无赤金。犯错不可怕，可怕的是不知道反省。孔子讲"吾日三省吾身"，作为党员、干部更应当经常解剖自己的世界观、人生观、价值观，时刻反省自己的思想、道德、作风是否纯洁，是否受到不良风气的浸染，经常查找自身存在的不符合党和人民利益要求的缺点不足，确保"打铁还需自身硬"，担负起党员干部应负的责任。

（三）要在担当使命、素质提升中见忠诚

自我革命不是抽象的，不是口头谈谈就可以的，而是要落到实处，它体现的是担当、责任。建设一个具有世界眼光和战略思维、领导有力和充满活力的强大政党，是每一名党员的责任。当前，一些党员干部中，不愿担当、不敢担当、不会担当的问题仍存在，满足于做"老好人"、当"太平官"，"为了不出事，宁可不干事"，"只想争功不想揽过，只想出彩不想出力"。缺乏斗争精神，不仅成不了事，而且注定坏事、贻误大事。开展自我革命，就是要牢固树立正确的政绩观事业观，力戒官僚主义、形式主义，解决好不愿担当、不敢担当、不会担当的问题，在担当作为中诠释对党的忠诚、对人民的赤诚。

只有在复杂严峻的斗争中经过风雨，才能真正锻造成为烈火真金。"七一"勋章获得者黄文秀，师范大学毕业后主动请缨到深度贫困的百色市百坭村。她担任村第一书记期间，积极带领老百姓想点子、找路子，带领村民因地制宜发展杉木、砂糖橘等特色产业，一年多时间里，村里 103 户贫困户有 88 户顺利脱贫，贫困发生率从 22.88% 降至 2.71%。有人曾问她，上了大学为什么还要回到这么穷的地方？黄文秀回答说："有好多人是从农村走出去，再也不想回来，但是总会有人回来，我就是回来的那个人。"党的奋斗事业总是要有那些勇于承担、拼搏的人，用他们敢于担当的宽厚肩膀撑起了伟大的建设事业。

做勇于自我革命的战士，既要有担当的宽肩膀，更要有成事的好本领。自我革命的过程，也是弥补短板、提升素质的过程。党的二十大报告强调："加强干部斗争精神和斗争本领养成，着力增强防风险、迎挑战、抗打压能力，带头担当作为，做到平常时候看得出来、关键时刻站得出来、危难关头豁得出来。"①习近平总书记要求领导干部既要"切实加强对马克思主义的学习"，又要"充分考虑生动的实际生活和现实的确切真实，注重研究新情况，认真分析新问题，积极寻求新对策，努力做到知行合一，理论联系实际，实实在在地做事情，尽心尽力地干工作，而不是热衷于追求热闹，只摆花架不种花，只摆谱架不弹琴"。②学习与一个政党的创造力、凝聚力、战斗力、生命力息息相关，自我革命需要自我学习。应对国内外复杂形势、完成艰巨任务的迫切，需要党员干部具有强烈的本领危机感，拓展学习的深度和广度，在想干事、能干事、干成事中不断解决问题、破解难题，提高政治能力、调查研究能力、科学决策能力、改革攻坚能力、应急处

---

① 习近平：《高举中国特色社会主义伟大旗帜　为全面建设社会主义现代化国家而团结奋斗——在中国共产党第二十次全国代表大会上的报告》，人民出版社 2022 年版，第 66—67 页。

② 习近平：《之江新语》，浙江人民出版社 2007 年版，第 271 页。

突能力、群众工作能力、抓落实能力，这尤其是年轻的党员干部成长的必然途径。

全面建设社会主义现代化国家、全面推进中华民族伟大复兴，关键在党。历史证明，一个强大的政党是在自我革命中锻造出来的，以伟大的自我革命引领伟大的社会革命是中国共产党铸就辉煌的宝贵经验。回望党的奋斗历程，我们在无比自豪的同时，也深感责任重大，使命在肩。在我们向下一个目标奋进的新征程上，要"使党始终成为风雨来袭时全体人民最可靠的主心骨，确保我国社会主义现代化建设正确方向，确保拥有团结奋斗的强大政治凝聚力、发展自信心，集聚起万众一心、共克时艰的磅礴力量"①，用一颗"革命之心"居安思危，全面提高自我净化、自我完善、自我革新、自我提高能力，不断增强为党分忧、为国奉献、为民造福的责任感，激发只争朝夕、奋发有为的干劲和越是艰险越向前的斗争精神，就是我们在新时代"强党有我"的内在要义。

---

① 习近平：《高举中国特色社会主义伟大旗帜　为全面建设社会主义现代化国家而团结奋斗——在中国共产党第二十次全国代表大会上的报告》，人民出版社 2022 年版，第 26 页。

第八章

建设最强大政党必须增强学习转化力

党的二十大报告提出："全面加强党的思想建设，坚持用新时代中国特色社会主义思想统一思想、统一意志、统一行动，组织实施党的创新理论学习教育计划，建设马克思主义学习型政党。"[①]学习型政党是中国共产党推动党和人民事业顺利发展的一条成功经验。学习型政党以人的素质提高和人的全面发展为创建的根本宗旨，并最终以党员干部素质率先发展影响、辐射、带动全社会公民素质的全面发展，其实质是一种现代化建设体现在人的发展方面的发展模式。新时代新征程中国共产党面临着许多艰难复杂的难题，其中有许多问题我们既没有成功的经验，也没有

---

① 习近平：《高举中国特色社会主义伟大旗帜 为全面建设社会主义现代化国家而团结奋斗——在中国共产党第二十次全国代表大会上的报告》，人民出版社 2022 年版，第 65 页。

可借鉴的模板。中国共产党无论是现在还是将来，都需要加强学习，都需要通过不断提升学习转化力来助推世界上最强大政党的建设，以持续提高和改进社会实践的治理水平，这是中国共产党的"成功密码"。

一、加强学习：党接续前行的重要途径

所谓学习力，是指一个人或一个企业、一个组织学习的动力、毅力和能力的综合体现。所谓学习转化力是把知识资源转化为知识资本的能力。所谓锻造强大的学习转化力，就是强化"知行合一"的能力。我们的共产党员要上进，我们的国家要上进，我们的民族要上进，就要响应习近平总书记"大兴学习之风"的号召，提升学习转化力，通过学习不断提高工作水平和领导水平，这是党接续前行的重要途径。

（一）加强学习是总结党的历史经验得出的科学结论

学习是中国共产党从诞生直至走到今天的重要支撑。1917 年俄国爆发十月革命，"十月革命一声炮响，给中国送来了马克思列宁主义"，在中国工人运动与马克思列宁主义初步结合的基础上，中共一大召开，中国共产党成立。中国共产党一开始就是一

个以马克思列宁主义理论为基础的党，就是一个注重学习和研究先进革命理论的政党。

建党初期的学习研究活动，从学理上初步弄清楚了马克思主义政党性质，使党的全部理论建构和发展有了正确方向和科学的逻辑起点。

1927年大革命失败以后，中国共产党人对革命新道路进行艰辛探索，毛泽东同志不仅在实践中首先把进攻的方向指向农村，而且从理论上阐明了武装斗争的极端重要性和农村应当成为党的工作中心的思想。他先后撰写了《中国的红色政权为什么能够存在？》《井冈山的斗争》《星星之火，可以燎原》《反对本本主义》等著作，在提升马克思主义学理深度上与当时盛行的把马克思主义教条化、把共产国际决议和苏联经验神圣化的错误倾向开展坚决斗争。农村包围城市、武装夺取政权理论的提出是马克思主义在中国的创造性地运用和发展。1929年古田会议召开，确立了思想建党、政治建军原则，强调必须加强思想和政治路线教育学习，纠正党内的错误思想，创造性解决了在以农民为主要成分的情况下，如何从加强思想建设入手，保持党的无产阶级先锋队性质和建设党领导的新型人民军队的问题。

从1927年大革命失败到1935年1月遵义会议以前，"左"倾错误先后三次在党中央的领导机关取得统治地位，主要原因在于全党的马克思主义理论准备不足，理论素养不高，实践经验也很缺乏，不善于把马克思列宁主义与中国实际全面地、正确地结合起来。遵义会议开始确立以毛泽东同志为主要代表的马克思主义的正确路线在党中央的领导地位，提升了全党的马克思主义中国化理论水平，为党和革命事业转危为安、不断打开新局面提供了最重要的思想保证。

延安时期，为适应革命战争需要，党始终坚持增强学习本领。1937年，毛泽东同志为延安抗日军政大学讲授《实践论》《矛盾论》，从马克思主义认识论的高度，总结历史经验，揭露和批评党内主观主义尤其是教条主义错误，深入论证了马克思列宁主义基本原理同中国具体实际相结合的原则，科学阐明了党的马克思主义的思想路线。1938年9月至11月，中国共产党召开扩大的六届六中全会。在这次会议上，毛泽东明确提出了"马克思主义的中国化"这个命题。他号召"来一个全党的学习竞赛""把全党变成一个大学校"。1941年5月，毛泽东作了《改造我们的学习》的报告，1942年2月先后作了《整顿党的作风》和《反对党八股》的演讲。整风运动的内容之一就是学风的整顿。这一时期，党的理论学习的框架、立场和方法论基本奠定，是党的理论素质的一次历史性飞跃。

新中国成立前夕，为了能够"考个好成绩"，毛泽东号召全党重新学习、善于学习，努力学习过去不熟悉的东西，学会建设新中国。他指出，"严重的经济建设任务摆在我们面前，我们熟悉的东西有些快要闲起来了，我们不熟悉的东西正在强迫我们去做"①"我们必须克服困难，我们必须学会自己不懂的东西"②，

---

① 《建国以来重要文献选编》（第4册），人民出版社1993年版，第540页。
② 《毛泽东选集》（第4卷），人民出版社1991年版，第1481页。

以巩固新生的人民政权。新中国成立后，我国持续加强文化学习和理论教育，致力于推进学习的经常化、常规化，有力促进了国民经济的快速恢复以及三大改造的完成。党还提出实现马克思主义同中国实际的"第二次结合"的伟大任务，开启了独立自主探索适合本国国情的社会主义建设道路。

1978 年 12 月，党的十一届三中全会召开，邓小平同志号召全党同志一定要善于学习、努力学习。他指出，"学习好，才可能领导好高速度、高水平的社会主义现代化建设"[①]"搞建设这件事情比我们过去熟悉的搞革命那件事情来说要困难一些，至少不比搞革命容易。在这个问题上，我们全党还是小学生。"[②]改革开放以后，我们党面临着马克思主义经典作家没有遇到过的许多新情况、新问题，我们党没有退缩，而是毅然决然选择了"摸着石头过河"的学习路径，走出了一条自己的学习实践创新之路。这一时期，党逐步建立起稳定的学习制度和学习长效机制来推进干部学习，实现了学习的制度化和规范化，极大提高了我们党学习的成效。

党的十三届四中全会以后，面对风云变幻的国际局势、波澜壮阔的现代化进程，面对知识经济和信息社会的飞速发展，中国共产党创造性地开展了以"讲学习、讲政治、讲正气"为主要内容的党性党风教育。这一时期，党吸收国外关于学习型组织的先进理念，提出要"形成全民学习、终身学习的学习型社会"，推

---

① 《邓小平文选》（第 2 卷），人民出版社 1994 年版，第 153 页。
② 《邓小平文选》（第 1 卷），人民出版社 1994 年版，第 261 页。

动党的学习思想实现了与时俱进。2004 年，党的十六届四中全会通过的《中共中央关于加强党的执政能力建设的决定》，第一次提出要"努力建设学习型政党"。党的十七届四中全会正式确定"建设马克思主义学习型政党"的历史使命和战略任务，提出"不断学习、善于学习，努力掌握和运用一切科学的新思想、新知识、新经验，是党始终走在时代前列引领中国发展进步的决定性因素"①。2010 年 2 月，中共中央办公厅印发《关于推进学习型党组织建设的意见》，专门阐述健全建设学习型党组织的制度，在党内形成了人人自觉学习、人人争相学习的良好氛围，极大提升了党的凝聚力和领导力。

党的十八大以来，习近平总书记统筹全党学习和全民学习，统筹学习型政党和学习型国家建设，提出了一系列新思想、新观点、新论述。2014 年 5 月 22 日，在出席亚信峰会后与外国专家座谈时，他第一次提出"中国要永远做一个学习大国"。党的十九大报告强调："领导十三亿多人的社会主义大国，我们党既要政治过硬，也要本领高强。要增强学习本领，在全党营造善于学习、勇于实践的浓厚氛围，建设马克思主义学习型政党，推动建设学习大国。"②党的二十大报告进一步强调："推进教育数字化，建设全民终身学习的学习型社会、学习型大国。"③这是"推动建设学习大国"

---

① 《十七大以来重要文献选编》（中），人民出版社2011年版，第145页。
② 习近平：《决胜全面建成小康社会 夺取新时代中国特色社会主义伟大胜利——在中国共产党第十九次全国代表大会上的报告》，人民出版社2017年版，第68页。
③ 习近平：《高举中国特色社会主义伟大旗帜 为全面建设社会主义现代化国家而团结奋斗——在中国共产党第二十次全国代表大会上的报告》，人民出版社2022年版，第34页。

的战略部署，标志着"做一个学习大国"的理念正式进入细化实施阶段，学习型国家建设迈上了新征程。

总之，中国共产党在学习中诞生，在学习中赢得革命、建设、改革的胜利，在学习中攻坚克难、开拓创新、不断前进、走向复兴。在每一个重大历史关头，面对新形势和新任务，中央都要号召全党同志加强学习，而每次这样的学习热潮，都会推动我们的事业出现大变化、大发展。中国共产党人依靠学习走到今天，也必然要依靠学习走向未来。

（二）加强学习是提升能力的有效途径

人的智慧和力量从哪里来？当然从学习中来，学习是人类生存和社会进步的阶梯，一个人不坚持学习就会落伍，一个不具备学习能力的社会就会落后，一个没有学习能力的国家或者政党就会逐渐走向衰亡。2019年3月，第五批全国干部学习培训教材出版座谈会在京召开，习近平总书记亲自为教材作了《序言》，指出："善于学习，就是善于进步。党的历史经验和现实发展都告诉我们，没有全党大学习、没有干部大培训，就没有事业大发展。"①

学习是解决时代难题的紧迫要求。当今时代，高新技术迅猛发展，日新月异，知识更新周期大大缩短，18世纪以前，知识更

①　习近平：《全面加强党的领导和党的建设》（全国干部培训教材编审指导委员会组织编写），人民出版社 党建读物出版社2019年版，《序言》第1页。

新速度为90年左右；20世纪90年代以来，知识更新加速到3至5年。近50年来，人类社会创造的知识比过去3000年的总和还要多。同时，我国经济正处在提质增效发展阶段，与经济发展相伴生的是发展起来后出现的新情况、新难题。比如：如何在高起点的基础上进一步稳步发展；如何逐步缩小城乡差距、地区差距、收入分配差距，实现共同富裕；如何保障和改善民生；如何改进作风、反对腐败，实现廉政勤政等，解决这些难题，需要有丰富的知识、丰沛的智慧、顽强的毅力和艰辛的求索。不学习新知识、新科技、新事物，就会寸步难行，为时代所抛弃。所以，要紧跟时代发展脚步，不断掌握各种新知识、新科技、新事物，才能丰富知识、丰沛智慧。可以说，除了不断学习没有任何捷径可走。

学习是增强工作本领的必然要求。中国古代思想家已经能够把学习放到主观世界与客观世界的关系中来把握，并形成了"知行合一"观。《朱子语类·卷九·学三》中说，"方其知之而行未及，则知尚浅。既亲历其域，则知之益明，非前日之意味"。《王阳明全书》中讲道，"知是行的主意，行是知的功夫。知是行之始，行是知之成"。马克思把学习带来的变化系统地形成了认识论：人类通过学习获得了"知"，进而改变了"行"，即认识与实践，实践是认识的基础，实践决定认识；并且指出，认识具有反复性、无限性和上升性，即人类通过学习不断获得新知，进而不断提高改造客观世界的能力。毛泽东同志的认识论和实践论，也是强调通过改变主观世界进而改变客观世界。早在延安时期，毛泽东同志就针对当时干部的本领同形势发展不适应的状况，明确指出我们的队伍里有一种"本领恐慌"。现在我们正在进行前人从未做过的伟大事业，伟大的事业需要伟大的本领，对此，习近平总书记说："从总体上看，与今天我们党和国家事业发展的要求相比，我们的本领有适应的一面，也有不适应的一面。特别是随着形势和任务不断发展，我们适应的一面正在下降，不适应的一面正在上升。如果不抓紧增强本领，久而久之，我们就难以胜任领导改革开放和社会主义现代化建设的繁重任务。……因此，全党同志特别是各级领导干部，都要有本领不够的危机感，都要努力增强本领，都要一刻不停地增强本领。"①因为事业发展没有止境，学习就没有止境。

学习是增强执政能力的必然要求。以马克思主义学习型政党建设带动学习型社会建设。学习越来越成为一个国家、一个政党综合实力的决定性因素，面对今天这样一个信息瞬息万变，知识更新、技术更新周期不断缩短的大趋势，倡导学习型公民、学习型社会、学习型政党建设，是中国共产党重要的战略主张。推进学习型社会建设离不开学习型政党的带动作用。中国共产党作为中国工人阶级、中国人民和中华民族的先锋队，理当走在前列，发挥引领作用。

---

① 习近平：《在中央党校建校80周年庆祝大会暨2013年春季学期开学典礼上的讲话》，《人民日报》2013年3月3日。

二、坚持马克思主义学风

学风是人们从事学习、研究和其他社会实践活动的态度和作风。马克思主义学风是我们党的性质、宗旨和作风在学习马克思主义理论和实践马克思主义理论上的具体体现。[①]广大党员干部应自觉坚持和弘扬马克思主义学风，**以科学的态度对待科学，以真理的精神追求真理**，不断提升马克思主义理论水平和解决实际问题的能力。对此，习近平总书记深刻指出，我们必须"坚持把马克思主义基本原理同中国具体实际相结合、同中华优秀传统文化相结合，用马克思主义观察时代、把握时代、引领时代，继续发展当代中国马克思主义、21 世纪马克思主义！"[②]

（一）坚持理论联系实际

理论联系实际的学风，是毛泽东在延安时期倡导的马克思主义新学风。毛泽东同志指出："确立以研究中国革命实际问题为中心、以马克思列宁主义基本原则为指导的方针，废除静止地孤立地研究马克思列宁主义的方法。"[③]邓小平继承了毛泽东这一思想，他进一

---

① 张志新：《弘扬马克思主义学风》，《理论前沿》2002 年第 13 期，第 6 页。
② 习近平：《在庆祝中国共产党成立 100 周年大会上的讲话》，《人民日报》2021 年 7 月 2 日。
③ 毛泽东：《改造我们的学习》（1941 年 5 月 19 日），《毛泽东选集》（第 3 卷），人民出版社 1991 年版，第 802 页。

步指出："要把马克思主义的普遍真理同我国的具体实际结合起来，走自己的道路，建设有中国特色的社会主义，是我们总结长期历史经验得出的基本结论。"① 到了新时代，习近平总书记在坚持上述思想的同时，又提出了新的希望："我们的学习应该是全面的、系统的、富有探索精神的，既要抓住学习重点，也要注意拓展学习领域；既要向书本学习，也要向实践学习；既要向人民群众学习，向专家学者学习，也要向国外有益经验学习。学习有理论知识的学习，也有实践知识的学习。"② 要向人民学习。就是要大兴调查研究之风，把调查研究作为学习的重要途径。人民是一切知识经验的创造者，是真正的英雄。要知道人民群众的所思所想所盼，要获得人民实践的某项事情的知识经验，集中人民的智慧改进工作，必须放下架子，甘当小学生，拜人民为师，带着问题深入群众，进行系统的调查研究。多同群众座谈，多同干部谈心，多商量讨论，多解剖典型，多到困难和矛盾集中、群众意见多的地方去，不走过场，不搞形式主义，切实提高调查研究的质量，真正达到总结经验、探索规律、指导工作、解决问题的效果。

（二）坚持知行合一、学用结合

知是行之始，行是知之成。纸上得来终觉浅，绝知此事要躬行。

---

① 邓小平：《中国共产党第十二次全国代表大会开幕词》（1982 年 9 月 1 日），《邓小平文选》（第 3 卷），人民出版社 1993 年版，第 2-3 页。
② 《习近平谈治国理政》，外文出版社 2014 年版，第 404 页。

中国古代读书人就有对知行合一境界的不懈追求。马克思曾说："全部社会生活在本质上是实践的"，"哲学家们只是用不同的方式解释世界，问题在于改变世界"①。恩格斯深刻指出："马克思的整个世界观不是教义，而是方法。它提供的不是现成的教条，而是进一步研究的出发点和供这种研究使用的方法。"②实际生活中，有的人只注重知识学习，喜欢用学习装点门面，走走形式，浅尝辄止，这样的学习与工作实践脱节，无法深入指导工作实践。有的人忙于事务性工作，静不下心来，对于指定的学习书目也走马观花、应付了事，这种没有学习的工作是低层次的循环，常常一个岗位干了多年却没有长进。党员干部要想履行好岗位职责，就要把学习与工作有机结合起来，把工作的过程变成学习的过程，把工作的平台变成学习的平台，做到工作学习化、学习工作化，通过不断的学习，提升本领、干好工作。

（三）坚持不懈、坚定执着

毛泽东同志曾讲，贵有恒，何必三更起五更眠；最无益，一日曝十日寒。他还指出："学习一定要学到底，学习的最大敌人是不到底。"③李瑞环同志曾经回忆说，由于自己学习底子太差，几十年来一直在补课，有时简直是恶补。一生为学习所付出的艰辛，在

---

① 《马克思恩格斯文集》（第1卷），人民出版社2009年版，第502页。
② 《马克思恩格斯全集》（第39卷），人民出版社1995年版，第406页。
③ 毛泽东：《在延安在职干部教育动员大会上的讲话》（1939年5月20日），《毛泽东文集》（第2卷），人民出版社1999年版，第184页。

学习中所碰到的困难，是许多人难以想象的。他年轻的时候是劳模，不脱产，还得多干活，那时的工棚是通铺，自己要在工棚里点灯看书，别人就没法睡觉。夏天比较好办，冬天只好穿上棉袄、大头鞋，戴上口罩，到路灯底下去学习。在讲到读书的经验时，他也谈到，没有什么捷径，就是硬着头皮苦读，咬紧牙关坚持。要想好好学习，必须肯下苦功夫、笨功夫、长功夫。我们今天读书的条件要比李瑞环同志那时好得多，理应下大气力勤学苦读，争分夺秒地学习，并坚信只要有"衣带渐宽终不悔"的精神终究会读出名堂来。

（四）坚持加强政治修养、品行修养

党的二十大报告指出："推动理想信念教育常态化制度化，持续抓好党史、新中国史、改革开放史、社会主义发展史宣传教育，引导人民知史爱党、知史爱国，不断坚定中国特色社会主义共同理想。"[①]党员干部在学习过程中，要把学习过程转化为坚定信仰信念、坚守精神追求、提升道德品行、守住纪律底线的过程。坚定理想信念。理想信念不是与生俱来的，也不是一开始就十分坚定的，需要在学思践悟中不断强化，广大党员干部应该通过不断学习，增强对马克思主义、共产主义的信仰，对中国特色社会主义的信念，对实现中华民族伟大复兴中国梦的信心。坚守精神追求。广大党员干部

---

① 习近平：《高举中国特色社会主义伟大旗帜 为全面建设社会主义现代化国家而团结奋斗——在中国共产党第二十次全国代表大会上的报告》，人民出版社2022年版，第44页。

要通过不断学习，铭记为中国人民谋幸福、为中华民族谋复兴的初心使命，践行全心全意为人民服务的宗旨，坚持以人民为中心的发展思想，在本职岗位上更好服务人民、服务社会。提升道德品行。要通过不断学习，涵养对党忠诚的大德，铭记入党誓言，始终忠于党、忠于伟大事业；涵养造福人民的公德，站稳人民立场，始终同人民风雨同舟、生死与共，勇于担当、积极作为；涵养严于律己的品德，坚持慎独慎微。严守纪律底线。认真学习党章党规，严守政治纪律和政治规矩，在重大原则问题和大是大非面前，立场坚定，旗帜鲜明，自觉抵制各种诱惑，不越底线，不踏红线，不碰高压线，清清白白做人、干干净净做事。

三、构建组织化学习格局

面对当今世界百年未有之大变局，面对进行伟大斗争、伟大工程、伟大事业、伟大梦想的波澜壮阔实践，我们要更加崇尚学习、积极改造学习、持续深化学习，努力增强学习转化力。我们要更新学习理念，发挥组织功能，突出党组织和党员的主体地位，尊重基层党组织的首创精神，丰富学习内容，优化学习策略，完善学习制度，推动学习型党组织建设取得更为明显的成效。

（一）强化组织化学习理念

树立"终身学习"的理念。1972 年，联合国教科文组织国际教育委员会向教科文组织总部提交了一份名为《学会生存》的报告书，报告书中指出，"每一个人必须终身不断学习""未来社会最终将走向学习式社会"。此后，终身学习理念广泛传播，不断受到各国重视。随着终身学习理念的推广、信息社会和知识经济的发展，终身学习已成为一个普通公民的现实需求，有人曾说，在农耕时代，一个人读几年书，就可以用一辈子；在工业经济时代，一个人读十几年书，才够用一辈子；到了知识经济时代，一个人必须学习一辈子，才能跟上时代前进的脚步。**树立"创新学习"的理念。**创新是学习型组织的主要特征。创新学习，就是要在学习中突出创新特质，在继承和重复前人、他人知识的基础上，结合时代发展、现实环境、自身条件，对知识进行创造性转化和运用，从而获取前人、他人所没有的新知识、新认识、新技能，或者将前人、他人已经获得的知识、认识、技能推向一个新的水平。学习型组织只有在学习中不断创新，才能赢得未来发展的机遇。**树立"自主学习"的理念。**党员干部要树立"学习是生存之本、竞争之需、发展之要""学习是一种能力，学习更是一种修养""学习工作化、工作学习化"等理念，勤读有字之书，苦读无字之书，真正化被动学习为主动学习，让学习成为一种自觉习惯、一种责任担当、一种人生境界，要积极传递学习好风尚，积累知识正能量，确保学识在一点一滴中积累、能力在日积月累中提升。**树立"科学学习"的理念。**随着信息技术的不断进步，学习这项活动本身也正在发生巨大变革，有了互联网，人们的知识获取途径极大拓展；有了计算机、人工智能、大数据、云计算，人们需要学习的知识内容也发生重大变化；有了脑科学、教育学、心理学等学科发展，学习的方法模式也在不断更新。要做到"科学学习"，就要弄懂学习的本质，把握学习规律，优化学习策略，充分整合现有资源，不断提高学习效率。**树立"团队学习"的理念。**团队学习是学习型组织至关重要的一环，主要是指通过相互学习、相互交流、相互分享、相互鼓励的集体性学习，达到共同进步的目的，实现"1+1>2"的效能。这一学习理念，要求团队中的每个成员建立起共同的愿景，打破习惯性的自我封闭，注意发扬民主，共同建立起良好的学习氛围。

（二）丰富组织化学习内容

习近平总书记强调："领导干部要全面学习做好本职工作必需的知识，使认认真真学习成为培养世界眼光、增强战略思维能力、提高综合素质的过程。"[①]要学习马克思主义经典著作，注重加强对马克思主义哲学的学习，经常阅读经典著作，努力增长知识、开阔眼界、增加思想深度、训练思维方式，不断培养高瞻远瞩的战略洞察力和脚踏实地的工作作风；要深入学习领会习近平新时代中国特色社会主义思想，努力掌握蕴含其中的马克思主义

---

① 习近平：《领导干部要认认真真学习 老老实实做人 干干净净干事》，《学习时报》2008 年 5 月 27 日。

思想方法和工作方法，不断用理论指导工作实践，深刻理解把握中国特色社会主义理论体系，弄清楚中国特色社会主义是党和人民历经千辛万苦、付出巨大代价取得的根本成就，是实现中华民族伟大复兴的正确道路，不断增强道路自信、理论自信、制度自信、文化自信；要学习法律法规，特别是学习党章党规党纪，自觉接受纪律规矩的刚性约束，做到政治上讲忠诚、组织上讲服从、行动上讲纪律，不断加强党性修养，严守纪律底线；要学习历史，特别是学习党史国史，善于从中国共产党百年奋斗历程中汲取动力和智慧，做到学史明理、学史增信、学史崇德、学史力行；要继承和弘扬中华优秀传统文化，坚持以学益智，以学修身，学习和掌握其中的思想精华、人文精神、道德规范，结合时代要求继承创新，增强做中国人的骨气和底气；要了解掌握党和国家的大政方针，掌握经济社会发展状况和时事新闻，以世界眼光去认识政治形势，把握经济走势，了解文化态势，用战略思维去观察当今时代，洞悉当代中国；要学习科学文化知识和信息技术，了解当今世界的重大科技创新，跟踪信息社会发展趋势，掌握信息技能，提升信息素养；要认真学习与本职岗位所需的其他知识，坚持学中干、干中学，坚持学以致用、用以促学、学用相长，不断提升综合素质和专业化水平，高标准履行岗位职责。

（三）改善组织化学习策略

合理确定学习目标。组织化的学习不仅仅是团队成员共同学习书本知识和文件精神，而是要通过学习达到树立理想、构建价值、理顺情绪、协调关系、化解矛盾、形成合力的目的，最终提升党组织的凝聚力和创新活力。**要发扬民主。**把党员干部作为学习、思考、实践的主体，而不是单纯接受灌输的对象，激发党员干部的积极性、主动性、创造性。**要确立共同的学习愿景。**共同的愿景是建立在组织及其所属领导干部价值取向一致基础上的能激发人奋发向上的愿望或理想。团队确立共同的愿景能够凝聚起大家的意志，向着共同的目标去努力。共同愿景可以通过制定组织建设的中长期规划来制定。**要拓展学习方法渠道。**坚持分类指导、具体施策的方针，坚持精准化、专业化、创新化的思路，推进不同主体学习的新模式、新技术、新方法，构建网络化、数字化、个性化、终身化的学习体系，建设"人人皆学、处处能学、时时可学"的学习环境。**要完善学习制度机制**。继续坚持党委中心组集体学习制度、领导干部培训制度、领导干部调查研究制度、基层党员轮训制度、党员主题教育制度、党员个人自学制度、党员领导干部学习考核制度、党员干部和党组织学习成果转化制度，建立完善大规模学习培训、经常性理论学习、在线网络教育等机制，加强学习考勤、档案、通报、督察等制度建设，健全促进学习、保障学习的竞争机制、激励机制、创新机制和考核机制，以实践为检验学习成效的客观标准，确保学习成果转化为推进实际工作的成效。

四、提高系统化学习思维能力

从现在起，中国共产党的中心任务就是团结带领全国各族人民全面建成社会主义现代化强国、实现第二个百年奋斗目标，以中国式现代化全面推进中华民族伟大复兴。"我们要善于通过历史看现实、透过现象看本质，把握好全局和局部、当前和长远、宏观和微观、主要矛盾和次要矛盾、特殊和一般的关系，不断提高战略思维、历史思维、辩证思维、系统思维、创新思维、法治思维、底线思维能力，为前瞻性思考、全局性谋划、整体性推进党和国家各项事业提供科学思想方法。"①

（一）提高战略思维能力

战略思维能力，就是高瞻远瞩、统揽全局，善于把握事物发展总体趋势和方向的能力。②学会站得高、看得远。要能够站在时代和历史高点、政治高位、世界高度来观察、研究和谋划。学会透过现象看事物本质。要能够在事物发展变化中抓住主要矛盾和矛盾的主要方面，在战略应对和战略实施中抓住重大关系、重点领域和关键环节。例如，在疫情防控过程中，以习近平同志为核

---

① 习近平：《高举中国特色社会主义伟大旗帜　为全面建设社会主义现代化国家而团结奋斗——在中国共产党第二十次全国代表大会上的报告》，人民出版社2022年版，第21页。

② 中共中央宣传部：《习近平新时代中国特色社会主义思想学习纲要》，学习出版社、人民出版社2019年版，第244页。

心的党中央统筹全局、果断决策，强调疫情防控要全国一盘棋，把湖北和武汉作为全国主战场，提出"武汉胜则湖北胜，湖北胜则全国胜"，调集大批医疗队、医务人员、公共卫生人员驰援湖北，统筹安排 19 个省份对口支援湖北省，取得了抗击新冠肺炎疫情斗争的重大战略成果。要学会"弹钢琴"。遇到问题，要学会统筹，能够认清事物发展的关联性，做到协同联动、相互支撑、相互促进。

（二）提高历史思维能力

历史思维能力，就是知古鉴今，善于运用历史眼光认识发展规律、把握前进方向、指导现实工作的能力。[①] 要学会知古鉴今。要学习历史，尤其要注重党史的学习。2021 年，在两个百年交汇节点，以建党百年为契机，党中央作出重大决策，面向全党开展党史学习教育。作为党史学习教育的必读书目之一《论中国共产党历史》收入习近平总书记 2012 年 11 月 29 日至 2020 年 11 月 24 日期间关于中国共产党历史的重要文稿 40 篇。这些重要论述立意高远、内涵丰富、思想深刻，对于广大干部群众学好党的历史，深刻理解"两个确立"的决定性意义，增强"四个意识"、坚定"四个自信"、做到"两个维护"，实现中华民族伟大复兴的中国梦，具有十分重要的指导意义。要学会把握前进方向、指导现实工作的能力。例如，在庆祝中国共产党成立 100 周年大会上，习近平总书记用历史映照

———————

① 《习近平新时代中国特色社会主义思想学习纲要》，学习出版社、人民出版社 2019 年版，第 245 页。

现实、远观未来的方法，从中国共产党的百年奋斗中看清楚过去我们为什么能够成功，弄明白未来我们怎样才能继续成功，从而在应对新征程的问题上，提出"九个必须"的破解方法。这"九个必须"是对我们党百年波澜壮阔的奋斗历程的高度凝练和深刻总结，科学回答了党和国家事业发展的领导核心、价值追求、理论指导、战略支撑、外部环境、力量来源等一系列重大问题，具有很强的思想性、针对性和指导性。

（三）提高辩证思维能力

辩证思维能力，就是承认矛盾、分析矛盾、解决矛盾，善于抓住关键、找准重点、洞察事物发展规律的能力。[①] **要学会抓住主要矛盾带动全局工作**。唯物辩证法要求我们客观地而不是主观地、发展地而不是静止地、全面地而不是片面地、系统地而不是零散地、普遍联系地而不是孤立地观察事物、分析问题、解决问题。**要学会"两点论"与"重点论"辩证统一**。社会主要矛盾发生变化，并没有改变我国社会主义初级阶段的基本国情，并没有改变我国是世界上最大发展中国家的国际地位，因此我们要牢牢坚持党在社会主义初级阶段的基本路线。辩证思维是马克思主义哲学的根本方法，对于广大党员干部而言，提高辩证思维能力，尤其要坚持"两点论"与"重点论"的辩证统一。认识分析事物，从

---

① 《习近平新时代中国特色社会主义思想学习纲要》，学习出版社、人民出版社 2019 年版，第 245 页。

两点论出发，做到全面客观，防止片面性。与此同时，还要善于从诸多矛盾中找出主要矛盾，在矛盾的两个方面中找出主要方面，既要把握全局，又要找准重点，做到整体推进与重点突破相结合。

（四）提高创新思维能力

创新思维能力，就是破除迷信、超越陈规，善于因时制宜、知难而进、开拓创新的能力。[①]**要学会发散性思维**。从多角度提出解决问题的多种假设方案，寻求多个解决办法，从中选取最优解；要培养逆向性思维，当常规途径难以找到解决问题的办法时，要培养侧向性思维，寻求超出限定条件的其他途径，学会借鉴他山之石，善于借势用力，整合资源渠道，避免囿于现有的条件。**要学会灵感性思维**。常常思考制约单位发展和工作推进的矛盾瓶颈，逐步实现由量的积累到质的突破，多一些工作中的"顿悟"。**要学会类比性思维**。善于把陌生的事物与熟悉的事物进行类比，实现举一反三、触类旁通，善于透过纷繁复杂的现象认清事物本质，把复杂的问题简单化，抓住事物发展的关键环节，有效提升工作效率。**要学会团队性思维**。树立全局观念，强化团队协作精神，尊重群众的首创精神，打造创新文化氛围，寻求团队的最佳组合。**要学会突破性思维**。打破陈规陋习，摆脱思维定式的束缚，坚持做到解放思想、实事求是、开拓创新。

---

① 《习近平新时代中国特色社会主义思想学习纲要》，学习出版社、人民出版社 2019 年版，第 245 页。

（五）提高法治思维能力

法治思维能力，就是增强尊法学法守法用法意识，善于运用法治方式治国理政的能力。[①]**要尊崇法治**。广大党员干部应带头强化法治意识，把对法治的尊崇、对法律的敬畏转化成思维方式和行为方式，做到在法治之下、而不是法治之外、更不是法治之上想问题、作决策、办事情。法治思维是基于法治的固有特性和对法治的信念，认识事物、判断是非、解决问题的思维能力。**要学习法律法规**。法治思维是一种规则思维，既定的规则告诉我们哪些可以为、哪些不可以为，以及人们应该如何为、人们的行为后果等。要带头学习法律法规，严格按法律法规办事，注重运用法治原则、法律规则思考解决问题，自觉做社会主义法治的守护者。**要学习权衡思维**。法治思维是一种权利义务思维，需要从权利和义务的角度观察、分析、处理问题，通过权利和义务的运行，实现法的指引、评价、预测、教育、惩罚功能；法治思维是一种程序性思维，不仅要考虑实体上的是非对错，更要确定一套开放、公平、透明的程序规则，确保法律面前人人平等；法治思维是一种权衡思维，要求看问题、作决策，要依法处理好当前和长远、局部和全局、个别和一般的关系，尽量把事情做得周全，努力把负面影响化解掉。**要学习建设性思维**。法治思维是一种建设性思维，需要以建设性思路确定规章制度，修复社会关系，解决社会问题。

---

① 《习近平新时代中国特色社会主义思想学习纲要》，学习出版社、人民出版社2019年版，第246页。

提高法治思维能力要深化对法治的认识，认清法治是迄今为止最佳的治国理政方式，把法治作为价值追求，树立正确的权力观、法治观，要发自内心地认同、尊崇、敬畏法治，树立宪法法律至上、法律面前人人平等的理念。

站在新的历史起点上，中华民族伟大复兴曙光在前、前途光明。立足新发展阶段、贯彻新发展理念、构建新发展格局，在新征程上开拓前行，迫切需要我们不断增强学习本领。中国共产党作为中国工人阶级的先锋队、中国人民和中华民族的先锋队，重视学习、善于学习已成为独特的精神气质，是其永葆青春活力、永葆先进性的重要保证。面向未来，具有重大全球影响力的世界第一大执政党，中国共产党更应科学学习、发奋学习、顽强学习，用强大的学习转化力助推世界上最强大政党的建成，以带领中国人民接续前行。

第九章

建设最强大政党必须增强伟大建党精神赓续力

　　历史的长河奔流不息,精神的力量引领未来。习近平总书记在庆祝中国共产党成立 100 周年大会上的重要讲话中,总结、概括、提炼了我们党在百年奋斗历程中形成的伟大建党精神。他讲道:"一百年前,中国共产党的先驱们创建了中国共产党,形成了坚持真理、坚守理想,践行初心、担当使命,不怕牺牲、英勇斗争,对党忠诚、不负人民的伟大建党精神。"[①]这是中国共产党站在新的历史方位上,对自身百年精神谱系进行系统总结所得出的科学结论,标志着我们党对马克思主义政党自身精神建设,特别是对执政党自身精神建设规律的认识达到了崭新的历史高度,为把我们党建成世界上最强大的政党指明了前进方向、提供了基本遵循。

──────────

　　① 习近平:《在庆祝中国共产党成立 100 周年大会上的讲话》,《人民日报》2021 年 7 月 2 日。

一、伟大建党精神：党胜利前行的精神之源

恩格斯指出："世界不是既成事物的集合体，而是过程的集合体。"①万事万物，其实都是绵延不断、前后相继、此伏彼起的发展过程。伟大建党精神，是中国共产党人百年来创造的精神谱系的源头，凝聚着中国共产党人的初心和使命，具有鲜明的特点，是党胜利前行的精神之源。

（一）伟大建党精神形成的基本条件

在人类社会发展的浩荡历史中，先进的思想总是与伟大的事业交相辉映，科学的理论总是与非凡的实践彼此关照。伟大建党精神，既有深刻的历史基础，又有鲜明的实践基础，更有深厚的理论基础。它是中国共产党在马克思主义指导下，吸收中华优秀传统文化，在依托实现中华民族伟大复兴中国梦的具体实践中交互滋养形成的智慧结晶。

马克思主义塑造了建党精神固有的阶级属性。马克思列宁主义是伟大建党精神形成的主要来源。十月革命一声炮响，给中国送来了马克思列宁主义，使陷于彷徨和苦闷中的中国人民由此看到了出路和希望，一批具有初步共产主义思想的先进分子开始在

---

① 《马克思恩格斯文集》（第四卷），人民出版社2009年版，第298页。

中国广泛地传播马克思主义。随着马克思主义与中国工人运动相结合，中国共产党应运而生，伟大建党精神由此降临泱泱华夏。这一伟大精神坚持马克思主义基本原理，坚持科学社会主义基本原则，坚持实事求是这一马克思主义活的灵魂，坚持运用辩证唯物主义和历史唯物主义世界观方法论观察世界、引领时代、指导实践。这一伟大精神体现了中国共产党人的政治立场、价值追求、精神风范，充盈着人民情怀、家国情怀、民族情怀、天下情怀。因此可以说，伟大建党精神是马克思主义中国化的理论成果，是无产阶级性质的全心全意为人民服务的思想结晶，具有马克思主义固有的阶级属性。

中华优秀传统文化涵养了建党精神的深厚底蕴。中华优秀传统文化是伟大建党精神形成的文化土壤。在 5000 多年文明发展史中，中华民族作为世界历史上最早一批进入农耕文明的民族，在与大自然的长期亲近相处中不断探求人类社会的发展规律，孕育了中华优秀传统文化，形成了以民为本、诚实守信、天人合一、天下大同等思想，是中华民族的精神血脉。其中，贯通其中的逻辑主线之一就是把奋斗精神视为造就人的关键要素，如孟子所言"天将降大任于斯人也，必先苦其心志，劳其筋骨，饿其体肤，空乏其身，行拂乱其所为，所以动心忍性，曾益其所不能"；如曹操所言"老骥伏枥，志在千里；烈士暮年，壮心不已"。中华民族在漫长历史中淬炼而成的这种"奋发向上、自强不息"的伟大自强精神，已成为中华民族最鲜明的精神标识。中国共产党作为中华民族的先锋队，作为中华优秀传统文化的传承者，以实现中国梦为己任，郑重选择和广泛传播了马克思主义真理，实现了马克思主义与中华优秀传统文化创造性的结合，不但以新的内涵赓续和弘扬了中华优秀传统文化中的自强自立特质，也为伟大建党精神的形成提供了丰厚的滋养。

实现中国梦是伟大建党精神形成的时代背景和实践基础。思想与时代是水乳交融的，任何思想都不能脱离它所处的时代。1840年鸦片战争以后，帝国主义和中华民族的矛盾，封建主义和人民大众的矛盾，成为近代中国社会的主要矛盾。从那时起，实现中华民族伟大复兴，就成为中国人民和中华民族最伟大的梦想，正是在这个伟大的"时代主题"下，伟大建党精神在中国共产党人的不懈努力中生根发芽。在百年奋斗中，一代又一代共产党人在这一精神感召下，顽强拼搏、不懈奋斗，相继形成了井冈山精神、长征精神、遵义会议精神、延安精神、西柏坡精神、红岩精神、抗美援朝精神、"两弹一星"精神、特区精神、抗洪精神、抗震救灾精神、抗疫精神、脱贫攻坚精神等伟大精神，构建起中国共产党人的精神谱系，铸就了中华民族新的精神丰碑，丰富了马克思主义中国化党建理论成果，为中国特色社会主义具体实践提供了思想镜鉴。

（二）准确把握伟大建党精神的丰富内涵

伟大建党精神，作为马克思主义中国化的最新理论成果，是一个系统全面、逻辑严密、内涵丰富、内在统一的科学体系，彰显了中国共产党人所独具的知、行、意、忠理念，其实质是马克思主义的知行统一观、人民至上观、血性奋斗观、政治忠诚观的中国化话语体系表达。其中，坚持真理、坚守理想是伟大建党精神的灵魂；践行初心、担当使命是伟大建党精神的本根；不怕牺牲、英勇斗争是伟大建党精神的胆魄；对党忠诚、不负人民是伟大建党精神的情怀。

坚持真理、坚守理想是灵魂。人因思想而伟大，国因思想而强盛。"中国共产党为什么能，中国特色社会主义为什么好，归根到底是因为马克思主义行，是中国化时代化的马克思主义行。"[①]马克思主义认为，精神的实质始终就是真理本身。对中国共产党人来说，坚持真理，就是坚持马克思主义这个真理；坚守理想，就是坚守共产主义远大理想和中国特色社会主义共同理想。中国共产党之所以能够经受一次次挫折而又一次次奋起，归根到底是因为有科学真理和远大理想的强力引领。一百多年来，中国共产党始终将马克思主义作为根本指导思想，坚持推进马克思主义中国化时代化，形成了毛泽东思想、邓小平理论、"三个代表"重要思想、科学发展观、习近平新时代中国特色社会主义思想一脉相承的思想体系，体现出强大的思想引导力优势。"人生最高之理想，在求达于真理。"从这个意义上讲，坚持真理、坚守理想是伟大建党精神的灵魂。

践行初心、担当使命是本根。中国共产党的性质从根本上决

---

① 习近平：《高举中国特色社会主义伟大旗帜 为全面建设社会主义现代化国家而团结奋斗——在中国共产党第二十次全国代表大会上的报告》（2022年10月16日），人民日报出版社2022年版，第16页。

定了党的目标和宗旨，伟大建党精神生动诠释了党为中国人民谋幸福、为中华民族谋复兴、为世界谋大同的初心使命。百年奋斗、百年追梦，人民幸福、民族复兴、人类大同始终刻在党的信念深处。从李大钊"新造民族之生命，挽回民族之青春"的宏愿，到"革命何须怕断头"的杨超，再到"甘将热血沃中华"的赵一曼——中国共产党人以鲜血见初心、以生命赴使命，付出了巨大的牺牲，也取得了伟大的成就。一百多年来，中国共产党人团结带领中国人民，接续创造了新民主主义革命的伟大成就、社会主义革命和建设的伟大成就、改革开放和社会主义现代化建设的伟大成就、新时代中国特色社会主义建设的伟大成就，这一切的一路向前、一切的无私奉献、一切的伟大缔造，都是中国共产党不忘初心、牢记使命的充分体现，展现了党强大的政治引导力优势。从这个意义上讲，践行初心、担当使命是伟大建党精神的本根。

不怕牺牲、英勇斗争是胆魄。胆魄永远是胜利的刀锋。不怕牺牲、英勇斗争始终是中国共产党人不可战胜的强大战斗力量。一百多年来，不怕牺牲、英勇斗争在革命、建设、改革各个时期具有不同的精神形态和呈现方式，形成了中国共产党人系统完善的精神谱系。从内容上看，中国共产党人的精神谱系是对"不怕牺牲、英勇斗争"精神的展开和丰富；从时间脉络上看，中国共产党人的精神谱系是对"不怕牺牲、英勇斗争"精神的继承和发扬；从内在关系上看，中国共产党人的精神谱系生动演绎了"不怕牺牲、英勇斗争"的核心理念、顽强的战斗精神，是特殊与普遍、个性与共性的关系。中国共产党一路走来就是在不断奋斗、不懈斗争中求得生存、获得发展、赢得胜利的。据不完全统计，仅 1927 年 3 月到 1928 年上半年，就有 2.6 万名共产党员被反动派杀害。但共产党员没有被反动派吓倒，而是在绝境中奋起，举行了 100 多次武装起义，为中国革命铺垫了关键基础。正是凭着这种不怕牺牲、英勇斗争精神，我们党历经百年而风华正茂，饱经磨难而生机勃勃，展现了党的强大的战斗力优势。从这个意义上讲，不怕牺牲、英勇斗争是伟大建党精神的胆魄。

对党忠诚、不负人民是情怀。人们的认识、思想、精神归根到底源于社会实践。善于实践、敢于实践是中国共产党的优良传统，也是中国共产党的显著优势。对党忠诚、不负人民不仅是中国共产党人的价值理念、深厚情怀，而且是无论付出多大牺牲和代价都始终不渝、毫不动摇的忠诚担当。一百多年来，对党忠诚、不负人民激励中国共产党和中国人民团结奋进、顽强斗争，涌现了一大批视死如归的革命烈士、一大批顽强奋斗的英雄人物、一大批忘我奉献的先进模范，这些英雄模范以实际行动诠释了中国共产党人的忠贞品性，展现了中国共产党人的赤子之心。从这个意义上讲，对党忠诚、不负人民是伟大建党精神的情怀。

（三）准确把握建党精神的鲜明特点

伟大建党精神，把握历史规律，引领时代潮流，蕴含着对强党之路的深刻认识，彰显着无产阶级价值观的优势特点：一是从价值目标来看，共产主义理想与全人类的解放事业具有内在一致性，具有理想的崇高性特点；二是从价值内容来看，它强调从绝大多数"现实的人"的"现实的需要"出发，具有真挚的人民性特点。三是从价值行为来看，中国共产党人没有自己的任何私利，具有无畏的担当性特点。

理想的崇高性特点。中国共产党是以马克思主义理论武装起来的先进政党。中国共产党的诞生，使中国革命从此有了坚定的理想信念和强大的精神支柱。伟大建党精神，充满着对马克思主义的坚定信仰，充满着对共产主义、社会主义的坚定信念，充满着"革命理想高于天"的豪迈情怀。中国共产党在长期艰苦卓绝的奋斗中，历经曲折而不畏艰险，屡受考验而不改初衷，追求真理而不懈奋斗，以压倒一切敌人、战胜一切困难的大无畏精神，矢志推动中国革命、建设和改革事业的航船劈波斩浪，不断奋斗，这种奋斗精神来源于坚定的理想信念。正是坚信马克思主义真理，坚信共产主义一定能实现，无数共产党员才大义凛然、无所畏惧，表现出宁死不屈的气概。革命先烈方志敏为信仰而生、为信仰而战，誓言敌人只能砍下我们的头颅，决不能动摇我们的信仰。长征时期，担任中央红军总后卫的34师，湘江一战几乎全部牺牲。师长陈树湘不幸被俘，他撕开腹部伤口，绞断肠子，壮烈牺牲，实现了"为苏维埃新中国流尽最后一滴血"的誓言。在长期的革命战争中，我军数以万计的将士献出了生命，涌现了无数英模人物和英雄群体。"革命不怕死，怕死不革命"，只要还有一个人，就要同敌人血战到底，这是中国共产党人的信条，充分展现了共产党人无坚不摧的信仰信念力量。

真挚的人民性特点。在人类历史上，马克思主义第一次站在人民的立场探求人类自由解放的道路。坚持人民至上，是坚持马克思历史主义的根本体现，是贯通建党精神的一条红线。我们党自成立之日起，就把坚持人民利益高于一切鲜明地写在自己的旗帜上。在风雨如磐的革命岁月，党领导人民打土豪、分田地，是为人民根本利益而斗争；领导人民开展抗日战争、赶走日本侵略者，是为人民根本利益而斗争；领导人民推翻国民党反动统治、建立新中国，是为人民根本利益而斗争。在社会主义建设时期和改革开放时代，党领导人民开展社会主义革命和建设、改变一穷二白的国家面貌，是为人民根本利益而斗争；领导人民实行改革开放、推进社会主义现代化，同样是为了人民根本利益而斗争。1944 年9 月 5 日，张思德带领战友进山挖窑，窑顶坍塌，他将战友推出洞口，战友得救了，张思德却没能抢救过来，牺牲时年仅 29 岁。毛泽东同志在张思德追悼会上作了题为《为人民服务》的演讲，他说："我们的共产党和共产党所领导的八路军、新四军，是革命的队伍。我们这个队伍完全是为着解放人民的，是彻底地为人民的利益工作的。" "张思德同志是为人民利益而死的，他的死是比泰山还要重的。"[①]党的十八大以来，习近平总书记多次讲到焦裕禄、谷文昌、孔繁森、杨善洲等优秀共产党人服务人民的模范事迹。伟大建党精神就是党和人民同呼吸、共命运的生动反映，其生成有着广泛的群众基础，充分体现了以人民为中心的真挚情怀和依靠人民创造历史的博大境界。

无畏的担当性特点。历史发展有其规律性，但人在其中不是

---

① 《毛泽东选集》（第 3 卷），人民出版社 1991 年版，第 1004 页。

完全消极被动的，只要把握住历史发展大势，抓住变革良机，奋发有为，锐意进取，担当起该担当的责任，人类社会才能更好地前进。伟大建党精神，始终贯穿着对民族命运的担当、对人民幸福的担当、对管党治党的担当、对美好世界的担当。2019 年，一位普通老兵感动亿万国民，他就是被授予"共和国勋章"的人民英雄张富清。战争年代他南征北战，出生入死，立下赫赫战功；和平时期他深藏功名，响应号召，扎根湖北山区奉献一生。这种担当是一种现实的担当，扛起一代人应当扛起的责任；这种担当是一种无私的担当，以身许党许国、报党报国；这种担当是一种无畏的担当，党和人民需要的时候，毫不犹豫地挺身而出。一代代共产党人以赤子情怀带领中国人民创造了一个又一个彪炳史册的人间奇迹。无私担当性是伟大建党精神一以贯之的行为标识。

历史和人民选择了中国共产党，中国共产党也没有辜负历史和人民。党的二十大报告指出："弘扬以伟大建党精神为源头的中国共产党人精神谱系，用好红色资源，深入开展社会主义核心价值观宣传教育，深化爱国主义、集体主义、社会主义教育，着力培养担当民族复兴大任的时代新人。"①远眺新时代的伟大航程，我们要坚决响应习近平总书记的伟大号召，从伟大建党精神中汲取营养、汲取力量，以永不懈怠的奋斗状态，坚守底线思维、忧患意识，增强志气、骨气、底气，乘势而上，为党和人民再立新功。

---

① 习近平：《高举中国特色社会主义伟大旗帜 为全面建设社会主义现代化国家而团结奋斗——在中国共产党第二十次全国代表大会上的报告》，人民出版社 2022 年版，第 44 页。

二、在提振精神状态、保持奋斗姿态中弘扬建党精神

马克思毕生的使命就是为人民解放而奋斗。毛泽东同志在《实践论》中将奋斗原理作了深入的阐释，"真理的标准只能是社会的实践。实践的观点是辩证唯物论的认识论之第一的和基本的观点。"①党的十八大以来，习近平总书记多次强调，新时代共产党人必须继续弘扬奋斗精神，坚持接力奋斗、合力奋斗、永远奋斗，在奋力推进新时代中国特色社会主义伟大实践中发展中国道路，成就伟大人生。习近平总书记用"奋斗姿态"定义了中国共产党人的行为气质和精神状态，也为弘扬建党精神，建设最强大的政党提供基本落点。

（一）奋斗姿态：伟大建党精神的生成主线

奋斗姿态是奋斗精神的外化于行，是伟大建党精神的生成主线。在新民主主义革命时期，中国共产党人始终浴血奋战在第一线，以奋斗姿态取得了革命的胜利。中华人民共和国成立后以奋斗姿态保证了社会主义事业的蓬勃发展。改革开放后以奋斗姿态不断彰显出社会主义制度的优越性。新时代又以奋斗姿态推动实现中华民族伟大复兴进入了不可逆转的历史进程。百年党史证明，

---

① 《毛泽东选集》（第2卷），人民出版社1991年版，第284页。

中国共产党人在百年奋斗历程中所依托的奋斗姿态是伟大建党精神的生成主线。

奋斗姿态，体现为抉择信仰而始终不渝的主体行为姿态。信仰就是理想，就是精神支柱。党在创建时对信仰的抉择，是经过反复研讨比较抉择的。毛泽东曾经崇拜过康有为梁启超、接受过三民主义、研习探索过其他各种学说，但当读到《共产党宣言》等共产主义书籍时即被真理感召，就再也没有改变过。[①] 在党的历史上，还有这样一些人，他们不曾在硝烟弥漫的战场上与敌人狭路亮剑，却战斗在最危险的地方——敌人的心脏，以另外一种战斗姿态点亮共和国的明灯。如"龙潭三杰"钱壮飞、李克农、胡底；如被毛泽东誉为"一个人能顶几个师"的熊向晖；如为和平解放北平立下头功的傅冬菊，架起党中央与傅作义沟通的桥梁，使北平这座古城得以保存，免遭涂炭。他们的故事已经成为传奇。但是，这传奇背后最精彩的华章不是浪漫，而是他们抉择信仰后而始终不渝的坚守和为了这种坚守而付出的巨大牺牲，这就是生成伟大建党精神的主线——奋斗姿态。

1927 年，国民党反动派先后在上海、武汉发动反革命政变。一时间，神州大地笼罩在腥风血雨之中，中国共产党面临被赶尽杀绝的严重危险，中国革命处于命悬一线的紧要关头。在严峻考验面前，中国共产党人没有被吓倒、被征服，揩干净身上的血迹，掩埋好同伴的尸体，继续为崇高理想信念而不懈战斗。1927 年 8 月 3 日，

---

① 埃德加·斯诺：《毛泽东自传》，中国青年出版社 2009 年版，第 120 页。

南昌起义部队撤离南昌,辗转赣南、闽西。10月初,主力部队在广东揭阳汤坑遭到失败。只有朱德率领驻守三河坝的2000多人得以保存。由于军心不稳,部队反水、逃跑、失散严重,退到江西大余时仅剩900人,南昌起义的火种处于即将熄灭的危险之中。关键时刻,朱德站了出来,斩钉截铁地说:"1927年中国革命等于1905年俄国革命,俄国在1905年革命失败后是黑暗的,但是那黑暗是暂时的,到1917年革命终于成功了。中国革命现在是失败了,现在也是黑暗的,但是黑暗同样是遮不住光明,只要保持实力,革命就有办法,革命就能够成功。"①朱德坚定的革命信念,像高山一样矗立在即将崩溃的队伍面前,驱散了官兵心中的阴霾恐惧,使部队实现了空前团结和力量凝聚。中国共产党从成立以来,经历了无数陷入绝地的考验,在万苦万难中孕育辉煌,这就是生成伟大建党精神的主体行为主线——奋斗姿态。

奋斗姿态,体现为了理想敢于牺牲、敢于胜利的主体行为姿态。为有牺牲多壮志,敢教日月换新天,崇高理想要用呈现奋斗姿态的热血来浇灌。在百色右江地区至今还广泛流传着阮觉民的感人故事。1930年2月,红七军主力开赴黔桂边区开展游击战,右江沿江各县城落入敌手,思林县城也未能幸免。在县苏维埃政府撤往山区时,阮觉民不幸被捕。凶残的敌人一计不成,又生一计,抓来了他年仅15岁的儿子,妄图使他屈服。阮觉民大义凛然,斥责敌人的罪恶行径。敌人把他父子一同押上刑场。在刑场上,阮

---

① 中共中央文献研究室编:《朱德年谱》,中央文献出版社2006年版,第92页。

觉民对农友们高喊："农友们，抬起头来，大家不要怕，红军一定会打回来的，胜利最终定将属于我们！"说完，与儿子从容就义。在阮觉民身上我们看到了共产党人的铮铮铁骨，他用鲜血书写了中国共产党人的革命史诗，用生命诠释了中国共产党人百折不挠的斗争姿态。据统计，从建党到新中国成立，中央政治局领导人牺牲遇难的占 27.2%。牺牲的共产党员有名可查的就有上百万之多。党的创建历史，是中国革命复杂性、艰巨性、残酷性的缩影。中国共产党人是无所畏惧的，为了理想百折不挠、一心向前，不断把为崇高理想而不懈奋斗的姿态推向前进，走向胜利的彼岸，这就是生成伟大建党精神的主线——奋斗姿态。

（二）保持奋斗姿态的时代价值

党的二十大指出："中国人民的前进动力更加强大、奋斗精神更加昂扬、必胜信念更加坚定，中国共产党和中国人民正信心百倍推进中华民族从站起来、富起来到强起来的伟大飞跃。"[①]坚定、坚强、坚韧的奋斗姿态既是一种民族精神的外化于行，也是一种革命精神的外化于行，更是‧种时代精神的外化于行，具有珍贵的现实价值。

保持奋斗姿态能够增强党的先进性和纯洁性。建党以来，中

---

① 习近平：《高举中国特色社会主义伟大旗帜为全面建设社会主义现代化国家而团结奋斗——在中国共产党第二十次全国代表大会上的报告》（2022年10月16日），人民出版社 2022 年版，第 15 页。

国共产党长期保持和发展了先进性和纯洁性。但改革开放一段时期以来，由于多种因素的影响，一些党员的奋斗精神有所弱化，奋斗姿态被逐渐消解。从党的十八大以来查处的中管干部违纪违法案件看，腐败分子往往集政治蜕变、经济贪婪、生活腐败、作风专横于一身，极大地弱化了党的先进性，削弱了党的纯洁性。针对这类问题，以习近平同志为核心的党中央架构了全面从严治党的战略布局，以奋斗姿态回答了"历史周期律"问题，进一步练就了自我净化、自我完善、自我革命、自我提高的素质能力，提升了党的建设质量。但还必须清醒地认识到，党的先进性、纯洁性建设并不是一劳永逸的，现在具有先进性和纯洁性不代表以后也能保持，我们面临的风险和考验依旧很严峻，影响和弱化党的先进性和纯洁性的因素依旧很复杂，必须持之以恒地坚持奋斗姿态，以不断提升党的先进性和纯洁性，增强党的长期执政能力。

保持奋斗姿态能够整合团结奋斗的磅礴伟力。奋斗姿态是一种行为力量，可以在改造世界的过程中形成强大的统一物质力量，从而合力促进奋斗目标的实现。毛泽东同志曾用《愚公移山》的故事对其内在机理作出了形象生动的深刻分析。他指出，愚公通过坚持不懈的挖山行动感动了上帝，最终搬走了挡在他家门前的二山；对于共产党人而言，人民就是上帝，只要坚持不懈地为人民解放和幸福而奋斗，就一定会感动人民，"使全国广大人民群众觉悟，甘心情愿和我们一起奋斗"[①]，胜利搬走压在中国人民头

---

① 《毛泽东选集》（第3卷），人民出版社1991年版，第1101页。

上的大山。具体来说，坚守奋斗姿态，主要有三个作用：一是能够使人民形成奋斗的主观需求和内在驱动，生成进行奋斗实践的主观欲望；二是能够使人民形成奋斗的激情和热情，激发进行奋斗实践的丰富情感；三是能够塑造人民进行奋斗实践的坚强意志，使人民为了有价值的目标持之以恒、锲而不舍地奋斗。新时代的中国共产党人应坚持奋斗姿态，激发人民群众争做奋斗者、乐做奋斗者的决心与信心，以真正凝聚起 14 亿多人民勇于奋斗、乐于奋斗、团结奋斗的磅礴伟力。习近平总书记曾对此深情地说新时代是一个属于奋斗者、追梦者的时代。"不忘初心，方得始终。我们唯有踔厉奋发、笃行不怠，方能不负历史、不负时代、不负人民。"①

保持奋斗姿态，能够升华出奋斗幸福的情感价值观。这一奋斗姿态蕴藏着一种崇高的人生境界，可以提升人们关于人生幸福的认识水平。幸福源自何方？这是古往今来人们常论常新的经典问题。马克思在《青年在选择职业时的考虑》一文中写道，"历史承认那些为共同目标劳动因而自己变得高尚的人是伟大人物；经验赞美那些为大多数人带来幸福的人是最幸福的人。"从马克思主义的角度看，人的本真存在方式是实践，人的一切认识、情感、思想、感受等均源自实践。幸福作为一种主体的内心感受，也源于主体的奋斗实践。习近平总书记从这一实践观出发，指出"幸福都是奋斗出来的"，深刻指明了奋斗之于幸福的起源学关

---

① 《国家主席习近平发表二〇二二年新年贺词》，《人民日报》2022 年 1 月 1 日。

系，为人民践行奋斗精神、外化为奋斗姿态指出了价值的归属地，从而深化了奋斗与幸福的辩证关系。不但涵养了一种欣赏奋斗的情感态度，把奋斗视为情感意义上的实践，而且从奋斗姿态本身中体味出幸福的真谛，推动人们的情感价值达至一种更高的伦理境界，升华出奋斗幸福的情感价值观。

（三）保持奋斗姿态的方法举措

实现中华民族伟大复兴的中国梦乃至共产主义的最高理想，需要人民将新时代奋斗姿态，落实至中国特色社会主义现代化建设之中，脚踏实地艰苦奋斗、共同奋斗、接力奋斗，这需要从思想认识、实践砥砺和自身素质上提升做起。

要夯实思想理论基础。理论修养是干部综合素质的核心。不学习、不掌握、不融会贯通马克思主义的基本理论、基本方法，难以有持续的思想基础和内在动力去坚守奋斗姿态。要认认真真地读原著、学原文、悟原理，全面系统学、深入思考学，学懂弄通马克思主义原理立场观点方法。习近平总书记曾说："读马列、学毛著，要精，要原原本本地学、仔仔细细地读，下一番真功夫。1939 年底，毛泽东同志在延安对一位进马列学院学习的同志说：'马列主义的书要经常读。《共产党宣言》，我看了不下 100 遍，遇到问题，我就翻阅马克思的《共产党宣言》，有时只阅读一两段，有时全篇都读，每读一次，我都有新的启发。我写《新民主主义论》时，《共产党宣言》就翻阅过多次。读马克思主义理论在于应用，要应用就要经常读，重点读。'"①要系统学好习近平新时代中国特色社会主义思想，反复学、深入学，知其然更要知其所以然，提升思想境界，完善知识结构，坚定奋斗意志，把握奋斗方向，以理论上的深透性确保奋斗姿态的精准性和有效性。要把同学习党史、军史、新中国史、改革开放史、社会主义发展史贯通起来，同新时代进行伟大斗争、建设伟大工程、推进伟大事业、实现伟大梦想的丰富实践贯通起来，准确把握奋斗的战略思路和姿态落点。要坚持理论联系实际的学风，深入实际调查研究，"身人"更要"心至"，善于从群众生机勃勃的创造性话语中汲取思想营养，防止和克服各种不良倾向，提高奋斗姿态的实效性和战略性。

要加强实践砥砺。实践出真知，实战强本领。"人的思维是否具有客观的真理性，这并不是一个理论的问题，而是一个实践的问题。"②头脑中的思想观念，即使再超前先进，也必须见之直接现实性的客观结果，那么奋斗就需要且必须有实践这一环，把"知"和"行"联系起来，把奋斗精神转化成看得见的奋斗姿态。要在谋深务实上下功夫，深入研究筹划、深度对接实践，把问题想得透一点、看得深一些、落得细一些，确保高起点谋划、高标准推进、高质量呈现奋斗姿态。要在求实效上下功夫。制定施工图、列出时间表、明确重难点、确保奋斗姿态落到实处，收到实效。要在难事急事大事杂事上磨。能力素质只有不断经历一些难事、

---

① 习近平：《领导干部要爱读书读好书善读书——在中央党校 2009 年春季学期第二批进修班开学典礼上的讲话》，《学习时报》2009 年 5 月 18 日。
② 《马克思恩格斯选集》（第 1 卷），人民出版社 2012 年版，第 134 页。

急事、大事、综合的事，才能真正有所收获、有所提高、才能真正被锻造成烈火真金。

要加强自我完善。自我完善是一种奋发向上的精神品质，是奋斗姿态始终保持"走在前列"的内在要求。著名的"木桶原理"告诉我们，要增加木桶的盛水量，必须做好相应的补短工作。"金无足赤，人无完人。"关键是要补齐"短板"、经营"长板"。自我完善不仅需要勇气和决心，更需要用创新的理念、创新的举措、创新的实践，炼出新本事、新素质，实现奋斗姿态新超越。

三、在坚守底线思维、增强忧患意识中弘扬建党精神

孟子曰："君子有终身之忧，无一朝之患也。"党的二十大指出："我们必须增强忧患意识，坚持底线思维，做到居安思危、未雨绸缪，准备经受风高浪急甚至惊涛骇浪的重大考验。"[①]忧患意识是中华民族极其宝贵的思想财富，也是中国共产党人居安思危、肩负历史使命、奋力解决不同时期历史主题、增进党内思想和谐的精神动力。底线思维是忧患意识的逻辑边界，求稳是其内在的心理需求。新时代新征程，如何增强忧患意识，守住底线，建成最强大的政

---

① 习近平：《高举中国特色社会主义伟大旗帜为全面建设社会主义现代化国家而团结奋斗——在中国共产党第二十次全国代表大会上的报告》，人民出版社 2022 年版，第 26 页。

党是决定中国特色社会主义事业成败的关键。

（一）底线思维、忧患意识：建党精神的赓续主线

忧患意识指由于对国家民族命运或个人前途成败的深切关注而产生的紧迫感和危机感，本质上是责任意识、使命意识。"底线思维的功能在于安全阀、制动器、保险杠。"[①]伟大建党精神正是在认清历史与时代赋予崇高使命的基础上，自觉地为国排忧、为民解难，主动捕捉发展机遇、规避发展风险，完成使命任务形成的智慧结晶。因此可以说，底线思维、忧患意识是伟大建党精神的赓续主线。

民主革命时期，党的忧患底线是民族独立和民族解放。20 世纪 20 年代前中期，处于帝国主义和封建军阀双重压迫之下的中国，实际上陷入一种极其混乱的无序状态。1922 年 6 月，《中国共产党对于时局的主张》提出，依附于帝国主义的各派军阀，"是中国内忧外患的源泉，也是人民受痛苦的源泉"。[②]1944 年 3 月，郭沫若在重庆写了《甲申三百年祭》，毛泽东同志向全党发出号召，要"引为鉴戒，不要重犯胜利时骄傲的错误"。1945 年，毛泽东同志在党的七大上列举了中国革命可能会遇到的 17 种困难，包括

---

① 漆玲：《抗击疫情要善于运用底线思维》，《理论与现代化》2020 年第 2 期，第 49—55 页。
② 《中共中央文献选集》（第一册），中共中央党校出版社 1989 年版，第 35 页。

许多预想不到的困难，要求全党做好充分准备，做到有备无患。1949 年 3 月，中国共产党的七届二中全会在西柏坡召开，当时我们党承担着完成从夺取革命胜利到巩固胜利的任务转换，毛泽东同志创造性地提出了务必使同志们继续地保持谦虚、谨慎、不骄、不躁的作风，务必使同志们继续地保持艰苦奋斗的作风"两个务必"的著名论断。他形象地把共产党进城执政比喻为"进京赶考"，充满忧虑地号召中国共产党人要继续艰苦奋斗，向人民交出一份满意的答卷。

社会主义革命和建设时期，党的忧患底线是巩固人民政权、实现国家发展。新中国的成立，标志着党的历史方位由领导人民为夺取政权而奋斗的党转变为领导人民在全国范围内执掌政权并将长期执政的党，党的忧患底线转为确立社会主义制度，实现国家发展。当时，军事上，国民党溃逃时遗留下的大批残余力量，同当地恶霸势力以及惯匪相勾结，与人民政权对抗，严重危及社会新秩序的建立和稳定。经济上，新中国继承的是一个千疮百孔的烂摊子。国际环境上，美国拒绝承认新中国，并竭力阻挠中华人民共和国恢复在联合国的合法席位。中国共产党自身的队伍，也面临如何在全国执政的新考验。毛泽东同志对此有清晰的把握，他说，现在我们能造什么？能造桌子椅子，能造茶碗茶壶，能种粮食，还能磨成面粉，还能造纸，但是，一辆汽车、一架飞机、一辆坦克、一辆拖拉机都不能造。他同时深刻地认识到："美国建国只有一百八十年，它的钢在六十年前也只有四百万吨，我们比它落后六十年。假如我们再有五十年、六十年，就完全应该赶过它。这是一种责任。……结果你搞了五六十年还不能超过美国，你像个什么样子呢？那就要从地球上开除你的球籍！"① 与此同时，针对党的干部队伍出现的新情况，党在全国范围开展整党整风运动，到 1956 年底，社会主义制度基本确立，为实现国家发展的社会主义建设探索也随之展开。由于历史的局限性，一段时期的探索陷入误区，但所取得的经验教训是后来开创中国特色社会主义的宝贵财富。

改革开放新时期，党的忧患底线是建设中国特色社会主义。中国改革开放的伟大实践是带着强烈的忧患意识开创和不断深化的。改革开放伊始，面对与世界经济科技先进水平的巨大差距，邓小平同志指出：中国人口多，底子薄，"仍然是世界上很贫穷的国家之一"②。因此，"不发展生产力，不提高人民的生活水平，不能说是符合社会主义要求的"③。1992 年，邓小平同志视察南方，提出，"巩固和发展社会主义制度，还需要一个很长的历史阶段，需要我们几代人、十几代人，甚至几十代人坚持不懈地努力奋斗，决不能掉以轻心。"④ 随着中国特色社会主义事业不断向前推进，中国共产党人的忧患意识也在不断增强。党的十六大报告郑重指出："全党同志一定要增强忧患意识，居安思危，清醒地看到日趋激烈的国际竞争带来的严峻挑战，清醒地看到前进道路上的困

① 《毛泽东文集》（第 7 卷），人民出版社 1999 年版，第 89 页。
② 《邓小平文选》（第 3 卷），人民出版社 1994 年版，第 163 页。
③ 《邓小平文选》（第 3 卷），人民出版社 1993 年版，第 116 页。
④ 《邓小平文选》（第 3 卷），人民出版社 1993 年版，第 379—380 页。

难和风险，倍加顾全大局，倍加珍惜团结，倍加维护稳定。"①党的十七大报告再次强调："要奋斗就会有困难有风险。我们一定要居安思危、增强忧患意识。"②

中国特色社会主义进入新时代，党的忧患底线是全面建设社会主义现代化国家、实现中华民族伟大复兴中国梦。党的十八大以来，习近平总书记多次专门强调要增强忧患意识、防范风险挑战。党的十九大报告中，防范化解重大风险被摆在打好三大攻坚战的首位；在2018年省部级主要领导干部学习贯彻党的十九大精神研讨班开班式上，他深入阐述增强忧患意识、防范风险挑战要一以贯之等重大问题。在庆祝中国共产党成立100周年大会上的讲话中，他强调在新的征程上，必须增强忧患意识、始终居安思危。在党的二十大上，他继续强调我们必须增强忧患意识，坚持底线思维，做到居安思危、未雨绸缪，准备经受风高浪急甚至惊涛骇浪的重大考验。可以说，新时代中国共产党之所以能够创造经济快速发展和社会长期稳定的两大奇迹，重要原因就是具有超强的底线思维能力和忧患意识。习近平总书记把底线思维能力列为领导干部必须掌握和提高的六种能力之一。

总之，中国共产党人坚守的底线思维和忧患意识离不开其对所处的历史的和现实的国内外背景的深刻认识和准确把握，是忧国、忧民和忧党思想的一种综合体现。

---

① 《十六大以来重要文献选编》（上），中央文献出版社2005年版，第44页。
② 《十七大以来重要文献选编》（上），中央文献出版社2009年版，第43页。

（二）保持底线思维、增强忧患意识的现实切入点

彩虹和风雨共生，胜利与危险并存。一百多年来，党的领导人强调的底线思维、忧患意识，就是在警示全党要使坚守底线意识、增强忧患意识成为一种普遍的自觉，铸造成为一种能力、一种品格，使其成为克服骄傲自满、思想麻痹、安于现状、意志消沉以及各种消极腐败现象的思想动力，这也为其寻找现实切入点及其应对思路提供了基本遵循。

胜利面前容易骄傲自满，忧党必须忧在胜利时。历史经验表明，形势越好、发展越顺利的时候，就越要坚守底线思维、增强忧患意识，居安思危。胜利面前容易骄傲自满，内在原因可分为两种情况，一是源于淡忘甚至失去了奋斗目标；二是源于顺境常常会掩盖风险挑战，使党麻痹松懈，淡化人民立场。一般来讲，在历史任务面前，已经取得的一切成就都只是阶段性的成果，相比未来的胜利是渺小的。从现实来看，我国正处于由大向强发展的关键阶段。由大向强、将强未强之际往往是国家安全的高风险期，这是历史规律。这时我们需要做的，一是准确把握国家安全形势变化新特点新趋势，高度警惕国家被侵略、被颠覆、被分裂的危险，高度警惕改革发展稳定大局被破坏的危险，重点防控可能迟滞或中断中华民族伟大复兴进程的全局性风险。做好两手准备，准确认变、主动求变，既要看到事物发展中好的一方面，又要看到坏的一方面。"从最低目标出发""从最坏处作打算"，预防各种意想不到事情的发生，做好各种预案准备。还要充分利用各

种条件，主动引导不利因素向有利因素转化，从不利形势中看到并抓住有利的机遇，重点查漏补缺，构建引危为机的防范体制机制。二是要认识民心是最大的政治这个深刻道理，大力克服本本主义、经验主义，不搞形式主义、个人主义，保持同人民群众的血肉联系，虚心向人民请教，倾听人民心声，努力使主观认识与客观实际实现历史的、具体的统一，把民生工作抓好，制定出符合人民意愿的正确方针政策，让群众看到变化、看到实惠。

　　和平环境容易放松要求和安于现状，忧党必须忧在精神懈怠时。这也是我们党长期执政面临的主要危险之一。习近平总书记郑重强调："历史使命越光荣，奋斗目标越宏伟，执政环境越复杂，我们就越要增强忧患意识，越要从严治党，做到'为之于未有，治之于未乱'，使我们党永远立于不败之地。"①党的二十大报告又着重指出了当前党内存在的"四大考验""四大危险"，这"四大考验""四大危险"产生的一大根源便是其长期性与普遍性存在的懈怠特征。不忘初心方能行稳致远、牢记使命才能开辟未来。在新征程中，全党同志决不能有松劲歇脚、疲劳厌战的情绪，要以持之以恒的精神状态，通过党的自我革命引领社会革命。

　　特权思想、特权现象与党的宗旨格格不入，是影响党群关系的实质性因素，忧党必须忧在滥用特权上。所谓特权，就是法纪和政策制度规定之外的特殊权利。特权是最大的不公，我们党一贯旗帜鲜明地反对特权。党章明确规定："中国共产党党员永远

---

　　① 习近平：《在党的群众路线教育实践活动总结大会上的讲话》，《人民日报》2014 年 10 月 9 日。

是劳动人民的普通一员。除了法律和政策规定范围的个人利益和工作职权以外，所有共产党都不得谋求任何私利和特权。"① 反对特权彰显了我们党基于历史和现实的清醒认知，体现了党中央深入改进作风、全面深化改革的坚强决心。一要从巩固党的执政基础的高度反对特权。党员干部要深刻汲取历史的经验教训，从事关党的生死存亡、国家长治久安的高度，从永葆党的生机活力的高度，充分认清特权问题的极端危害性，并要与特权思想和作风作坚决的斗争。二要站在人民的立场上反对特权。人民群众最痛恨各种消极腐败现象，最痛恨各种特权现象，这些现象对党同人民群众的血肉联系最具杀伤力。我们必须下最大气力解决好消极腐败问题，确保党始终同人民心连心、同呼吸、共命运，要永远保持对人民的赤子之心。三要在严格自律中反对特权。党员干部要注重自觉同特权思想和特权现象作斗争，严格自律，从自己做起，从身边人管起，从最近身的地方构筑起预防和抵制特权的防护网。

（三）坚守底线思维、忧患意识的方法举措

新征程上，我们必须深刻认识我国社会主要矛盾变化带来的新特征新要求，深刻认识严峻复杂的国际形势带来的新矛盾新挑战，坚守底线思维、忧患意识，务必敢于斗争、善于斗争，务必与坚守使命意识、艰苦奋斗精神密切结合，务必运用制度优势，

---

① 《中国共产党章程》，人民出版社 2017 年版，第 24 页。

在全面提升素质中勇于战胜一切风险挑战。

务必发扬斗争精神。社会是在矛盾运动中前进的，有矛盾就会有斗争。回顾党的历史可以发现，中国共产党的风云长卷，彰显着不畏艰苦、迎难而上、自强不息的战斗品格。我们党领导的革命、建设、改革事业都是在斗争中应对各种风险挑战、披荆斩棘中一路闯过来的。我们要充分认识新时代面临着前所未有的风险和挑战这场伟大斗争的长期性、复杂性、艰巨性，必须以"重整行装再出发"的壮志豪情和"越是艰险越向前"的斗争精神，久久为功，勇于自我革命，坚决反对一切可能动摇党的根基、阻碍党的事业的现象。1990 年 3 月，习近平同志在福建宁德担任地委书记时，曾写过一篇《滴水穿石的启示》的文章，他在文中写道："坚硬如石，柔情似水——可见石之顽固，水之轻飘。但滴水终究可以穿石，水终究赢得了胜利。喻之于人，是一种前仆后继、勇于牺牲的人格的完美体现。一滴水，既弱且小，对付顽石，肯定粉身碎骨。它在牺牲的瞬间，虽然未能看见自身的价值和成果，但其价值和成果体现在无数水滴前仆后继的粉身碎骨之中，体现在终于穿石的成功之中……我推崇滴水穿石的景观，实在是推崇一种前仆后继，甘于为总体成功牺牲的完美人格；推崇一种胸有宏图、扎扎实实、持之以恒、至死不渝的精神。"[①]

务必与坚守使命意识、艰苦奋斗精神密切结合。从党章的要求来看，党员干部在身份定位时，第一个身份认同首先是一名共

---

① 《习近平讲故事》，人民出版社 2017 年版，第 84 页。

产党员，应当自觉履行共产党员义务；第二个身份认同则是党的
干部，肩负着更大的责任与更高的要求；第三个身份认同则是最
终要以做一名党的好干部为落脚点，高标准、严要求，自觉为共
产主义理想奋斗终身。因此，党员干部的使命意识、艰苦奋斗精
神与忧患意识是相互包含、辩证统一的关系。从信念上讲，党员
干部的忧患意识本身就是对党、国家、人民的一种不可或缺的责
任意识，内含于初心使命意识、艰苦奋斗精神之中。艰苦奋斗精神，
不仅过去必须有，现在不能丢，将来也必须坚持，必须"要把艰
苦奋斗精神一代一代传承下去"。①党员干部只有把忧党、忧国、
忧民之心转化为兴党、兴国、兴民之责，才能产生自觉的历史责
任感和使命感，通过艰苦奋斗，使之转化为兴党、兴国、兴民的
强大精神动力。

务必运用制度优势。坚守底线意识、忧患意识，要有一整套
的有效制度作保证，划定边界、红线或底线，明确可以做什么、
不可以做什么，进而将分散的意志统一到党和国家的要求上来，
形成推进中国特色社会主义事业发展的思想合力和行动合力。用
制度优势，守住"保"的底线。不断赋予底线思维以时代内涵，
并将底线思维融入中国特色社会主义制度体系设计之中，彰显我
们的制度逻辑和制度理性；用制度优势，攻克"固"的堡垒。运
用底线思维突破利益固化的藩篱，解决制度执行过程中出现的突
出矛盾和问题；用制度优势，增强"融"的能力。深化织密智控网，

① 《习近平谈治国理政》，外文出版社 2014 年版，第 159 页。

完善公共卫生应急管理体系，构筑起更加完善的人防、物防、技防、心防全方位风险防控体系。用制度优势，凝聚"合"的力量，加强协调配合，形成上下联动、部门联动的防控工作合力。用制度优势，提升"人"的素养。帮助全体党员掌握底线思维和运用底线思维的能力，汇聚国家治理现代化的磅礴力量，等等。唯有如此，我们才能真正书写用底线思维、忧患意识治国理政的中国样本。

四、志气更高、骨气更硬、底气更足

青年强，则国家强。习近平总书记在庆祝中国共产党成立100周年大会上发表的重要讲话中指出："新时代的中国青年要以实现中华民族伟大复兴为己任，增强做中国人的志气、骨气、底气，不负时代，不负韶华，不负党和人民的殷切期望！"①实现中华民族伟大复兴的中国梦需要一代又一代青年矢志不渝地接续奋斗，而广大青年有志气、有骨气、有底气则是希望所在、力量所在。

（一）"志气、骨气、底气"的产生渊源

在南湖纪念馆的展厅内，陈列了三幅与中共一大会址纪念馆

① 习近平：《在庆祝中国共产党成立100周年大会上的讲话》，《人民日报》2021年7月2日。

颇为相似的图片：一幅是中国近代时事漫画《时局图》，一幅是清政府给西方列强的主要赔款简表，还有一幅记录了马克思观察中国国情后写下的一段话："一个人口几乎占人类三分之一的大帝国，不顾时势，安于现状，人为地隔绝于世并因此竭力以天朝尽善尽美的幻想自欺。"习近平总书记曾在这些图片前驻足，久久凝视并连连感叹："多屈辱啊！多耻辱啊！那时的中国是待宰的肥羊。"①

志气是对国家、对民族、对人民的忠诚，为国家、民族、人民不惜抛头颅洒热血。骨气是铁血担当，是民族的脊梁。底气是能力、是本事、是实力。从动因来讲，"志气、骨气、底气"源于对崇高理想的不懈追求，源于伟大的创新创造，源于对党的绝对忠诚。

实现理想需要"志气、骨气、底气"。共产主义信仰，是共产党人安身立命之本，更是救国之光。如果说几千年的文化积淀是英雄人物志气、骨气、底气孕育的沃土，而共产主义信仰则是在这片沃土中撒播下的种子和催化剂。赵一曼是著名的抗日女英雄，她曾以诗言志："未惜头颅新故国，甘将热血沃中华。白山黑水除敌寇，笑看旌旗红似花。"②赵一曼在读私塾时，就阅读了《向导》《新青年》等进步新书刊。1927年初，她考入中央军事政治学校（黄埔军校）武汉分校，李达、许德珩、恽代英等政治

---

① 《梦想，从这里启航——记习近平总书记带领中共中央政治局常委赴上海瞻仰中共一大会址、赴浙江嘉兴瞻仰南湖红船》，《人民日报》2017年11月1日。

② 李娟：《青春换得江山壮》，《人民文摘》2005年6期，第60页。

教官的讲授，更加坚定了她的革命理想和信念。[①]同年 8 月，赵一曼被党组织派赴苏联莫斯科中山大学学习，进一步丰厚了她的政治理论修养。在东北与敌人血战时，被叛徒出卖入狱后，面对敌人的审问，赵一曼愤怒地说："你们可以让整座村庄变成瓦砾，可以把人剁成烂泥，可是你们消灭不了共产党员的信仰！"[②]在临刑前，她一路高唱《红旗歌》，从容就义。日伪档案这样记载："在长时间经受高强度电刑的状态下，赵一曼仍没招供，确属罕见，已不能从医学生理上解释。故审讯未取得理想效果，一是赵一曼女士有很高的文化修养和激昂的抗日态度，属顽固不化的思想犯；二是赵一曼女士已抱定必死之决心，且意志之顽强令人难以置信，单纯审讯已无法改造其反满抗日的思想。"[③]时光流逝，往事苍茫，万千忠骨，万千热血，感人心者、扬志气者，是坚定灼热的共产主义信仰者。"志气、骨气、底气"源于对崇高理想的不懈追求。

改天换地需要"志气、骨气、底气"。创新是一场贯穿人类历史永无止境的探索，也是中国共产党人的优良传统。在革命战争时期，我们党在战争中学习战争，把马克思列宁主义同中国实际相结合，开创了农村包围城市、武装夺取政权的正确道路，建立了人民当家作主的新中国。新中国成立初期，我们党创造了具有中国特点的社会主义改造道路，建立起社会主义基本经济制度

---

① 孙桂娟：《赵一曼的理论修养与实践》，《世纪桥》2010 年 6 期，第 34 页。

② 李娟：《青春换得江山壮》，《人民文摘》2005 年 6 期，第 60 页。

③ 杨永康、魏明生：《赵一曼精神的时代特质》，《世纪桥》，2005 年 9 期，第 37 页。

和政治制度，为我国的发展奠定根本政治前提和制度基础。党的十一届三中全会以后，我们党实行改革开放，创造性地建立社会主义市场经济体制，逐步形成和完善中国特色社会主义道路，为新时代的发展提供了根本保证。新时代 10 年来，我们党不断全面深化改革开放，许多领域实现历史性变革、系统性重塑、整体性重构，中国特色社会主义制度更加成熟更加定型，国家治理体系和治理能力现代化水平明显提高。①新中国用短短几十年时间就走完了西方发达国家几百年才走完的发展道路，创造了可载入史册的人间奇迹。奇迹从何而来？它来自中国共产党的伟大创造精神，就是不照抄照搬别国经验，坚持把马克思主义的基本原理和中国具体实际相结合、同中华优秀传统文化相结合，创造性地推进马克思主义中国化时代化，以刀刃向内的改革魄力坚决破除束缚创新创造的各种体制机制障碍。伟大创造精神推动伟大变革，而创造精神是一个政党最根本的竞争力之一。因此可以说，"志气、骨气、底气"源于伟大的社会创造精神。

铁血丹心需要"志气、骨气、底气"。邓小平的女儿毛毛曾问父亲，长征那么艰难凶险，你是怎么过来的？邓小平坚定地说：跟着走。短短的三个字道出革命战争年代红军战士铁心跟党走的信念。百年党史中，涌现出一批又一批对党忠诚老实的优秀共产党员，张思德、雷锋、焦裕禄、杨善洲、沈浩等就是其中杰出的

---

① 习近平：《高举中国特色社会主义伟大旗帜为全面建设社会主义现代化国家而团结奋斗——在中国共产党第二十次全国代表大会上的报告》（2022年 10 月 16 日），人民出版社 2022 年版，第 9 页。

代表。他们的先进模范事迹之所以在全党全社会引发共鸣，就是因为他们一辈子忠于党的事业，一辈子听党话、跟党走。听党话、跟党走必须增强政治意识、大局意识、核心意识、看齐意识，自觉维护党中央权威和集中统一领导，自觉在思想上政治上行动上同党中央保持高度一致。每一个党的组织、每一名党员干部，无论处在哪个领域、哪个层级、哪个部门和单位，都要服从党中央集中统一领导，确保党中央令行禁止。坚持以党的旗帜为旗帜、以党的方向为方向、以党的意志为意志，实现全党思想上统一、政治上团结、行动上一致，切实把党中央重大决策部署落实到改革发展稳定、内政外交国防、治党治国治军等各个方面，铸牢中华民族共同体意识，形成全国统一大发展的局面。因此可以说，"志气、骨气、底气"源于铁血丹心的对党绝对忠诚。

（二）不断增强志气、骨气、底气

生逢盛世，肩负重任。面向未来，我们要不断增强志气、骨气、底气，树立为祖国为人民永久奋斗的坚定理想，提升为祖国为人民永久奋斗的品质境界、增强为祖国为人民永远奋斗的素质本领。

坚定信仰、信念、信心，增强志气。志气是一切开始的前提，志存高远，方能行稳致远。党和红军战士在二万五千里长征途中遇到无数次挫折后还能不断奋起，经历千万重苦难而又百炼成钢，最为根本的原因就是心中的革命理想和信念始终坚定不移。新冠肺炎疫情防控阻击战中，4万余名驰援武汉的医护人员里有1.2万多名 90 后，国家至上、人民至上，这就是矢志奉献的青年志气。建成社会主义现代化强国的伟大目标、实现伟大的民族复兴，是中国共产党为中国人民擘画出的美好蓝图。作为实现这一伟大目标的建设者、见证者的时代青年，要有高远的精神追求，要时刻砥砺以身许党许国的志气担当，在勇往直前中承担起建设者、接班人的使命。

锤炼操守境界，增强骨气。骨气是一种刚强不屈的人格和操守，是孜孜以求的执着，是负重奋进的精神脊梁。李大钊说"威武不能挫其气，利禄不能动其心"，蔡和森说"忠诚印寸心，浩然充两间"，瞿秋白说"我是江南第一燕，为衔春色上云梢"，恽代英说"已摈忧患寻常事，留得豪情作楚囚"……这些用生命写下的诗篇，无不渗透着为革命勇于献身的铁骨铮铮。铁骨铮铮是中华民族精神的重要内容，从始至终是中国共产党人的鲜明品格。要有自立自强的勇气。在井冈山斗争的岁月里，广大军民同仇敌忾、英勇不屈同以蒋介石为首的国民党反动派进行殊死的搏斗。当年，红军指战员在颈脖上都系有红带子，取名叫"牺牲带"，表明为共产主义献身的决心。井冈山斗争时期，仅有名有姓的烈士就达 1.5 万人，谱写出一曲曲"为主义而牺牲"的凯歌。鲁迅先生说过，一个民族要有"民魂"。"唯有民魂是值得宝贵的。"井冈山精神就是民魂，它就是中国革命的骨气。新时代同样呼唤新担当，新时代青年唯有锤炼操守境界，增强骨气、敢于担当，才能接过历史的接力棒，从容应对世界大局的惊涛骇浪，走好新时代的长征路。

铸就过硬实力，增强底气。底气源于实力，实力显于本领，本领强，定力才能足。恩格斯有句名言："谁肯认真地工作，谁就能做出许多成绩，就能超群出众。"①**要有雄厚的实力**。当下的抗击新冠疫情，如同一场看不见硝烟的战争，全面而深刻地检验了我们国家强大的支撑实力。这份底气从何而来？来自从站起来、富起来到强起来的历史性跨越，来自中国综合国力的不断提升，来自中国共产党的坚强领导和中国人民的艰苦奋斗。**要有牢固的定力**。我们党从成立那一天起，就把在中国实现社会主义、共产主义确立为自己的远大理想和奋斗目标，一代又一代共产党人确立了为之不懈奋斗的坚定信念。李大钊以"铁肩担道义，妙手著文章"自勉，为共产主义事业英勇就义。邓中夏在狱中留下遗言"一个人能为了最多数中国民众的利益，为了勤劳大众的利益而死，这是虽死犹生，比泰山还重。"我们要坚定对中国特色社会主义道路自信、理论自信、制度自信、文化自信，在大是大非面前旗帜鲜明，在风浪考验面前无所畏惧，在各种诱惑面前立场坚定，始终做到以"铁一般信仰、铁一般信念、铁一般纪律、铁一般担当"②来践行"强党有我""强国有我"的庄严誓言。

"时隔百年，这盛世如你们所愿。"新时代新征程，我们可以自豪地对革命前辈说：你们坚持的真理仍在引路指向，你们坚守的理想正在逐步变成现实：哪怕征途漫漫，哪怕人生坎坷，共产主义理想必将在一代又一代中国共产党人的接续奋斗中如火红玫瑰般地在中国大地上盛开铺展。习近平总书记曾说："山再高，

---

① 《恩格斯马克思选集》(第4卷)，人民出版社1995年版，第692页。
② 习近平：《在全国党校工作会议上的讲话》，《求是》2016年第9期。

往上攀，总能登顶；路再长，走下去，定能到达。"①今天，我们能够清晰感受到一个民族复兴进程中的一股强大力量：那就是中国共产党挺立潮头铁血担当的大责任、那就是中国共产党计定千年的大手笔、那就是中国共产党无惧挑战的大气魄，那就是中国共产党放眼世界的大胸怀……这种力量深刻改变了近代以后中华民族发展的方向和进程，深刻改变了中国人民和中华民族的命运，深刻改变了世界发展的趋势和格局。黄金时代，不在我们背后，乃在我们面前；不在过去，乃在将来。9671.2 万名中国共产党人满怀自信和勇气，不断向上走、向前奔，定能在时代的洪流中高歌猛进，定能建成世界上最强大的政党，定能引领中华民族复兴巨轮激流勇进、在流光溢彩中屹立在泱泱世界舞台中央。

---

① 《习近平总书记在十三届全国人大一次会议闭幕会上的讲话》，《人民网》2018 年 3 月 21 日。

后　　记

　　历史告诉我们，最艰难的成功，不是超越别人，而是战胜自己；最可贵的坚持，不是历经磨难，而是生生不息。"赶考"的征程从历史中走来，"考生"——中国共产党人仍需努力。1949年进京"赶考"，其深意就在于全党要在巨大的胜利面前，保持清醒的头脑。从某种意义上说，当前所面临的百年未有之大变局与当年从西柏坡到北京时的情势极为相似：一方面是巨大的胜利和成就，另一方面是严峻的、复杂的、危险的、艰苦的斗争。巨大的胜利与巨大的考验并存，需要中国共产党人在取得巨大的成就之后应保持异常的冷静和清醒。

　　新时代新征程，在14亿多中国人民的瞩目中，以习近平同志为主要代表的中国共产党人继续高举起神圣使命的"接力棒"，承担起伟大的历史使命，并向全党全军全国各族人民发出了伟大的号召："党用伟大奋斗创造了百年伟业，也一定能用新的伟大奋斗创造新的伟业。全党全军全国各族人民要紧密团结在党中央周围，牢记空谈误国、实干兴邦，坚定信心、同心同德，埋头苦干、奋勇前进，为全面建设社会主义现代化国家、全面推进中华民族伟大复兴而团结奋斗！"这是强党的号召力！这是强国的动员令！这是决战决胜实现中华民族伟大复兴中国梦的动员令！这是"我将无我、不负人民"的精诚誓言书！让我们紧密团结在以习近平同志为核心的党中央周围"搞好自身建设，真正成为世界上最强大的一个政党"，向着未来出发！

本书以"建设世界上最强大的政党"为主题，以"强国必先强党，强党铸就强国"为主线，充分吸收党的二十大精神，分别从"提升思想引领力、政治领导力、民心感召力、组织动员力、制度保障力、品格吸引力、自我革命力、学习转化力、伟大建党精神赓续力"九个方面，从"历史回顾、现实挑战、对策分析"三个维度进行立体化深度解析和阐释。通过对理想、性质、宗旨等相关内容的探讨，特别是通过研究中国共产党党建思想和党的十八大以来全面从严治党的伟大实践，本书力图展示，处在新时代的历史方位上，在理想、使命和事业的驱动下，中国共产党人在"我将无我、不负人民"的奋斗中所表现出来的永不懈怠的精神状态和一往无前的冲锋姿态，并力图得出这就是炼成强大政党的核心密码的研究结论。这将使广大读者和广大共产党员对党的事业更加认同，对党的未来更加期待，对党的前景更加看好。

生逢一个波澜壮阔、砥砺奋进的伟大时代，谨以此书向伟大的中国共产党致敬、献礼。

本书是集体智慧的结晶。王英梅担任主编，王晋京、刘峰、陈鹏、师丽娜担任副主编。书稿写作（修订）分工如下：王英梅（绪论），王英梅、许清哲（第九章），陈鹏（第八章），陈鹏、李凯敏（第一章），张浩、王洪炜、葛成硕、王晓晨（第二章），王晋京（第三章），王晋京、张喆（第四章），刘峰（第五章），刘峰、王晓楠（第六章），师丽娜、白鹏举（第七章）。由王英梅拟定提纲、统稿、修改并最后审定全部书稿。

本书在写作的过程中得到了相关领导的指导和支持，也受到了许多专家学者的关注，在此一并致谢！

编　者

©民主与建设出版社，2023

图书在版编目（CIP）数据

立足百年新起点　建设世界上最强大政党/王英梅
主编.—北京：民主与建设出版社，2022.1（2023.2重印）
ISBN 978-7-5139-3741-2

Ⅰ.①立…　Ⅱ.①王…　Ⅲ.①中国共产党－党的建设
－研究　Ⅳ.①D26

中国版本图书馆 CIP 数据核字 (2022) 第 021872 号

立足百年新起点　建设世界上最强大政党
LIZU BAINIAN XINQIDIAN JIANSHE SHIJIESHANG ZUIQIANGDA ZHENGDANG

主　　编	王英梅	
责任编辑	刘　芳	
封面设计	张合涛	
出版发行	民主与建设出版社有限责任公司	
电　　话	（010）59417747　59419778	
社　　址	北京市海淀区西三环中路 10 号望海楼 E 座 7 层	
邮　　编	100142	
印　　刷	北京温林源印刷有限公司	
版　　次	2022 年 1 月第 1 版	
印　　次	2023 年 2 月第 3 次印刷	
开　　本	690 毫米 × 980 毫米　　1/16	
印　　张	18.75	
字　　数	200 千字	
书　　号	ISBN 978-7-5139-3741-2	
定　　价	68.00 元	

注：如有印、装质量问题，请与出版社联系。